李政涛 著

大夏书系 — 名家谈教育

# 活在课堂里

华东师范大学出版社

·上海·

图书在版编目（CIP）数据

活在课堂里/李政涛著.
—上海：华东师范大学出版社，2023
ISBN 978-7-5760-4127-9

I.①活... II.①李... III.①课堂教学—师资培养—研究
IV.① G424.21

中国国家版本馆 CIP 数据核字（2023）第 165461 号

---

大夏书系 | 名家谈教育

### 活在课堂里

| 著　　者 | 李政涛 |
|---|---|
| 策划编辑 | 朱永通 |
| 责任编辑 | 韩贝多 |
| 责任校对 | 杨　坤 |
| 装帧设计 | 奇文云海 · 设计顾问 |

| 出版发行 | 华东师范大学出版社 |
|---|---|
| 社　　址 | 上海市中山北路 3663 号　邮编 200062 |
| 网　　址 | www.ecnupress.com.cn |
| 电　　话 | 021-60821666　行政传真 021-62572105 |
| 客服电话 | 021-62865537 |
| 邮购电话 | 021-62869887 |
| 地　　址 | 上海市中山北路 3663 号华东师范大学校内先锋路口 |
| 网　　店 | http://hdsdcbs.tmall.com/ |

| 印 刷 者 | 北京汇林印务有限公司 |
|---|---|
| 开　　本 | 890×1240　32 开 |
| 印　　张 | 10 |
| 字　　数 | 240 千字 |
| 版　　次 | 2023 年 10 月第一版 |
| 印　　次 | 2024 年 9 月第二十次 |
| 印　　数 | 107 101—113 100 |
| 书　　号 | ISBN 978-7-5760-4127-9 |
| 定　　价 | 59.80 元 |

出 版 人　　王　焰

（如发现本版图书有印订质量问题，请寄回本社市场部调换或电话 021-62865537 联系）

所有教师的人生之路,都通向这样的目标:上好每一堂课,成为一名好教师,过好自己的课堂生活。这种目标仿佛是一个山顶,不会轻易抵达,需要你披荆斩棘,跋涉前行。

在荆棘丛生的课堂山路上,你必定经历长久的孤寂和痛苦,四周静默无声,仿佛与世隔绝……你独自一人,一边唱着忧伤的歌、跳着笨拙的舞蹈,一边仰望星辰。在这歌中,在这舞中,还有,在仰望中,你觉察到自己生而为人的使命,生而为师的责任,生而为课的命运。

# 目 录
Contents

序言　生活在课堂里 / 1

**第一辑**
**理想的课堂**
朝着理想课堂的标杆直跑 / 3
课堂，在即兴中创作，在试错中完美 / 18

**第二辑**
**设计的课堂**
当好课堂的"总设计师" / 25
教学设计，首先是育人价值的设计 / 33
做方法的主人，不做方法的奴隶 / 42
我的风格，我设计 / 46
爱学生，是课堂的终极命令 / 51
爱学生，从"学生设计"开始 / 56

**第三辑**
**传统的课堂**
不把传统当垃圾 / 63
那些需要珍视与呵护的课堂传统 / 68
保持对传统课堂弊端的敏感与警醒 / 73

## 第四辑
## 世界的课堂

做"中国教师",上"中国课"/ 83

西方课堂的样子 / 95

实用和多元的美国课堂 / 107

席明纳式的德国课堂 / 114

"新共同基础"的法国课堂 / 123

卓越且平等的芬兰课堂 / 138

亦东亦西的日本课堂 / 149

## 第五辑
## 科学的课堂

让课堂科学起来 / 165

以科学精神为魂,以科学思维为核 / 173

好的教学,必须能唤起学生的科学思维 / 179

用学习科学指导课堂改革 / 189

创建"以脑为导向"的课堂 / 196

## 第六辑
## 未来的课堂

未来的课堂：一线牵引,双线融合 / 213

走出数字化的"课堂之路"/ 223

呼啸而来的教育元宇宙课堂 / 227

**第七辑**
**教师发展的课堂**

做好迎接课堂的准备了吗？/ 235
理论对课堂有用吗？/ 242
不要放弃对读书的信仰 / 248
新时代中国教师的教学新基本功 / 251
当教师遇上人工智能 / 256
直面 ChatGPT，教师如何绝处逢生？/ 264
从"课例研究"到"作例研究"：教学改革与教师发展的新路径 / 274
通过写作，凝固并留存课堂的意义 / 285

**参考文献** / 289

**后记　活出课堂的样子** / 299

# 序　言
## 生活在课堂里

每个人都有自己活泼泼的生命。这个生命在哪里"活"？如何"活"？什么样的"活"是最理想的"活"？这些问题与"寿命"无关，但与"质量"和"使命"有关，它们事关生命的质量，更事关一个人的使命。

迈入知天命之年以后，我对此信念笃信不疑：每个降临在此世的生命，都存有某种天赋的使命，使命不论"大小""高低""贵贱"，但都通往独一无二的"这个人"。人人都是宇宙中的独一无二，没有一个人可以被任何"他者""后来者"所替代，不可被替代的首先就是"这个人"的"使命"。清晰了自己的使命，就是"明自我"；履行了自己的使命，就是"自我实现"。如此，可以无憾退席，无愧离世。

教师的使命，在课堂。教师的生命，也在课堂。这是"事"与"人"的交互生成：课堂属"事"，生命属"人"，课堂与生命的关系，本质是事与人的关系，是成事与成人的交融。课堂是教师成就自我生命价值的事之载体，通过课堂之事，成就教师之人。对于他人来说，做生意、做官，是成就其生命价值的载体。对于教师而言，课堂则是自我成就的载体，或许，这就是教师的宿命。

在你成为教师之前，课堂就在那里，等候着你的到来；在课堂走入你的世界之前，你的生命，对它已有冥冥中的期盼：这里，将是你的成长之地，你的天命之所在。

自此，一个世界将要展现在你的面前，这个世界，可以带给你不可替代的幸福、丰富，以及不可捉摸的伟大。

从此，课堂将在不知不觉中渗入你的生命，成为生命的根基。

在进入这一世界之前，需要以审慎的态度，回答如下严肃的问题：课堂适合你的生命吗？课堂可以成为你生命的一部分吗？

无论有多少裁度教师工作绩效的评价指标，最根本的尺度，是藏于教师内心的自我尺度：

我有没有通过课堂，活出自己的生命？活好自己的生命？

我有没有在课堂里，活出"我这个教师"的生命质量？

我有没有因为课堂的存在，实现了"我这个人"的生命价值，拥有了生命尊严？

我有没有把课堂真正变成我生命的根基？即使没有庄子所言的"不当时命而大穷乎天下"的豪情，至少可以"深根宁极而待"，等待"我这个生命"深深地植根于课堂里，最终绽放出属于我的花朵，在教育的天地中摇曳生姿……

没有一个课堂可以复制，没有一个生命可以重来。活在自己的课堂，就是活出一个"不可重来的生命"。

作为 1989 年走进课堂的"老教师"，长年穿梭在大学课堂与中小学课堂之间，或多或少，我活出了自己的课堂，也在课堂里活出了自己的生命。那些在课堂上活出的生命之体验，生命之光影，能否留存下来，并与更多的后来者分享？今日之我，当下的操心之事，己主要不是论文、著作、奖项、荣誉、头衔、身份等外在之物增添与否的计较与比拼，转而忧心于这个"我"，能够为身后之世界留下些什么，与后来者分享些什么，什么是"我"这个活在课堂中的独一无二的生命可以留下并分享的曾经"在课堂活过"的证据和痕迹。这一切的忧虑都源于"辜负"二字，在回答如何才能不辜负世界和时代之前，总得想清楚：如何不辜负我这一被世界赋予的生命，被时代赋予的生命，被父母与恩师赋予的生命？如何不辜负我的生命的独一无二？

课堂给予了我可以"不辜负"的条件与可能。课堂把流逝的生命留住，进而塑造它。我试图用文字把流逝的课堂凝固下来，进而挖掘和展示它：发掘课堂中活出来的各样体验、千般感悟、万种细节，用深幽、寂静、谦虚的真诚展示这一切，且以自我对话的方式加以留存。对话中的每一个"你"，可能是正在或将要成为"教师"的"你"，也可能是已经成为教师的"你"，其中包括多年来和我共同亲历过课堂改革，由于诸种机缘得以相遇的"你"。作为作者的"我"，不是"你"的陌生人，我的生命也在课堂上，是另一个"你"，和"你"一样，有共通性的课堂之疑、课堂之惑，"我们"共享生命在课堂中的成长之痛、成长之喜。通过问与答的对话，"我"和"你"见话如面。我不敢奢望这份答卷多么实用或多么深刻，如同里尔克在给青年诗人的信中所言："你要宽恕我的回答，它也许对你没有什么帮助；因为在根本处，也正是在那最深奥、最重要的事物上我们是无名地孤单。"

站在课堂里的人，其实都有无名的孤单与寂寞。因为，我们每天都处在"课堂"这个最深奥、最重要的事物之中。不要指望别人能够给我们多少理解和同情，在那些深奥、重要和涉及根本的事物上，总是旁观太多,体察太少,呼唤太多,应答太少。我们所做的一切,无非是在用自己的生命去传播并践行一种信仰:人类要有光,要有希望,就要有课堂,就要有"我"和"你"。

这个信仰不只是说给别人听、做给别人看的,它最终都将返归自我的生命:

生命在,课堂在;课堂在,生命在。

真正的课堂,都是用生命活出来的。

教师的生命世界,就是课堂世界。理想的教师的生命境界,就是带着冲创意志和宁静致远的意境,以游心之心境,独与天地精神往来,独与课堂天地往来,课堂之精神就是教师与日夜往来的天地之精神。

这一境界中的课堂,是用"你"的生命凝结和绽出的,是展现生命价值、生命光彩的地方。

课堂于"我"和"你"的真谛,以及它昭示出的使命和责任就在于此:

把全部生命都献给课堂。

第一辑　理想的课堂

# 朝着理想课堂的
# 标杆直跑

身为教师，课堂是教师的职场。教学是教师的专业，专业就需要有标杆，这个标杆就是理想课堂的标准，也是好课的标准。

活在课堂里，首要的任务是明晰课堂的理想标准。不同的课堂标准，是教师在课堂上的不同活法，每个教师都依据自己的标准，以各自的方式，活出理想课堂的样子。

理想课堂长什么样？这是典型的"仁者见仁，智者见智"的话题。我只能说说自己心目中的样子。

如果要树立一座好课的丰碑，我希望在这个丰碑上，刻上六个大字。

## 一、"实"

叶澜先生曾经用五个"实"字，诠释了好课之"实"的理想标准。

一是扎实。扎实的课，是有意义的课，是学生走出课堂和走进课堂相比，不一样的课。所谓"不一样"，或者表现为学生获得了新的情感、态度、价值观，拥有了新的知识、技能、方法、习惯和兴趣，或者具有了新课标倡导的核心素养，尤其是学科核心素养。它们应该是在本节课上，通过教与学的互动生成的，是只有"这节课"才能带给学生的"不一样"。

二是充实。充实的课，是有效率的课。一般而言的"有效率"，考虑的重点放在投入与产出的比例上：如何以最少的投入，时间、精力、人力、物力的投入，让学生在课堂里获得最多的收获，产生最大的成效？换个角度看效率，还可以从"面上"的整体视角来理解：一个班级里，总是存在不同类型、层次的学生，有"好生""尖子生""学霸生"，还有"学困生""潜能生""希望生"等。如果一节课上完了，只是"潜能生"克服了学习的困难，部分"潜能"变为了"现实"，老师们看到了更多的发展"希望"，但是"好生"原地踏步，停滞不前，这肯定不是理想的课堂，除非同一个教学内容，在同一个班级里教了后，全体学生都能在原有基础上有变化、有发展。我深知，这是一种完美的理想，也是历代教师共同面对的难题：如何面对学生的差异而教学？

三是丰实。丰实的课，是有生成的课。如何处理预设与生成的关系，一向是教师面临的挑战之一。教学离不开预设，而且必须从预设开始，依托教案来预设教学目标、教学环节、教学方法，以及应对学生提出的各种问题……记得我初为人师之际，甚至把课堂上自己所讲的每一句话都写在教案里，美其名曰"详案"。教学又必须跳出预设，因为课堂充满了不确定性，至少教师永远无法精准预设课堂上的学生会提出什么问题，表达什么观点，做出什么反应。课堂的本质就是动态生成，是无法用预设来包裹和替代的生成。这就是丰实课堂的本义了：通过师生互动、生生互动，既实现了预设，又超出了预设，在学生那里生成更多的收获。

四是平实。平实的课，是常态下的课，与之相对的是公开课。两类课各有各的价值，公开课的价值是最能锤炼人，锤炼一位教师的教学技能，包括备课、上课、说课、观课、评课和写课等"六课技能"。上过公开课的教师，都知道要经历怎样的磨、煮、泡和熬的艰辛过程……常态下的课，是家常课或日常课，它的重要价值是最养人。打个比方，公开课相当于各种宴会、宴席中的"大餐"，其豪华奢侈，决定了不可能天天享用，很少有人是吃大餐长大的，大多是吃"家常饭菜"长大的。家常课就是教师每天都要吃的家常饭菜，它最能滋养教师的成长。这说明，无论公开课有多大的价值，它毕竟只是教师的"小众场景"，只有将各种磨炼和熬炼渗透在日常课中，才是最有效地促进教师发展的方式。

五是真实。真实的课，是有缺憾的课。如同没有十全十美的人一样，也没有完美无缺的课，给人这种感觉的课，一定是造假的课。其实，一旦发现课堂中出现的各种缺憾、缺陷或缺失，反而是好事，说明找到了教师发展的空间：一个问题，就是一个自我发展、自我成长的空间。

## 二、"长"

"长"即生长。每当"我"走入课堂观课、听课，总会暂时悬置一切与课堂有关的各种理念、观念或成见，转而诉诸直觉和感觉，这种感觉可以命名为"课感"。就像开车的老司机，已经无需通过背诵、记忆操作手册上的条文来开车，只凭"车感"就足以在道路上游刃有余。上了且听了这么多课以后，自然会有"课感"萌生。进入课堂之后，"我"全部的感官都指向于"生长感"：有没有涌现生长的感觉，有没有感受到与此相关的台阶感、推进感、纵深感、突破感？更进一步而言，"我"试图感知并确认，这堂课是带着学生在一个层面上以"滑冰""漫游"或者"转圈"的方式徘徊不前，还是引领着学生，在"刨坑""攀岩"或者"拔节"中向上生长？

## 三、"清"

"清"即清晰。表现为整体意义上的教学思路清晰。

学生清晰。学情清晰，是教书育人的前提，也是把"学生放在心中""学生为本""学生立场"等口号变为行动的关键一步。对学情的清晰，以"把抽象的学生、模糊的学生、不准确的学生，变为具体的学生、清晰的学生和准确的学生"为目标，通过贯穿于课堂教学全过程的三大路径来实现：首先是教学设计中的"一度清晰"，把握走入课堂之前的学生"已经有什么、缺什么、困难障碍是什么、差异是什么"，进而提出针对性的解决设想。其次是教学过程中的"二度清晰"，把教学过程变成进一步了解学情、读懂学生的过程。这一步是扭转很多教师"备课时心中有学生，一进课堂，心中就只有教案和教师自己"这一瓶颈问题的核心策略。再次是教学反思中的"三度清晰"。其要义在于"对照"，对照课前对学情的了解：哪些是解读得具体、清晰和准确的，哪些是依然抽象、模糊和被误读的？通过上了本节课，"我"对本班学生的了解，哪些因此变得更加清晰和深入了？

价值清晰。对所教学科课程特有的育人价值有整体把握和深入挖掘，对于它们究竟在什么方面、以何种方式促进学生何种生命成长，能够做到"了然于心"。

目标清晰。为此要解决常见的目标设计与表述中的两大误区：其一，抽象、笼统与含糊的目标，如"正确、流利、有感情朗读课文"，抽象之处在于"感情"，读出什么感情？每个作者、每篇文本、每个人物的感情都不一样，这种感情不具体、不明确，培养朗读的技能技巧，因为是无的放矢，自然就会落空。其二，无所不包、面面俱到和十全大补的目标，一节课的时间有限，是不可能实现如此多的目标的。我心目中的好目标，应该是单刀直入、孤军深入和精准打击的，"直入点""深入点"和"打击点"与学生学习的四个点有关：起点、难点、障碍点与提升点。"起点"把握的是学生走入课堂前的初始状态，"难点"解决的是"难在哪里"，"障碍点"针对"绊脚石和拦路虎是什么"，"提升点"则指向于"带着学生从哪里提升到哪里去"。

内容清晰。如何选择适合学生的教学内容？首先，在课前追问三个问题：第一个问题是"我为什么要教这个内容"，给自己找找教的理由。第二个问题是"学生为什么要学"，帮学生分析学的理由。第三个问题是"什么已经不需要教了"，例如学生课前已经会了、懂了和有了的不用教了，否则就是浪费彼此的生命；再如学生自己能够理解和掌握的不用教了，培养学生自主学习的能力。只有当学生自主阅读读不明白，自己思考想不清楚，自己动手却不会做的时候，才需要我们站出来，此时此刻，非你教不可、非你讲不可，这就是我们作为教师存在的价值——非你莫属。

方法清晰。有一个原则应贯穿方法清晰的全过程：世界上没有最好的方法，只有最适合的方法，涉及四点。其一，适合学科特性，找到方法选择和运用的学科逻辑。其二，适合教学内容，探索方法选择和运用的内容逻辑。不同类型的教学内容，应有相对应的教学方法，如语文教材中的散文、议论文、说明文、古诗词、文言文等，必然需要有适合不同文体、体裁和主题的教学方法。其三，适合学生基础，不同类型、层次和水平的学生，当然要有针对性的、适合的方法来教授他们。其四，适合教师个性，在别的老师，特别是名师那里的好方法，不一定是适合"我"的方法。每位教师的禀赋、个性、习惯和教学风格不一样，只能通过私人订制，建构出属于自己的方法。

环节清晰。要做到环节清晰，不是一般人所想的，只需在教案里把"先教什么、再教什么、后教什么"，或者"先怎么教、再怎么教、后教什么"写清楚即可，真正的环节清晰，需要扪心自问两个方面的问题：其一，每个环节要解决什么特殊问题？发挥什么特殊作用？不同环节在具体操作过程中，各自可能遭遇的困难、障碍是什么？相应的解决方案是什么？其二，环节之间的关联、衔接、推进和提升点是什么？

指令清晰。避免给学生下达抽象、含糊的指令。如请同学们"认真倾听"，听什么、怎么听，才是认真倾听？这样的指令会让学生茫然不知所措。"倾听"是一种往往被遗忘的核心素养，人们更多关注的是"怎么说给别人听"，说得吸引人、打动人，留下深刻的印象，很少有人关注"怎么听别人说"，听出真意，听出创意，听出成长。倾听也是一种善行，当别人言说，"我"认真倾听的时候，这是一种尊重他人的体现，并因此表达了善意，从而成为一种赠予他人的珍贵礼物。如何真正让作为核心素养的倾听，在课堂中落地生根？我曾经在《倾听着的教育》中阐明了"什么是认真倾听"的具体要点：其一，专注。别人发言时，要聚精会神、全神贯注地听，不要东张西望、窃窃私语，或者看手机、刷微信。其二，理解。在边听边想中，听懂、听明白别人说了什么、怎么说的，避免误听和漏听。其三，比较。比较"我"

与老师、同学的"同"与"不同",通过比较,避免重复发言,进而学到新的视角、观点和方法,这是只有认真倾听才能有的学习收获。在这个意义上,学会学习,就是学会倾听。其四,动笔。通过做批注、圈画或记录,把听出来的写出来。其五,评价。听了以后,对发言者进行适当点评,可以谈体会收获、可以提问质疑、可以补充建议等。只有如此给学生提出明确的倾听要求,学生才能带着具体可行的学法和做法,走出课堂,而不是只记住了一些抽象的概念和大道理。

## 四、"细"

"细"即拥有对课堂点点滴滴细节的敏感、设计、实施、反思与重建的意识和能力。以我一直关注的"小组合作学习"为例,针对普遍存在的"形式化""表演化""模式化""平庸化""低效化"等问题,需要在如下细节上打磨完善。

细节之一,训练的起点。要让学生学会合作,是无法通过口头提出几个要求,或在黑板上写几个要点,教师解释一番,学生读一读、念一念或背一背的方式掌握的,必须要有持续一段时间的严格的合作训练。如同部队的协同作战一样,各兵种各部队平时不进行协同训练,是上不了真实的战场的。然而,训练依然可能沦为抽象的概念,这里的细节在于:训练的起点是什么?从哪里开始训练?应该从同桌、同伴合作开始。假如两个人都不能很好地合作,不能相互倾听、相互交流、相互合作,如何能够到小组里和更多的同学合作?这恰恰是一个很容易被忽略的细节:匆匆忙忙直接跳入小组合作,缺失了基于两人合作的必要的铺垫、准备和过渡。

细节之二,合作前给学生独立自主学习的时间和机会。在进入小组合作前，先自己想一想、做一做、练一练，随后带着自己的思考与体验，再与小组同学合作。以此方式，处理好个人与集体、合作学习与自主学习的关系，避免以集体的声音思考替代个人，更要防止关注了合作学习，却忽略了自主学习。

细节之三，激发学生合作的兴趣和需要。这是最影响合作学习质量的关节点之一：如果学生只愿意自己学习，不愿意参与合作学习，再好的合作学习设计都会落空。

细节之四，选择适合小组合作学习的内容。如果仔细推敲，有的小组合作学习内容，同桌合作即可解决，甚至个体学生自主学习也可以完成，无需通过小组方式来解决。只有具备较强的复杂性、开放性、探究性和趣味性等特点，以至于个人难以独立完成的学习内容，才适合小组合作学习。

细节之五，时间底线。多少时间比较合适？没有标准答案，需要因学科、因内容、因学段、因学情而异。例如，小学的合作学习时间可以短一些，到了初中或高中则可以延长。但无论怎样，总是要有时间底线的，最少不能低于几分钟？我的观点是不低于三分钟，低于这个时间底线的合作学习，一定成不了高质量的合作学习。

细节之六，分组。存在同质分组、异质分组等流行的分组方式，它们各有利弊。例如，异质分组的好处是通过"好生""尖子生"指导"学困生"，充分利用好差异资源，不利之处是有可能对尖子生这样的学习高手不公平，毕竟高手只有在频繁地与高手过招、交流中才可能提升能力和长本领。最理想的方式是依据合作学习内容的性质和难易，采取轮换、交叉和弹性化的"走组制"方式，让不同的分组方式取长补短。

细节之七，分工。这是影响小组合作效率的关键步骤，需要在合作前明确：谁主持？谁记录？谁代表小组发言？谁来补台，进行补充发言？分工的价值，不只是提升小组合作学习质量，更在于具有丰富的育人价值——有了分工，才会有责任，有了责任，才会有担当，有了担当，才会有更快更好的成长与发展。

细节之八，小组代表发言的第一句话。倘若他一张嘴就是"我认为""我觉得"，教师需要立即制止和纠正。正确的言说方式应该是"我们认为"或"我们小组认为"。根由在于，小组代表是代表"小组"，不是代表"自己"，虽然可以讲自己的观点，但不能只讲自己的观点，不然就不是真正的小组代表。

细节之九，评价反馈。首先，评价谁？是评价小组代表，还是评价小组合作学习质量？显然，后者才是正确的评价对象：小组合作评价，是对小组的评价，不是对小组代表的评价。其次，谁评价？当然离不开教师的评价，但不能只是教师评价，还可以实施互评，如小组之间的互评，评出本组的收获、评出对方的问题、评出改进建议等；还可以自评，既可以小组自评，也需要个体自评，基于小组分工和自身职责，进行自我评价与反思。

细节之十，组际互动。小组合作学习结束后，进入到全班汇报交流阶段，此时最容易出现的细节毛病是沦为"报幕式交流""割裂式交流"：每个小组按照顺序各讲各的，各说各话，没有任何交集和对话。解决的基本策略，是教师在第一小组代表汇报之前，就对接下来的小组代表提出明确要求：在介绍本组合作学习成果之前，对之前小组的发言，要么谈收获或启发、要么做评价、要么提问题、要么给建议，之后再进行分享，如此一来，小组之间就互动起来了。

细节之十一，台上台下互动。教师经常安排个别或一组学生到台前交流、展示，为了避免台下同学"放羊"或无所事事，需要预先对他们提出明确具体的观察要求、倾听要求和评价要求，这实际上也是下达相应的各种任务，引发台上台下高质量的生生互动。

细节之十二，板书。存在两类课堂板书：一是静态性和确定性的板书，主要集中在教案里，很多教师都有专门的板书设计。教学过程，就变成了再现、复制和搬运已经事先设定的板书内容，并且以丝毫不差为荣；二是动态性和生成性的板书，教师依据具体的教学过程实际，特别是根据学生在互动对话中生成的各种资源，以板书的方式及时凝练与整合。两类板书都有各自的价值，尤其是要关注后者，它意味着与整体的课堂本身一样，板书也需要动态生成。

细节之十三，巡视。貌似简单的巡视有很多细节值得考究，如什么是最佳的教室巡视路线？如果教师想要说话，站在教室的什么位置最合适？我最关注的是教师如何说话。有三个常见误区：一是唠叨，构成了对学生合作学习的干扰；二是轻声，只是对某一小组合作学习的状态进行低语式的点拨、引导、纠正、鼓励和评价，没有把通过巡视发现的某一小组合作学习中出现的问题和错误、展现出的亮点与特色，以大声说出来的方式，让全班各个小组都听到，达成提醒和借鉴的目的；三是沉默，自始至终都一言不发，在我看来，作为巡视者的教师，不应成为沉默的巡视者，需要在此过程中发挥教师的指导力、介入力、提升力和引领力。

细节之十四，动笔。不断提醒学生在合作学习中做圈画、批注和记录，以此训练提升学生的倾听力和对信息资源的判断力、捕捉力、整合力与利用力。

细节之十五，学段特性。同样是小组合作学习，在小学、初中和高中等不同学段或年段，如何体现出清晰的学段感或年段感？即使是小学，在低年段、中年段和高年段，各自也要有针对性的小组合作学习策略，避免以低段的方式进行中段甚至高段的合作学习。

细节之十六，学科知识特性。小组合作学习既要探寻学科逻辑，展现小组合作的语文逻辑、数学逻辑、物理逻辑等，也要找到小组合作学习的知识逻辑。例如，在语文课堂中，散文、议论文、说明文等不同文体的合作学习要有区分；在数学课堂中，数与代数、图形与几何、统计与概率、微积分、实践与综合运用等不同领域、不同类型知识的小组合作学习，同样要体现知识的特殊性与针对性。

细节之十七，素养特性。基于核心素养，尤其是学科核心素养，形成有针对性的小组合作方式。换言之，不同的学科核心素养，需要建构不同的小组合作方式。

## 五、"深"

"深"与"深度学习"这一当前国内外学习研究的前沿热点有关。一言概之，深度学习的基本理念是：既要让学习在课堂上"真实地发生"，也要让学习"深度地发生"。对深度学习的思考与实践，需要追问一个根本性、前提性的问题：深度学习，深到哪里去？

一是深到思维那里去。这是大多数人马上想到的一个落脚点，依托批判性思维或审辩式思维等高阶思维培养的方式，让隐匿的思维在课堂上可见、可视、可教、可学、可测评。思与静相关：安安静静的课，于无声处听惊雷，静静地思考，静静地感悟，静静地生长。为什么没有动思，只有静思？静思的妙处和真谛，就在于静通向思，没有静，就没有真正的思的涌现。

二是深到情感那里去。情感的学习也可以很有深度。我曾经听过一节语文课，上的是鲁迅的名篇之一《阿长与〈山海经〉》。议课环节,我问了执教教师一个问题:学生学习鲁迅的这篇文章难在哪里?她略微沉吟之后,给出了答案:鲁迅的文章是那个年代写的,离现在的孩子久远了,所以理解起来难;鲁迅的文字很有思想的深度,因为他不仅是文学家,还是思想家,要让学生理解如此有思想深度的文字,很难;鲁迅的语言方式很有个性,相对比较晦涩,让习惯了当代话语方式的孩子感悟出来,也很难。她表达得非常清晰,但遗憾的是,并没有回答我的问题,我问的不是鲁迅的文章难在哪里,而是鲁迅的"这篇"文章难在何处。在我看来,难在鲁迅对于保姆情感的波动过程,从一开始的厌烦、厌弃、拒斥到后面逐渐的内疚、感恩和怀念,这种属于成人世界的情感发展过程,是相当细腻和微妙的,让心智和情智还不够成熟的孩子理解起来,真的很难。这就是情感学习的深度特性了:深在情感的细腻与微妙、丰富和博大、深沉与复杂。如果学生通过读一首优美的古诗词、一篇情感充沛的散文、一本寓意深刻的小说,他的情感世界变得越来越细腻微妙、越来越丰富博大、越来越深沉复杂,课堂的育人价值就实现了,"人"就立起来了。

三是深到审美那里去。学生对美的学习、感知和感悟,对美的创造与表达,同样很有深度。美和所有的学科都有关,每个学科教师都需要在自己的课堂上,教出本学科特有的美,用语文之美、数学之美、化学之美等打动孩子的心灵,触动他们的灵魂,并因为这种对学科之美的感受,让这个学科和这位教师,从此扎进学生的心里,与他们的一生同行同在。这个学科的育人价值就实现了,这个老师就立起来了。

## 六、"融"

"融"的核心理念是"让课堂融起来"。

一是跨学科融合。走向跨学科融合的初心，在于每个学科都有自己的所见、所能和所不见、所不能。如果把科学要探究的世界比喻为"象"，不同学科以各自的方式来"摸象"，它们分别摸到了鼻子、肚子、腿和尾巴，但没有一个学科能够完整地摸到一头大象的全部，换言之，没有一个学科能够穷尽整个世界的真相和规律。唯有通过跨学科，实现以某一学科的所见、所能，来弥补另一学科的所不见和所不能，从而持续扩展人类认识世界的边界。不过，跨学科融合教学的前提条件是"学科教学"，跨学科融合教学不等于"无学科教学"，为此，需要秉持学科立场，坚守、挖掘并实现学科的育人价值，防止把学科互补变成了学科替代，丧失了各学科独有的育人价值和存在意义，把跨越学科边界的过程，变成了抹除学科教学特性、无视学科教学逻辑的过程。

二是跨时空融合。这是由信息技术变革带来的线上线下融合教学，也称之为"双线融合教学"。包括"五个实"在内的好课标准，都是之前基于线下教学而来的标准，进入线上教学，哪些标准是与线下共通的？哪些则是线上教学特有的？同样，双线融合教学之后，什么标准是线上、线下共通的，什么标准则是双线融合教学才有的？这个新标准必定会和双线有关，例如，线上线下之间穿梭转换的自然度、自如度和流畅度等。

三是五育融合。这是"五育并举，融合育人"的简称，它的出现是为了解决长期以来的课堂教学存在的两大瓶颈难题：疏德、偏智、弱体、抑美、缺劳，以及五育之间的分离、割裂、矛盾或冲突，前者需要通过五育"并举"解决，后者则要依靠五育"融合"来化解。要让五育融合的理念进课堂，化为具体的教学行为，需要依据四个原则：第一个原则，五育融合不等于跨学科融合。虽然五育融合需要依托跨学科融合来实现，但五育的融合逻辑和跨学科的融合逻辑，是不一样的逻辑，它们相互需要、相互关联，但不能相互替代。第二个原则，把"五育融合"化为视角和眼光，以此视角来解读学生、课标、教材、教学内容及其育人价值。我曾经在上海金山听过一堂美术课，主题是"故土情怀，篆刻家乡"，教师力图把金山的区域文化转化为课程资源、教学资源和育人资源。在议课环节，我们共同探讨一个议题：本堂课的篆刻内容，有什么五育因子、五育要素、五育内涵或者五育的育人价值？首先，德育在哪里？有"小德"：培养学生对家乡文化的认同、热爱和自信；有"大德"：课堂中教师反复提及篆刻所蕴含的"金石气"，其实就是"中国气"，这是中国文化特有的，由此又灌注渗透了对中国文化的认同、热爱和自信。其次，智育在哪里？教师让学生在不同的篆刻刀法和风格中做比较，在辨析比较中有了思维的含量，同时，再让学生做进一步的选择，选择欣赏的风格并说出理由，这里又与审辩式思维培养连接了起来，指向于"有依据的思考和表达"这一核心能力。再次，美育在哪里？教师引导学生体会篆刻中的刀法之美和章法之美。还有，劳动教育在哪里？培养学生对劳动成果的敬畏和尊重，自己的篆刻作品，同学、老师及他人、前人的作品都是劳动成果，都要同样予以尊重。更重要的还在于，篆刻过程中要有吃苦耐劳、精益求精的工匠精神。最后，体育在哪里？除了篆刻需要练臂力、指力之外，课堂中有一个细节特别值得关注：学生在课堂上用木料篆刻，刻着刻着，木屑冒了出来，教师特别提醒学生，不要用嘴吹，免得木屑从鼻孔吸进了肺里，如此一来，"健康教育"出来了，体育与健康不可分离。第三个原则，五育融合不宜面面俱到。理想状态当然是五育在每一学科、每一个课程、每一堂课，都能做到全面完整的融合，但这是一种不切实际、远离现实课堂的理想。贴近真实课堂的选择，是依据具体的课程与教学内容实际，找到本堂课的"主融合"，辅之以"次融合"。名师华应龙在一堂经典的数学课上讲了"卖牙膏"的故事。他先从一个故事讲起：美国有一家牙膏公司，有一段时间业绩不断下滑，老板召集手下开会研讨解决办法，有一个员工建议把牙膏口径从 4 毫米增大到 5 毫米，老板欣然采纳，随后一年的销售额因此增加了 56%。从这个故事入手，华老师随机引入了相应的数学知识、数学方法和数学思维。但这堂课的精彩不止于此，随后他又亮出一位全国人大代表有关全国牙膏生产现状的提案：经全面深入调研，他发现近年来中国牙膏厂普遍增大了牙膏口径，有的甚至一口气增大至 8 毫米。他为此在提案中指出，如果牙膏口径哪怕减少到 5 毫米，牙膏的使用量都将因此减少 75%。由此出发，华老师引用了"格物致知"的经典名言，引出了"俭以养德"的古训教导，相比而言，老板考虑的是"利润"，他和人大代表念念在兹的则是"美德"。德育就此在数学课堂上真实自然地发生了……这堂课是典型的"德智融合"为主的融合课堂，创造了立德树人的"数学方式"，为立德树人提供了"数学方案"。第四个原则，五育融合要找到融合的抓手、路径和载体。一旦具体教学内容的五育要素和内涵解读完之后，接下来的关键，就是以何种方式将各育融起来。其中，"情境创设"是最基本、最核心的方式，可以通过讲故事、角色扮演等各种方式，让五育在课堂上融合起来。

　　如上课堂标杆，只是我眼中的好课标准，是众多好课标准之一。但无论如何，"活在课堂里"的前提之一，就是明晰好课的标杆，朝向理想的课堂标杆，仰望它，遵循它，实践它，从而在课堂上活出理想的样子，让这样的标杆，与每一堂课都融为一体，最终长到自己的身上，与一生同行同在。

# 课堂，在即兴中创作，
# 在试错中完美

一般情况下，我做报告不用PPT，而是习惯于边讲边打，把电脑屏幕当成黑板，逐字逐行地呈现我的想法和做法。之所以如此，原因之一，是为了践行马克斯·范梅南（Max van Manen）所言的："教学就是即兴创作。"这就是教学的魅力了：每堂课都在创作，而且是即兴创作，让课堂中即兴灵感的火花四射，不断感受到陆游所言的"妙手偶得之"，这是一件多么有挑战，又是多么有意思的事情！

在这个意义上，每位教师都是课堂上的作家，天天与学生一起当堂、即兴创作各式各样的课堂作品。

对课堂"即兴创作"特性的认识，是对课堂教学本质的认识，并对教师提出了相应的挑战性要求。

## 一、把教学的过程，当成创作课堂作品的过程

一旦明了教学作为即兴创作的本性，也就彰显出课堂的作品本性：教学结束了，创作就结束了，作品随之诞生了。由此提醒我们要

善待课堂和敬畏课堂，不要轻慢和怠慢了别人的作品与自己的作品。每一次听课的过程，都是目睹和观摩别人作品诞生的过程，当我们上课的时候，则是亲历和见证自己作品孕育的过程。无论这一作品是什么样的作品，都值得用心呵护与敬重。教师的一生，是创作课堂作品的一生。教师一生的个人收藏，最有价值的无非是两类收藏品：一是与学生共同成长的记忆；二是属于自己的课堂作品。后来者对这位教师的追忆、怀念与感恩，也是对两个问题的解答：他培养出了什么样的学生？他创作过什么样的课堂作品？

## 二、不要以复制的方式进行课堂创作

作品的本质是"原创""独一无二"和"不可替代"。作为创作者的教师，也是原创者，所上的每一堂课，都是师生共同创作的天地间独一无二的作品。课堂作品的原创本性，昭示出"作品不是赝品"，"不把作品当赝品"。为此，最重要的是避免养成复制的习惯，不要复制别人的作品，即使是名师大家的课堂作品，可以学习借鉴，但不能把借鉴变成粘贴和复制。同时，也不能复制自己的作品。很多时候，我们会以"自我重复"的方式，一次次复制自己的作品，这是失去教学激情的重要根源之一。

避免自我复制的方式，是保持课堂教学的"即兴感"，它通过课堂中的生成感、再生感来保证，进而养成作品创作完成之后的自我反思与追问的习惯：此堂课的这一作品，与之前的作品相比，"我"生成了什么，再生了什么，以及更新了什么？

## 三、养成不断在试错中重建的教学习惯

即兴感和生成感是课堂作品的本色,但在现实中常常与教案预设产生冲突。根深蒂固的教案意识,总是把教师推向事先确定甚至固定的教学轨道,按照早已写好的剧本铺陈,课堂因此充满了"背诵感"和"程序感"。隐匿于教案意识之后的,是设计者和撰写者的"完美预设":期望在教学之前,通过打"教学腹稿"的方式,使所有的流程环节和语言细节,统统达成面面俱到、事无巨细式的"完美无缺"。这是一种将"完美无缺"赋予课堂,并且交给教案的潜意识,导致很多教师在不知不觉中放弃了即兴创作,将创作前移到教案环节,乃至最终全然交给了教案。归根结底,是把自身变成了教案的搬运工,而不是课堂的创作者。

即使是创作者,也往往有对腹稿的习惯性依赖:先打好腹稿,再投入创作。这似乎成了被公认的"创作常识"。但实际情况却并非如此。

据说,在罗丹故居的二楼,展示了大量《巴尔扎克像》的泥塑模型,姿态各异,与立在院子里的铜塑成品,也就是众所周知的杰作《巴尔扎克像》迥然不同。它展现了罗丹真实的创作过程:先用泥塑模型做实验,逐一试错。通过不同的泥塑试错,在一次又一次的自我否定和不间断的摸索中,逐渐找到最佳姿态,形成最佳答案。这些与成品大相径庭、姿态各异的泥塑模型,说明罗丹没有像一般人想象的那样,先苦思冥想打腹稿,预先想好完美的"设计图"。他把自己的聪明才智,直接投入试错尝试的创作摸索中。甚至可以说,善于反复试错,构成了罗丹才智的一部分,也是其作品成功的法宝秘籍。

这可能就是对于作品创作的现实态度:在创作前心里没有完美

的设计图，而是采用逐一试错的方式，下笔开始写作、绘画，或动手做泥塑模型，让动态生成和即兴发挥主导作品创作的具体过程。这说明，作品的完美是试错试出来的。甚至可以说，没有不经试错的完美。

关于试错，有科学家做了一个很有意思的试验：把一只敞口玻璃瓶放入黑屋，将瓶底朝向黑屋唯一的窗口，从瓶底可以看到窗口的亮光。再将六只蜜蜂和六只苍蝇放入瓶中，让它们自主选择逃生的方式。如果要猜测谁能逃出瓶子，一般情况下，绝大多数人会猜是蜜蜂，因为相对而言，蜜蜂的智商高于苍蝇。但事实上，苍蝇纷纷逃出了瓶子，蜜蜂却全部撞死在瓶底。虽然蜜蜂的智商胜过苍蝇，但偏偏认死理，认定有亮光的地方，一定是出口，因而一次又一次撞向有亮光的瓶底，直到把自己撞死……苍蝇则是机会主义者，通过不停乱撞乱试，不经意间摸索到了瓶口，成功逃生……智商高的蜜蜂，错在把过去的经验当成不可更改的教条，这是埋在骨子里和基因里的教条化。苍蝇的试错，是根据具体的环境条件，不断反馈并及时调整自己的行动。

罗丹的创作与苍蝇的逃生一模一样。他没有按既定的设计图，像蜜蜂认死理那样，依据已成的经验和方案，一条道走到黑。真正的创作，是像苍蝇试错那样，及时捕捉即兴涌现的种种灵感，及时修正先前的设想。

由此看来，凡是认为教学可以完全靠理性预设和教案设计的人，就不幸落入了蜜蜂的教条境地，教案意识的根底是基于理性的教条意识在作祟。

理想的课堂作品，具有溢出理性之外的潜意识，是对未知的试错性探索。海明威曾言："有时候你写起来才让故事浮现，又不知道它是从哪里冒出来的。运转起来就什么都变了。运转起来就造成故事……"在海明威那里,所谓"运转",就是不知道会遇到什么的试探性写作,离开了已知的写作腹稿和草案,每天的写作仍要面对诸多未知。在谈到写《丧钟为谁而鸣》时,他回忆道,虽然"原则上我知道接下去要发生什么","写作教案"里已经预设好了,"但写的时候我每天都在虚构发生了什么"。"每天都在虚构"指的就是设想之外、预料之外的即兴发挥,是灵感在写作中的现场生成。

说到底,课堂作品的创作,不要被完美预设所束缚和捆绑。再糟糕的课堂草稿,都可能通过艰辛的试错和调整,一步一步进化成杰作,主导其中的是埋藏于教学创作者体内的一根神经:教学中的自由。

洋溢着自由精神的课堂作品创作者,会打破对教学腹稿的依赖,让理性的自我守着目标,同时,耐心地频频试错,静候即兴发挥的自我,朝它一路冲过来,创出一节节课堂的杰作……

# 第二辑　设计的课堂

# 当好课堂的"总设计师"

如果你要问我,课堂从什么地方开始?我的回答很简单:从设计开始。

不知道从什么时候开始,我关注起了设计。最初在我眼里,"设计"只是一种职业,活跃在建筑、时装、机械制造等各种领域,通过设计环境、服饰、装置等来装饰、点缀并影响人们的生活,我们也一直在享受并且从事各种设计。既短暂又漫长的一生中,除了命运的眷顾宠幸,命定的艰辛劫难之外,还有自我设计的天地……但这一切,与我的教师职业无关,因而与课堂无关。后来,我发现,有人把"教案"改成了"教学设计",对于语词异常敏感的我,似乎在一瞬间领悟到了设计的意蕴:它首先是一种眼光,然后才是一种职业才能。以"设计"之眼,观照万千世界,人人、事事、时时、处处皆有设计和需要设计。有了这种来自设计的眼光之后,原先只是从时装发布会、商店橱窗,房屋装修中才看到设计,如今,我在课堂里也看到了设计。

人类赋予了"教师"很多角色,如果不假思索,我的头脑里直接冒出的还不是"灵魂的工程师""精神宇宙的建构者",而是"课堂的设计师"。工程师也好,建构者也罢,都需要有设计的基础本领,教师就是学生生命成长的总设计师,课堂就是教师的设计室,所有课堂都从设计开始。无设计,不人生;无设计,不教育;无设计,不课堂。

课堂设计,既是教师对课堂的想象和预设,也是对课堂的实施与反思。

作为一种预设性计划、蓝图性方案,课堂设计的初衷是为学生的生命成长而设计,为教师的生命成长而设计,在这个意义上,课堂设计来自于对生命成长的期待与召唤。设计属于学生的课堂,就是设计学生的人生,设计属于教师的课堂,同时也是设计教师的人生。总是需要集聚成长中最艰难的事物,最诚挚的情感,设计它们,导引它们,通向各种人生目标……所以,课堂设计也是生涯规划的一部分,既属于学生,也属于教师自身。

明了"为什么设计",即"设计人生"或"设计生命成长"之后,接下来的关键问题,是你一直操心的操作性问题:"设计什么"和"如何设计"。

## 一、做好课堂的价值设计

价值设计回答"为什么教"的问题。没有做过教师,没有上过课的人,往往觉得上课很简单,不过是照本宣科般的"教书"甚至"念书"而已。真正进入课堂的人,才会知晓"小课堂"有"大学问"。课堂之大,大在"复杂",要设计好一堂课,首先需要的是"读懂"教学对象。除了读懂课标、读懂教材之外,还要读懂学生,读出学生的已有、未有，以及困难、障碍，还要读出学生的发展需要，但最重要的，还在于读出"关联"：课堂与学生的关联。读出本堂课与学生、本堂课的教学内容与学生的具体关联，关联点在于"育人价值"，它需要回答的是：什么是只有这堂课才能够为学生带来的生命成长？如思想品德的成长、情感的成长、思维的成长、审美的成长或者各种素养的成长等。这是课堂设计最重要的发力点。

## 二、环境设计要体现学生立场

环境设计解决"在哪里教"的问题。课堂是一种环境，是学生的学习环境和教师的教学环境。作为设计师的教师，理所当然要设计好课堂环境，主要是教室环境。这个环境是师生共存共有、共创共护的环境。不仅教师要亲自设计，也需要学生参与，让学生也成为课堂环境的设计师。理想的课堂环境设计，能够从学生当下及未来的生活、需求和欲望出发，在每一间教室里，都有学生的具体建议化在设计方案里，有学生每天更新的问题贴在墙壁上，有学生稚嫩的声音和多彩的面容回荡和闪耀在教室空间里，有学生署名的作品陈列其中，让教室熠熠生辉……

不止如此，学生立场下的课堂环境设计，教师需要追问一个根本问题：什么样的课堂环境，是最能够促进学生主动、健康和全面发展的课堂环境？

如同有人所言，这样的课堂环境，或者"教室文化"，一定是"满足学生发展需要的文化，是满足学生大脑发育、生理和身体发展、认知和情感发展、道德和公民性发展、个性和社会性发展、健康和安全发展、艺术和审美发展需要的文化"，因而是能够给学生提供丰富育人资源的教室环境。构成这些理想课堂环境的每一个方面，都需要有专门的设计思考与方案，不同维度之间的关联更需要提供融合性的设计思路。

课堂环境设计，存在两个层面的设计理念或设计思路，一是表层设计，关注的是教室的装饰性、张贴性、口号性、牌匾性；一是深层设计，注重的是生活性、学习性、互动性和成长性。后者更为贴近课堂环境是"育人环境"这一本质特性，这表明课堂环境具有丰富的育人内涵：它是学生日常的生活环境，是在师生、生生互动中生成的学习环境，是通过在教室里的学习生活而获得生命成长的环境。

## 三、内容设计追问三个问题

内容设计回答"教什么"的问题。它涉及三个具体问题。

一是"我为什么要教"。为什么"我"要在此时此地此堂课，针对这些学生，教这些内容？给自己找几个教的理由。

二是"学生为什么要学"。学生为什么要在本堂课上学这个内容？"我"来帮学生找几个学的理由。

这两个问题的答案，来自于我对课标的理解、对教材的理解，最终汇聚为对"育人价值"的理解和表达，无论教的理由，还是学的理由，都是育人的理由。

三是"什么已经不需要教了"。如同人生一样，教学最难的地方之一，就是"取舍"之难。做加法容易，做减法难。所谓的教学机智，很多时候，不是"教什么的机智"，而是"不教什么的机智"。

决定"什么不用教"的依据，都来自于学生。如果学生课前已经有了、懂了、会了，自然就不用教了，看似这是"正确的废话"，然而，确实有一些老师对此不了解、不清楚，还把它们当作没有、不会和不懂来教，由此彰显出"读懂学生"的重要性。如果学生自主学习能够理解、掌握的内容，我们就不用教了，以此培养学生自主学习的习惯与能力。

## 四、目标设计切忌抽象和面面俱到

这是回答"教到什么程度"的问题。教学目标设计中的常见问题，一是抽象，如"正确、流利和有感情地朗读课文"，由于每一篇文本的作者、人物和角色的感情都是丰富多样和个性化的，到底在这篇课文中读出什么感情，培养学生哪种情感朗读的方法、技巧和能力，在这个目标里都是空洞、含糊的，因而是抽象的，会让学生无所适从；二是面面俱到，一节课，知识、情感、态度、价值观、能力、方法、习惯……什么都要放进去，变成了一种无所不包、十全大补式的目标。这种理想化的目标设计，是很难在 40 分钟左右的一堂课里完全实现的。所以，我心目中理想的教学目标，是孤军深入、单刀直入和精准打击的目标，所谓的"孤""单"和"打击点"，表现为学生的"学习难点""学习障碍点"和"学习提升点"。难点的寻找，可以采用"排除法"，针对本堂课的教学内容，先追问的不是"什么是难的"，而是问"什么是不难的"，是学生一听就懂、一学就会的，剩下的才是教师最需要教的。障碍点的探寻，实际上就是找到学生达成目标的"绊脚石"，是对"什么妨碍学生学习"的具体回答。提升点的寻找，需要回答的具体问题则是"今天这堂课，我要带着学生从哪里提升到哪里去"。

## 五、方法设计要找到最适合的方法

这是回答"怎么教"的问题。我曾经在《教育常识》里表达了有关"教学方法"的常识：世界上从来没有最好的方法，只有最适合的方法。为此，在方法设计中要追问四个问题。

其一，是不是适合学科特性？目的是找到方法的学科特性。在跨学科教学的时代，无论是"跨"的前提，还是"跨"的结果，都不能忽视每个学科独特、不可替代的存在价值及其学科逻辑，包括知识逻辑和教学逻辑等，不能因为"跨"而把每个学科的独特给"跨没了"。毕竟，没有"学科教学"，就没有"跨学科教学"。

其二，是不是适合教学内容？目的是找到方法的内容特性。以语文为例，教散文、议论文、说明文、小说等不同文体的文本，教学方法势必要有针对性和区分度，不能以说明文的方式教小说。这要求教师心中要有一个针对不同类型知识的方法库，这不能只靠"自然积累"，更需要有意识地依据每种类型的知识，主动寻找与之匹配的方法，进而进行有目的的梳理、总结与归纳。

其三，是不是适合学生基础？目的是找到方法的学生特性。针对不同基础水平的学生，必然要求具有针对性的教学方法，这是所谓的"学生立场"或"把学生放在心中"最基础、最基本的体现。

其四，是不是适合教师个性？目的是找到方法的教师特性。我和你一样，都很欣赏甚至迷恋名师及其教学方法，但多年的经验告诉我，别的老师好的教学经验，在我这里不一定适合，因为个性、禀赋与习惯不同。每个教师的教学方法都是从他的生命中长出来的，是从自己的长期生命实践中生出来的。典型代表如语文名师王崧舟，他倡导的"诗意语文"，来自于骨子里的文学气质，来自于自身生命中流淌的诗意，因此，"诗意语文"的教学理念和方法，特别适合他"这个生命"和"这个教师"，但并不是所有的语文教师都有他的这种"诗意个性"，如果硬要去借鉴和套用，难免会变成"东施效颦"。对名师可以模仿和借鉴，但最终教师的教学方法，只能依靠"私人订制"。

## 六、环节设计要有关联感和提升感

这是回答"教学过程应该如何展开"的问题，具体涉及"先教什么，再教什么"和"先怎么教，再怎么教"。在环节设计上，通常的毛病在于"割裂"：环节之间没有关联，各干各的活，互不相干；也在于"平面"：不同环节都在同一个层面上滑行；还在于"空转"：所有环节都陷在某一个"原点"或"焦点"上转圈。所谓的"滑冰课""漫游课""转圈课"都与这些缺失有关。要上出"刨坑课""攀岩课"和"拔节课"等理想课堂，就需要强化不同环节之间的关联，清晰后一个环节相对于前面环节的推进点和提升点。

## 七、协同设计需要多维度思考

这是回答"如何实现协同教学"的问题。它需要将协同意识贯穿渗透在教学设计中，例如，如何体现家校社协同育人？就一个具体内容的教学而言，如何将家长和社区资源引入教学，他们各自发挥什么作用？再如，能否在一堂课中实现跨学科协同？如何将相关学科的知识、思维与方法与本学科教学融合起来？又如，在智能时代，当机师进入课堂，怎么让人师与机师在协同中教学，在协同中育人？协同的具体路径和方式是什么？这些不同维度的协同思考和协同设计，为佐藤学倡导的"学习共同体"赋予了新的时代内涵，让课堂上的学习共同体成为了利益共同体、职业共同体和专业共同体。

## 八、语言设计要有学习对象和范例揣摩

这是回答"用什么语言来教"的问题。语言功夫，是教师的基本功夫，更是这个职业安身立命的看家本领。教师的课堂语言功夫，不是看书看明白、听报告听出来的，而是练出来的。"语言设计"是首要的训练路径和训练方式。训练秘诀就是找到学习对象和典型范例，用心揣摩。当年，我在训练写作能力之时，尝试了不同类型的写作训练：在"随笔写作"上，以里尔克和沈从文为揣摩对象，在"学术写作"上，揣摩过海德格尔的"诗思融合性"的语言方式，他们的语言风格和表达个性，在训练中刻入我的语言表达风格与个性之中；同样，在"课堂语言"上，我揣摩过于漪、叶澜等名家那种情智交融性的语言艺术……这里的揣摩，不仅是针对学习对象的聚焦细读，还要回归自身，进行对比，并加以重建。例如，对比：同样是"课堂导入"，这位名师是怎么导入的，我是如何导入的，差别在哪里？同样是评价学生的良好表现、同样遭遇学生的质疑和反对，他是怎么评价和回应的，我习惯性的评价与回应方式是什么？又如，重建：我需要改一个词语，换一种什么句式，才能学会像他那样评价和反馈？如此长期坚持，我们的语言功夫一定会不断成长。

# 教学设计，
# 首先是育人价值的设计

　　从我们成为教师的那一天起，"教书育人"就成为刻在我们灵魂中的印迹和标识。但在教师漫长的教学生涯中，很容易将教书和育人分离开来，正如"新基础教育"创始人叶澜所言："学科、书本知识在课堂教学中是'育人'的资源与手段，服务于'育人'这一根本目的，'教书'与'育人'不是两件事，而是一件事的不同方面。在教学中，教师实际上通过'教书'实现'育人'，为教好书需要先明白育什么样的人。只关注现成知识传递价值的教师，实际上是在'育'以被动接受、适应、服从、执行他人思想与意志为基本生存方式的人。青少年学生内在于生命中的主动精神和探索欲望，在这样的课堂教学中常常受斥抑，甚至被磨灭。这种情况不改变，教育将成为阻碍社会和个人发展的消极力量。"在她看来，今日中国的中小学教育，应把形成学生主动、健康发展的意识与能力作为核心价值，在教育的一切活动中都要体现这一价值，其核心要义是育人价值。育人价值的设计，是教学设计的逻辑起点。

　　之所以在"育人"之后加入"价值"，构成"育人价值"，在于价值观的改变是教育转型的起点，对此，叶澜也有一番经典的表述："每当社会发生重大转型时，人们对教育的批判，往往是从价值批判和重新认识教育的价值与目的开始，并且以此为依据和出发点，再对现实的教育活动做出更具体的评析，提出新的原则、方案乃至方式方法。"课堂转型同样如此，它的基本转向与改变体现为：从"教书"走向"育人"，从"知识传递"走向"生命价值的挖掘与提升"。其中，由"教书"为本转向通过教书来"育人"，实现由"知识"到"生命"的转换，融通"教"与"育"，是其中的关键一步。它力图针对和解决传统教学价值观中的三大缺失：一是"生命价值"的缺失。过分关注死的符号性、结论性知识，缺少对学生作为活的生命体的多方面发展需要的关注，这是以往教学世界最根本的缺失，导致课堂成为缺乏"人气"的课堂。二是"学科教学生命价值内涵"的缺失。缺少对各学科蕴含在课程、教材和具体教学内容中独特、不可替代的生命价值或育人价值的思考和探索，即便有些许探究，也时常呈现为空泛化、碎片化、表层化、短期化的特征。三是"学科教学价值转化"的缺失。已有对学科教学育人价值的认识，但并未将其转化为日常教学生活中真实具体的相关行为、策略与方法，以致对育人价值的认识停留在纸面上和黑板上。

如何扭转和解决如上缺失？

## 一、清晰育人价值的核心内涵

首先，明确育人的基本标准。它回答的是："育人"，要育出什么样的人？以"新基础教育"的育人标准为例，至少具体涵括：培养积极主动、健康发展的人生态度；个体人格的养成与公民素养的自觉健全；基础学习力的养成和自主拓展性学习需求与能力的培养。这里涉及学习潜力、发展潜力的开发；独立思考、批判性发现和创造性解决复杂问题的能力，在不确定、变动性增强的世态中实现自我发展的生存能力之养成；发展多方面的兴趣，培养融入和改变身边世界的能力，与人为善、热爱生活和生命的人生态度，以自觉创造并可能拥有幸福人生。这里涉及的"态度""人格""能力""兴趣""创造"等关键词，构成了"新基础教育"视野内标杆之人的核心要素。

其次，明晰开发育人价值的基本任务。教师需要认真分析本学科对于学生而言独特的发展价值，而不是首先把握这节课教学的知识重点与难点。这并不意味着"学科知识"对学生的发展没有价值、可以无视，相反，它是教学中必须让学生最终掌握的基础性的内容。但教学对学生的价值不应停留在此，更不能把学生当作是为学习这些知识而存在的，把教师当作是为教这些知识而存在的。教学为学生的多方面主动发展服务是最基本的立足点。同时，还要从学生的发展需要出发，来分析不同学科所起或能起的独特作用。从更深的层次看，每个学科对学生的育人价值，除了这个领域的知识以外，还可以为学生认识、阐述、感受、体悟、改变这个自己生活在其中并与其不断互动的、丰富多彩的世界，包括自然社会、人，生活、职业、家庭，自我、他人、群体，实践、交往、反思，学习、探究、创造等，以及形成实现自己的意愿，提供不同路径和独特的视角发现方法和思维的策略、特有的运算符号和逻辑；提供一种惟有在这个学科的学习中才可能获得的经历和体验；提升独特的学科美的发现、欣赏和表达能力。惟有如此，学生精神世界的发展才能从不同的学科教学中获得多方面的滋养，在发展对外部世界的感受、体验、认识、欣赏、改变、创造能力的同时,不断丰富和完善自己的生命世界,体验丰富的学习人生,满足生命的成长需要。

再次,形成挖掘育人价值的基本思路。

一是重视"学科的独特"。对于人的生命成长而言,每一门学科都有其自身独特、不可替代的价值。不同学科是不同的符号体系,给予学生不同类型的工具性知识;也是不同的文化意义空间,为学生提供丰富而复杂的间接经验;更是生命的不同表现方式,赋予学生多样化、个性化的生活方式和精神样态。这种对学科独特性的重视,与对学科综合、交叉或融合的强调并不相悖:保持学科的独特性,是促进学科融合的前提条件,是学科融合的结果。学科融合不是抹平、取消了学科的独立存在,恰恰可以倒逼各学科不断清晰强化自身的独特与不可替代,避免在交叉融合中丧失了自我存在的价值。

二是实现"结构的关联"。以"点状式教学"的改变为目标,以"结构关联"的方式,推进学科育人价值的具体转化,实现"结构式教学"。以"新基础教育"课堂教学改革为例,在结构的意义上,基于"长程两段式教学"理念而来的"教结构与用结构",是其标识性的教学理念。这里的结构兼有"内容结构""方法结构""过程结构"以及贯穿其中的"类型结构"等含义,它们共同依据两个原则:其一是横向或空间意义上的"整体原则",对学科知识与方法进行整体布局、整体感悟、整体拥有和整体创生;其二是纵向或时间意义上的"累进原则",处理好"长时与短时""过去时、现在时与将来时"的累积递进关系。

在关联的意义上,除了建立起"生命与学科"的多学科、多层次、多类型的关联之外,"新基础教育"的独特,还在于建构了"教结构"与"用结构"之间的关联，即所谓"长程两段式教学"，它首先将每一结构单元的教学分为"教学结构"阶段和"运用结构"阶段。在"教学结构"阶段，主要采用发现的方式，让学生从现实问题出发，在问题解决的过程中发现和建构知识，充分感悟和体验知识之间内在关联的结构存在，逐渐形成学习的方法结构。为了让学生充分把握学习的方法结构，这一阶段的教学时间可以适度放慢。在"运用结构"阶段，主要让学生运用学习的方法与步骤结构，主动学习和拓展与结构类似的相关知识。

三是推动"过程的转化"。对于学科育人价值的挖掘与开发，只是育人价值研究的第一步，如何将形成的理解和认识转化为真实、日常和具体的教学过程，实现育人价值观的落地生根，是后续更为重要的关键步骤。因为学科教学育人价值的开发，不只局限于学科内容的深度研发，还包括围绕着且贯穿渗透于学科教学进行的实践全过程，从而整体形成与"育人价值观""教学价值观"紧密衔接的"教学过程观"，生成了基于"育人价值"的教学过程推进逻辑，如"新基础教育"倡导的过程推进逻辑"有向开放—交互反馈—聚焦生成"。以此为基础，各学科结合自身特性，分别探索构建了具有鲜明学科性的教学过程逻辑。以英语学科为例，在打破封闭，追求开放，清晰教学结构系统及其相互关系，主张英语教学过程是在多重复合系统的互动统一等基础上，凝练出了英语课堂教学的过程结构，包括"开放式导入环节""话题展开与理解性语言输入环节""话题拓展与开放式语言综合输出环节"，以及英语课堂教学过程的内在生成机制。它们融合了开放机制、互动机制、整合机制、递进机制，共同汇通为"新基础教育"英语教学的过程机制，蕴含着"新基础教育"对英语教学育人价值的独特追求。

## 二、形成对育人价值的结构化、层次化理解

就"育人价值"本身而言，分为"教学共通价值观""学科教学价值观""学科教学活动的具体综合"等基本层次构成。

不同的课堂流派、主体有不同的理解方式与基本主张。还是以我长期参与的"新基础教育"为例，具体表现为如下内涵：

第一个层次，教学共通价值观。这是对于"育人价值"的整体性、共识性的理解，"新基础教育"视野下的教学共通价值观可以概括为一句话：当代课堂教学的价值观，需要从单一传递教科书上呈现的现成知识，转为培养能在当代社会中实现主动、健康发展的一代新人。

第二个层次，学科教学价值观。这是教学共通价值观在不同学科教学中的转换和渗透。它在教学价值理念体系里，属于中间层次，具有承上启下的作用。学科价值观涉及每个学科教师如何认识所在学科的具体价值。对这种价值的认识，是把该认识落实到具体日常的教学行为策划中，即最为具体的每节课的设计层面转化的前提。

第三个层次，学科教学活动的具体综合。所谓"具体"，是指与共通教学价值观和学科教学价值观相比，教学活动是抽象性最低的一个层次，所谓"具体综合"，是指在教师教学活动这个具体的层面，借助具体的内容、目标、过程和方法，综合转化了各种层面的价值观。在教师教学层面的具体综合，包括了三个阶段，即教学设计、教学过程和教学反思，它们分别代表了构成课堂教学完整流程的三个环节。

三个层次彼此之间前呼后应，层层递进，相互转化，同时，每个层次及构成内部又有相应的内构成、内层次。所有这些结构以"转化"为纽带，共同组成了学科教学育人价值理念结构。

## 三、找到育人价值挖掘、开发的多元角度、对象或载体

可以从"教学内容""教学方法与工具""学科活动"等三个角度挖掘、开发学科教学的育人价值。

其一,教学内容的角度。以课程与教材为依托,各学科都含有各种类型的知识、态度、价值观、情感、思维、技能和方法等不同方面的育人价值。例如,语文教学的内容,从课文类型来看,包括文体类型、主题类型、国别类型等。若从文体的角度看,诗歌、小说、说明文、议论文等不同文体都有自己特殊的育人价值。此外,爱国、亲情、友情等不同主题的文本的育人价值均有不同的偏重。

其二,教学方法与工具的角度。教学方法与工具的选择、使用和创造本身也有育人价值。例如,查阅资料及课堂反馈交流的方法,至少具有三重育人价值:一是培养学生自觉的意识,并把这种意识转化为习惯。二是获得查找资料的方法;三是在对资料的选择过程中,培养辨析判断的能力。又如,数学工具的创造与使用,以数学学科教学中的"工具性"知识为例,教材大多是直接呈现度量长度的"尺"、度量角的"量角器"、画圆的"圆规"等工具,教师的教学目标定位也只是要求学生会正确使用工具,这样的教学要求就是对结果性知识的简单"搬运"。而育人式教学首先要对这些工具性知识的创造过程进行还原加工,再根据学生已有经验与经历过程的可能性困难进行推进教学的台阶设计,最后则是在师生交互作用的发挥过程中帮助学生经历和实现工具发明的"再创造"。如此一来,量角器、圆规等物质化工具的使用就具有了创造性,指向于学生创造能力的培育和生成。

其三,学科活动的角度。教学中安排的学科活动需要避免"为活动而活动""有活动无学科""有活动无学习",特别是要避免"有

活动,但无学科特性的学习"。例如,表演、辩论等是在语文、英语、政治等学科频繁设置运用的学科活动,往往容易出现活动泛化,即"有表演活动,没有学科学习"的弊端。为此,需要教师以学科的视野与眼光,挖掘该活动独特、不可替代的学科育人价值。

## 四、建构育人价值的学科类结构

以育人价值的内涵、目标及结构性认识等共识为基础,语文、数学、英语等不同学科可以各自进行学科层面的转化实践,形成体现学科特性、学科逻辑的育人价值类结构。

例如,语文学科。主要放在基于"类型""课型"与转化上。既要通过挖掘不同文体、体裁、主题的文本,以及不同方法、工具和活动的育人价值,也要以"课型"的构件与整合为抓手,形成结构化的语文学科育人价值体系。

又如,数学学科。从有关数学学科育人价值存在的"认识偏差",如狭窄化、空泛化、短期化等入手,基于教学内容、方法、工具与活动的数学特性,以充分体现育人价值的教学设计为抓手,进行了整体、长程、结构化及系统化的育人价值体系建构。实现了从分析式设计变为综合式设计,从单向式设计变为交互式设计,进而从搬运式教学变为育人式教学,从点状式教学变为结构式教学的转型。

再如,英语学科。以英语学科独特的育人价值的系统认知为起点,经历了英语学科教学价值的全面化、深化与特化、时序化及能级化等四个阶段,形成了相对完整、有机的立体化育人价值体系。进而与英语教学过程观实现了交互转换,也形成了开放教学、激活教学系统、课型研究专题化、教学结构化等阶段。

总之，各学科在实现育人价值挖掘与转化的过程中，形成了独具学科特性的类结构，它们共同遵循着一个信念：在倡导学科综合交叉的今天，每一个学科的独特存在依然不可替代。所有的"综合"，依然是以各种学科视角、方法的独特和独立存在为前提的综合。综合之后，有的学科可能随之消亡，原因无非是丧失了独立存在的价值，被别的学科视角、学科知识和学科方法所替代。但同时，也会有新的学科出现，这是人类知识发展的常态：不断突破原有的学科边界，在跨界交融中形成新的边界。

## 五、聚焦自身在学科育人价值深度开发与挖掘中的难点

育人价值全面深度开发，是一种教学理念，更是一种教学理想，要让理念化为行动、理想变为现实，需要教师聚焦并解决普遍出现的难点：难在全面，要兼容育知、育识、育方法，向全面育人提升；难在关联，涉及学科与育人、知识与育人、方法与育人、工具与育人等多维度多层面的关联；难在转化，即从普遍、一般到特殊、具体的转化。这种转化最终指向于教师基于学科育人价值的转化能力：将教学共同育人价值观，具体转化为本学科的教学设计、教学过程和教学反思的能力。对这些难点的克服，是教师自我提升的重要挑战与机遇，它通向教师专业教学设计能力的核心要素——设计育人价值的能力。

# 做方法的主人，
# 不做方法的奴隶

索要"方法"，是身在一线的老师们的习惯。这里的"一线"，是"战斗"的前线，在课堂前线，最需要的不是长篇大论的谆谆教导，而是实实在在的枪炮弹药，无需再谈什么理由、理论，直接朝着目标"打"就是了！所以，老师们最想知道的是"打哪里"和"怎么打"。这当然无可厚非，虽然我不断在强调好的方法一定是融通了理论和思想的方法，是"有思想的方法，有方法的思想"，然而，这并不是贬低和否认方法之于教育教学实践的价值。实践智慧，在很大程度上是"方法的智慧"。脱离了方法，实践智慧就无从谈起。无论是好课堂，还是好教师，总是要有好方法来打底，用好方法来支撑的。

在这里，我不想再谈理论和方法的关系，换一个角度，探讨一下方法与人的关系。方法是人创造出来的，人是方法的创造者和实践者，与"理念创造"一样，"方法创造"也是人类创造能力的主要体现。之所以明确这一点，是为了彰显"人"在"方法"面前的主体性地位：人是方法的主人，不是方法的奴隶。正如人与机器人、人类智能与人工智能的关系一样。

当我们全身心朝向方法的时候，可能不知不觉被方法所束缚，对方法的追求替代或遮蔽了对其他事物的追求，把方法变成了教育的全部世界。毕竟，方法只是教育教学的一部分，但不是教育的全部，更不是教育本身。

对方法世界的激情，可能导致对理论世界的冷漠，对方法的扑向，可能变成扑倒，有了对大地的拥抱，却失去了对星空的仰望。

要方法，但不能唯方法。如何避免既"要方法"，又不能"唯方法"，从而真正当好方法的主人？

## 一、做方法的综述

很多老师都会用心学习某一或某些教学方法，但往往停留于点状、碎片化的学习，更是缺乏前沿感和独特感的学习，前者是对最新前沿方向的懵懂，后者则是对自身方法独特性的茫然。

做方法综述的目的，既是把握方法的前沿：了解已经有哪些方法，是谁提出来的，成效如何；也是了然自我方法的独特：如果自己也运用过类似的方法，不妨进行一个比较，哪些方面相同，哪些方面不同，进而凝练出自己的独特。

## 二、找适合的方法

天底下的教学方法形形色色、五花八门，来自不同时代、不同个性风格的教师，来自不同立场、观念和技术的流派，在汹涌而至的方法潮面前，很容易让我们在学习借鉴和模仿中迷失了方向。过去，我们往往习惯于去"找"方法，从已有的各种方法库里找：从名师大家的课堂里找，从流行时髦的方法中找，从书本典籍的世界里找……其实，真正好的方法，不是"找到"的，而是"长出来"的，是从自己的生命中长出来的。长出来的方式，就是生命实践，带着自身与生俱来的禀赋、天性、激情、习惯，以及全部的教育经历、生活经历，投身到持续漫长的教学实践中，在一次又一次的试错、摸索、反思和调整中逐渐成形，最终从自身生命的全部实践活动中结晶而来、脱胎而成。只有如此长出来的方法，才是适合自己的方法，才是真正属于自己的方法。即使模仿来自他人生命的方法，最终也要长到自己身上，长不到自己身上的方法，终将从自我生命中流逝，变不成"生命的方法"。

### 三、创自己的方法

长出来的方法，虽然属于自己，但可能要么带着自身的局限，要么带着这种方法特有的局限，要么容易被固化，成为束缚自我成长、自我突破的藩篱，因此需要不断改造和创新，创出带有个人鲜明标识的方法。创自何来？一是来自方法的综述，通过概览已有的方法，在方法的传统中定位方法创造的突破方向；二是来自永不停歇的教学试验，属于自己的方法，需要经历一次次的尝试摸索，对于教师来说，试验就是实践的一部分。课堂就是教师的试验场，教室就是教师的试验室。教师和学生，都既是试验者，也是被试者。新的教学方法，都是试出来，而且是师生共同试出来的。

### 四、铸方法的魂魄

理念或观念就是方法的魂魄。不同的理念，催生出不同的方法。

很多时候我们看到了方法，却看不到理念，既是源于后者常常隐匿在方法背后，也是因为教师习惯于展示方法，不习惯于表达理念，更不善于揭示方法背后的理念。实际上，看不见的往往支配、决定看得见的，理念是方法的导演，躲在后台的理念始终在引导站在前台的方法，牵引或牵动着方法的一招一式。如同有人所言，观念的改变类似于基因的改变。一个喜欢吃肉食、无肉不欢的人，什么情况下可以一夜之间开始养成吃素的习惯？有一种可能，那就是他接受了佛教的不杀生的观念。这个新的观念把他如此根深蒂固的吃肉习惯根除了，这就是观念改变的力量。作为方法的主人的教师，必须清晰"我"以什么样的理念来选择和使用方法，以理念为标准来衡量、反思方法运用的成效，通过建立理念与方法的紧密连接，牢牢掌握对方法的掌控权。在此过程中，还需要学会不断重建方法背后的理念，很多时候，方法的选择、运用及其成效带来的各种问题，不是方法本身的问题，而是理念的问题，错在理念，不在方法。对方法的反思与调整，在根本上，是对理念的反思和调整。只有把方法深深扎在理念和理论的土壤里，用明晰的理念来导引方法的选择和运用，我们才能成为方法的主人。

# 我的风格，
# 我设计

在茫茫师海中，为什么有的教师能够为人所铭记？即使不是"名师"，也足以刻在某些人的脑海之中。形成印迹，从而被人铭记的标识或密码是什么？答案无非是个性化的风格，或风格化的个性。

对于教师而言，风格形成的重要性表现在：何时有了自己的风格，何时就真正有了独立性，就成为真正的教师。与很多职业相比，教师是一个颇具独立性的职业。独立的标志，就是形成了属于自己的教学风格或课堂风格。

教师的课堂风格，时常被划分为五种典型：

一是理智型风格。善于以理服人，因而教学逻辑清晰、条理清楚、层层剖析、语言简明、论证严密、结构严谨，展现出强大的理性的力量和思维的力量。

二是情感型风格。善于以情动人，从而充满激情、情绪饱满、慷慨激昂、滔滔不绝、扣人心弦，这种风格导引出的课堂，由于情感炽烈、气氛热烈，所以很容易让学生沉醉其中。

三是自然型风格。善于润物细无声，在娓娓道来中，给人亲切自然、朴实无华的感觉，没有矫揉造作，在不知不觉中将学生引入知识的海洋、特定的情境，进入心旷神怡、恬静安然的境地，一切都是那么自然而然。

四是幽默型风格。善于用幽默诙谐的语言，在妙语连珠中，动人心弦。这种风格，不仅带给课堂欢声笑语，让学生心情舒畅，乐于学习，还能带给学生机智或智慧的启迪与感悟。

五是技巧型风格。善于运用多种技巧来引导学生，针对不同基础与类型的学生，各种或传统、或现代的教学方法、技巧，信手拈来、运用圆熟、切换自如、搭配合理。这种风格的课堂，通常是高效率的课堂，也是容易被观课者学习、模仿和借鉴的课堂。

这些风格是对不同教师风格的一种类型化凝练，有一定的合理性，但依然无法涵盖教师教学风格的全部，更不能全然反映教师风格生成的真谛。至少有两个客观事实是现有的风格类型论难以顾及的：每个人都是宇宙中的独一无二，有多少个教师，就有多少种风格，每个学科都有自己的学科特性和风格逻辑；有多少个学科，就有多少种风格，可以进行跨学科式的相互学习、相互借鉴，但不能相互替代。语文课堂里可以兼容数学课堂的风格，但不能用数学味取代了语文味，数感就是数感，语感就是语感。

如何形成属于自己的与众不同的个性？

## 一、从对号入座走向主动设计

面向课堂世界和教师世界林林总总的风格，如同对自身属相和星座的认定一样，我们首先会习惯性地走入其中，努力认领，自问自答：我是属于哪种风格？这种选择表面上看似主动，实质上很被动：

以看似主动的方式，把自己被动地纳入某一阵营之中，而且一旦确定了风格体系中的定位，从此便心安理得地躺在或陷于被别人画定的框子里而浑然不知……打破这种普遍误区的唯一方式，就是带着风格意识和风格自觉，走出被预定、被框定的风格误区，主动自我设计，这是一种根本预设的改变——自己的教学风格，不是通过对号入座，而是主动设计出来的。这里的设计，其实就是"建构"，不是从已有的教学风格库中找一把风格的武器或服饰，直接拿到手上使用比划，或者立马套到身上，迅疾变成自我风格的标签，而是以已有的各种教学风格为基础，通过结合自己的个性禀赋、教学经历、学科特性、教学内容，以及学生基础等综合建构出来的。

## 二、从刻意模仿走向私人订制

我曾经多次向刚入职的新老师介绍过自己成长之路上的一个经验：找一个某一领域、某一方面的高人，将其作为自己学习、模仿和揣摩的对象，变成自己的起家人物或根基人物，如于漪先生、叶澜先生等。然而，"模仿高人""借鉴名师"是走向成功的第一步，也是必不可少的一步，但不是最后一步。接下来的一步更关键——走向私人订制。原因在于，每个教师的教学风格，都是从自己的生命实践中"长出来"的，不是"拿过来""贴上去"，或者"挤出来""粘上去"的。语文名师王崧舟可以作为典型范例。当年，他倡导"诗意语文"，我听闻之后，不由自主地感叹：这个教学理念与风格，太适合王崧舟了！凡是了解并且听过他的语文课的老师，都能充分感受到这个教师的生命中处处流淌着诗意，是刻在骨髓里、融入血液中的诗意。因此，诗意语文，就是从王崧舟的个体生命中长出来的理念、行为与风格。不过，不是所有的语文教师都有他那样的诗意，如果在自我的生命中没有盎然的诗意融入在身，却要刻意展露出原本没有的诗意，不仅让学生无所适从，也会让教学沦为笑柄，趋于崩溃。说到底，这是装出来，而不是长出来的诗意，因此，不是适合自己的风格，最终也不可能成为属于自己的风格。

在这个意义上，可以说，世界上没有最好、最理想的风格，只有最适合的风格，是适合自己的生命个性与禀赋的风格。

这种适合的风格，不是模仿出来的，而是订制出来的，订制的过程，就是创造风格、建构风格的过程。

## 三、从单一风格走向综合融通

当我们把课堂风格定位于理智型、情感型、自然型、幽默型和技巧型之后，看似把不同风格的特性说明白了，但弊端在于，把复杂多样的风格简单化了。这里的复杂多样，不只是教师普遍的教学风格，也指向于每位教师自身风格的复杂多样。如同人性一样，尽管有善恶、好坏、美丑之分，但如果只是就此把世界上的每个人，截然划分为善人与恶人、好人与坏人、美人与丑人，这种非黑即白、非此即彼的脸谱化分类，就把人看得过于简单了。这个世界，从来就没有百分之百的好人或坏人，都有善的一面，也有恶的一面。所谓的修养、修行或修炼，只不过都是在与自我人性中的恶与坏、私与利博弈斗争，最后努力克服之、战胜之、超越之的艰辛过程。

教师的课堂风格，也同样如此：理智中掺杂着情感、情感中渗透着理智、幽默里兼容了理智与情感，自然里也有情感和智慧的流露，技巧更不用说了：哪一种技巧不蕴含了理智和情感？幽默不也是一种技巧？对技巧的纯熟运用，不就意味着达到了自然而然的境地？

更重要的还在于，由于每个教师的独特风格都是从自我的生命中长出来的，这个"生命"既是"唯一"（宇宙中独一无二的生命存在），也是"多元"（蕴含着生命本身的丰富多彩），融合了这个生命特有的理智、情感、幽默和技巧，以及这个独有生命的自然而然。因此，教师的风格，是用他的全部生命铸就的，是在其不同的生命阶段，综合不同的学习对象、不同的学科，融通不同的人生经历引发的成长经验和生命体验而来的。所有生命的个性和特色，最终都不是某一维度的极致化形成的，而是综合融通之后生成的。即使是在"一招鲜吃遍天"的时代，一招鲜之"一招"，也是各种经历、要素和机缘汇通而来的。更何况，那个只凭一种功夫就得以安身立命的时代已经过去了。"综合素质人才"既指向学生培养，也指向教师自身。

# 爱学生，
# 是课堂的终极命令

爱是人类的基本需要。在冷冰冰的技术和机器日渐占据和主导人类生活的年代，对爱的渴望和追求，从未像今天这样迫切，只是，爱，很好，但很艰难。以人去爱人：这也许是给予我们的最艰难、最重大的事，是最后的实验与考试，是智能时代的人类最高的工作，别的工作都不过是为此而做的准备。

当爱与教师关联在一起，将会发生什么？我们期待发生什么？

如同父母对孩子的爱一样，在教师"爱的世界"里，对学生的爱处在核心位置。但与父母之爱的纯天然或先天性不同，教师对学生的爱，更多是一种心中的"道德法则"，它转化为课堂上的终极命令：必须爱你的学生！它秉持着如下信念：教育即生长，生长离不开爱。教育之爱，教师之爱，即生长之爱，生长即爱，爱即生长。

这样的爱，同样是艰难和沉重的，站在课堂上的我，和你一样，经历过各种各样的困惑、犹疑和委屈，也摸索出了一些"爱学生"的经验。

## 一、不要把"爱学生"单向化

课堂上的师生互动,从师生之间"爱的互动"开始。我和很多老师一样,都有过类似的委屈:付出了如此多的爱,学生毫无感觉、毫无反应,似乎毫不在乎,甚至适得其反,教师越爱,学生越烦,教师越爱,学生越远……这个时候,大多数人会习惯性把矛头指向学生:都是学生的错,进而煞费苦心、千方百计在学生身上找出各种病症,从中获得些许安慰……这个时候,恰恰忘记了反躬自省:"我"出了什么问题?

问题的根源之一,在于把爱学生片面理解为"我"对"他"的爱,恰恰忘记了爱从来都是双向的:"决定师生关系的并不是教师是否应该爱学生,而是教师对学生付出的爱,能够换回学生对教师的爱的比率。"关键在于"换回"之"回",它蕴含了爱的艺术的核心:教师对学生的爱,是双向互动式的爱,是在师生之间流动的爱,只有可流动、可互动的爱,才能在师生之间擦出爱的火花,才能用教师对学生的爱,来激发学生对教师的爱,这才是具有生长性的爱。

拥有这一爱的艺术的要义,在于教师走出自我,站在学生的立场上揣摩:"我"给予的爱,是学生需要的爱吗?"我"给予的爱,学生感受到了吗?怎么才能让学生感受到?如何从教师孜孜以求爱学生,转向想方设法让学生爱教师,让学生对教师"动之以情"?

## 二、不要把回报作为"爱学生"的动机

不是所有的人类之爱,都能带来欢喜和甜蜜,很多时候,反而引发悲伤和苦痛,其根源与施爱者不切实际地期望收到爱的回报有

关，由此导致因迟迟收不到回报的操心、忧心，甚至痛心。虽然这种需要情有可原，理所当然，我对此也感同身受，无论是过去之我，还是现在之我，也有对回报之爱的冲动、渴望或憧憬……但以理性观之，严格来说，任何以回报作为施爱前提条件的爱，都实质上把爱变成了一种交易。没有收到等价性的爱的回报，就将其视为"交易失败"和"亏本买卖"，从而长吁短叹、捶胸顿足。更进一步而言，一旦把回报作为施爱的动机，被爱者就成为施爱者满足自我爱的需要的工具。由于掺杂了"私心"，导致爱的对象被物化和工具化，这样的爱势必成为"不纯粹的爱"。

这可能就是很多教师所体验的"爱之无奈""爱之苦痛"，并且承受"爱之折磨"的源头了：以对"回报"的追求，作为爱学生的动机。

当然，我深知，这是人之常情式的动机，而所谓"不计回报的爱"，是不近人情的"理想之爱"，是"爱的奢望"。但要彻底摆脱教师之爱学生的迷茫和无助，惟有在此根源处扭转，才有可能。如果施爱之后能有回报，可以视为"意外之喜"，最终变成"皆大欢喜"。

## 三、不要"越爱越远"

没有比遭遇如下"爱的窘境"更让教师难堪的了：对学生越是施之以爱、晓之以情、诱之以利，学生离教师就越远。这是爱带来的远离：远离学习、远离课堂、远离教育者。

之所以如此，至少有三个原因：

一是把对学生的爱工具化，结果是学生没有感受到教师的爱，但却感受到自己成为教师的工具，从而产生排斥感、厌烦感，甚至恐惧感。

二是教师误读了学生的需要，没有真正走入学生的内心，从而被学生视而不见、听而不闻，进而被学生拒之门外。

三是教师高估了自己"爱的力量"和"爱的影响"，既没有意识到任何爱都是一把双刃剑，有意无意之间，只看到了爱的正面意义，忽略了爱的负面作用，及其可能带来的反噬效应⋯⋯也没有将对学生的爱，作为反思和重建的对象，"爱"成为教师反思的盲区。

## 四、不要用"爱"替代"责任"

教育不能没有爱，但爱不等于教育，爱只是教育的一部分，但不是教育的全部，不能用爱替代教育本身，更不能用爱替代教育的责任。虽然爱学生，是一种课堂的终极命令，但爱不是万能的，所有的爱，最终都需要通过责任来担当和实现。没有教育责任感、缺乏承担责任能力的教师，即使对学生有满腔的热爱，也无济于事。这里的责任意味着：无论教师心中有没有荡漾着爱的激情，依然全身心地灌注自己的时间、精力和心血，用坚持不懈的教育行动来达成育人的使命。

与此同时，爱与责任完全可以融为一体：惟有把爱的命令，变为爱的责任，实现爱与责任的结合，才能真正发挥教育的力量。

## 五、不要忽略安全感在爱中的作用

教师爱学生的第一要务，是给学生安全感，让学生感到安心和舒心。大量研究表明，幼童之所以喜欢父母的怀抱和抚摸，会因此马上安静下来，就在于他从中产生了安全感、可靠感和信任感。当孩子随着年龄渐长，与父母的冲突、矛盾增多，因而愈发疏离，把更多时间转向同伴，这实际上表明父母不再是自身安全感的源头，同伴成为新的宁静的港湾……这个时候，不代表父母的爱不在了，他们的爱始终在线，只是此时的爱被各种絮叨、强制和逼迫所消磨，已经无法带给孩子需要的安全感了，反而带来厌烦和惧怕。

与家长类似，教师给学生的爱，可以分成两类：带来安全感的爱和带来恐惧感的爱。后者也是导致教师越爱、学生越远的根由之一。即使这样的爱，在教师那里，仍然出自爱的冲动和激情，但这种"从爱开始，以恐惧结束"的爱，将演变为以爱之名，对学生加以叨扰、威胁或恐吓，它或许会一时有效，但却可能带给学生长久的心理阴影。活在恐惧阴影中的学生，不可能感受到教师的爱，也无法反馈给教师自己的爱，最终势必沦为"单向度的爱"，这种爱，是典型的"一厢情愿"之爱。

# 爱学生，
# 从"学生设计"开始

　　对学生的爱，既有浑然天成的一面，也有人为的因素，所谓人为，意思是对学生的爱，需要主动去学习、主动去研究、主动去设计。这与教育的本质有关：有计划、有目的地对人的生长施加影响。设计，就是有计划和有目的地表现。

　　教学设计，就是设计学生的生命成长。教师的角色，实质是学生生命成长的设计师。与别的设计师不同，作为学生成长设计师的教师，设计的前提是对学生的了解与洞察。

　　常常听到老师发出这样的感叹：如今的学生，越来越不读书，越来越不能忍受读书之苦，越来越不愿意和老师交流……当各种越来越多的"越来越不"纷至沓来的时候，很少有老师把它们与自己的教育教学联系起来，展开这样的反思："学生越来越不读书，究竟是学生离教育越来越远，还是教育离学生越来越远？"

　　教育离学生越来越远，是因为教师离学生越来越远。与学生的距离之远，根子不在学生，在教师。首要的根源是教师不了解学生，不会研究学生，导致对学生的无知。再往深里探究，如果没有了解学生的需要和习惯，容易导致"带着成见看学生、带着偏见看学生，带着未见看学生"。

## 一、对学生的了解和研究，从打破对学生的偏见开始

我一直不理解如今的学生对游戏的迷恋和狂热。2021年中国EDG战队夺得英雄联盟全球总决赛冠军，目睹当天晚上许多高校通宵集体观看及夺冠后狂欢的盛况，我与网上的诸多家长一样困惑不已，并暗自吐槽：不就是一场游戏比赛嘛，至于这样吗……

我们的质疑，反映了成年人对学生的偏见。典型的成见或偏见，都是从成人立场出发而来的：学生不成熟、不谙世事，调皮幼稚的他们，需要成熟的我们来纠正和引导。由此带来最致命的问题是：忽略学生的年龄特征，无视学生的需要，不知不觉间，用教师的眼光替代了学生的眼光，用教师的需要替代了学生的需要。最根本的一点总是被忽略：教师习惯用成年后的年龄特性及标准来要求、衡量学生，把自己的观念与标准强加给学生，把"成熟的成人"和"成熟的学生"混为一谈。在根子上，没有把童年当童年，把学生当学生。所以，我们习惯于在乎自己的感受与标准，没有在乎他们的在乎，感受他们的感受，喜好他们的喜好。

## 二、带着研究的态度和方式了解学生

真正把学生放在眼里的教师，都会想方设法了解自己的学生，了解他们的兴趣与爱好、特长与缺陷，以及学生的家庭背景等，但了解不等于研究。研究学生，就是采取科学的态度和方式，洞察学生的世界。

所谓研究的方式，一是"讲依据"，所有对学生的判断，都要有证据，讲清楚为什么这么看学生，可以是数据，用数据来说话；可以是理论，作为探究的学理支撑；可以是资料，用资料来证明，要么是历史文献资料，要么是自身实践获得的资料。二是"辨概念"，走出忽视或轻视概念的常见误区，以及把概念视为"不言而喻"的思维惯性，习惯于把概念辨析，例如什么是"童年""兴趣""深度学习"等，作为选择和设计教学方法的前提，体认到对概念内涵的理解不同，操作方法就一定不同。三是"明事理"，明了学生各种行为和现象背后的事理。四是"找规律"，科学探究的最终目的是要获得规律，对学生的研究，归根结底，也是以学生成长规律为基础，发现教育教学的规律。五是"有路径"，可以通过做实验、做课题和写论文等来实现。这些研究的方式，有助于打破"经验的巢穴"，真正学会以研究的方式形成经验、梳理经验、表达经验和凝固经验。

## 三、着重研究学生的情感世界

成人之所以习惯性地把自己的标准强加给儿童，教师之所以常态性地替代学生，原因和"理性"有关，成人的世界，是理性化的世界，他们眼中儿童的"不成熟"，是理性的不成熟和不充分，所以被称为"幼稚"。在儿童和学生走向理性化的过程中，情感始终伴随着甚至主导着他们的成长，所谓"学习兴趣"，实质是学习内容在情感上的贴近、触动和引发。学生在情感上喜欢不喜欢某一学科，喜欢不喜欢某位老师，常常是影响学习成绩的关键。当年之我，对语文和文学的兴趣，来自于对小学语文老师和中学语文老师的"喜欢"，这种喜欢没有因为学校的更迭、环境的变迁而中断，一直留存至今，这是我生命中的幸运。

如此看来，在情感大于理性的现实条件下，关注学生的情感，呵护学生的情感，成为研究学生的首要任务。有人说得好："当父亲和母亲忙着自己的事业，只是功利性地关心孩子的学习成绩时，谁去呵护孩子的情感世界呢？任何人的感情都是需要港湾来停泊的，当家庭这个港湾变得过于功利而缺少温情时，孩子只好偷偷摸摸地去营造了。"

研究学生的情感，指向的是对学生进行"情感教育"：既要激发、满足学生的情感需要，还要引导并提升情感的层次，不仅促使其情感变得有深度，越来越细腻、微妙、丰富和深沉，更要助推学生慢慢把情感与理性结合起来，增加情感发展的理性含量，走向理性指导下的情感。

## 四、在学生中研究学生

除了作为研究者的自己之外，还有多种渠道和路径研究学生，例如，通过教师同事和家长，来自不同渠道形成的学生拼图，才是完整的学生画像。然而，同事和家长都是成年人，容易带着成人的视角和标签来看待学生，或多或少带有和自己一样的局限。破解成人格局之局限的法宝，在于"在学生中研究学生"，以学生之眼看学生，透过学生看学生。作为同龄人，学生之间有大致相同的志趣和爱好，再加上朝夕相处，日常化地置身同样的生活世界，彼此的了解肯定比带着成人眼光的教师和父母，多一些只有同伴或同龄人才能有的认识。

第三辑 — 传统的课堂

# 不把传统当垃圾

传统即是历史。人人都一直活在自以为沉寂的历史中，从未能割裂与往昔的丝丝连续。

作为20世纪80年代的大学生，我经历了一段从"反思传统"走向"反传统"和"以反传统为荣"的时期。虽然我不是狂热的支持者和坚定的跟随者，也对某些反传统者对所反对的"传统"是什么都不清楚颇为不解，但身处弥漫着对传统充满敌意的文化氛围之中，不可能不被强大的舆论所裹挟，不可能不对自身没有任何影响，自然会有意无意地疏远传统，而不是亲近传统，更不用说敬畏传统了。

到北京教育学院工作之后，承担了一门校长研修班的课程，名为"中国传统文化"。自此"被动卷入"了传统的世界，开始有了对传统的学习、思索和感悟，逐步体认到"传统"的内涵与价值。

传统与每个人有关。我曾经在研究生开学典礼上代表教师发言，表达的第一个希望，是请每位新生把握和了解不同类型的学术传统：自己导师的学术传统，所在系、所和学院的学术传统，以及自己学校的学术传统，先是进入这些传统，让它们逐步长到自己身上，多年以后，再带着传统离开校园，在更广大的天地里发扬光大。

传统无处不在。国家有传统、民族有传统、文化有传统，即使是最具有革新性的技术，也有传统，不止于技术本身，其内含的技术理性、技术思维等，都具有强烈的传统性。

同理，教育有传统，课堂也有传统。

如何理解和把握传统？

## 一、打破对传统的偏见或成见

一种对传统的根深蒂固的成见一直阴魂不散：凡是传统的，都是过时的，因此是需要被批判、被摒弃和被超越的，它们潜藏着一个预设——把传统当垃圾，并且导致把"反思传统"变为"反对传统""反抗传统"，在"为反而反"的惯性中，从"对传统的反思"，走向"对传统的围攻"，最终转向"对传统的抛弃"。在整个演变过程中，蕴含着两种看待传统的眼光：以看垃圾的眼光看传统与以看珍宝的眼光看传统。各种对传统的偏见是由"看垃圾的眼光"带来的。很多人在几乎对传统一无所知的情况下，就预先把传统"垃圾化"了。如果不打破、不改变这些成见，传统的价值和意义注定会被淹没。

## 二、理解课堂传统对自身成长的价值

在求新求变的时代里，教师如何理解传统、珍视传统，把握传统的价值呢？

传统具有多方面的价值，在这里无法面面俱到。我们还是转向教师自身，将自我成长与课堂传统联结起来，它预示着一种传统，只有和教师的自我生命结合起来,把外在的传统变为内在的传统,才能让传统在一个个鲜活、具体的教师生命中复活,才能通过我们的生命,把传统活出来,活在每位教师的课堂中。

和每一种传统一样,课堂传统也是教师安身立命的根基:不理解传统,不把握传统,不站在传统的根基上,就没有课堂的根基。换个角度看,课堂传统也是教师课堂生活中的空气、面包和水,它们滋养着我们,我们也天天浸泡在其中……

## 三、学会把握不同类型和层次的传统

"传统"是一个很宏大的概念,具有极其丰富和广阔的内涵与外延,而且有多样化的类型和层次。

例如,传统有优秀和糟粕之分。不是所有的传统,包括课堂传统,都值得敬畏和尊重,只有优秀传统才值得在铭记和持守中代际传承。

再如,传统有国家之分。中国文化、美国文化、德国文化、印度文化、日本文化等不同国家文化背景和语境下的课堂传统,各有其文化根基,打上了鲜明的文化烙印,由此而来的是中国传统课堂、美国传统课堂、日本传统课堂等。

又如,传统有大小之分。区分大传统与小传统的依据,可以是"地域",如以城市为中心的文化传统是"大传统",以农村为中心的文化传统则是"小传统";也可以是"传播",如通过学校等正规途径传播的是"大传统",通过非正式途径传播的则是"小传统";还可以是"主体",向所有人开放,更多具有大众性的是"大传统",处于封闭状态,只向少数群体开放的是"小传统"。这些大大小小的各类传统，一旦与教师联系起来，还根据远近和内外的标准，形成属于教师课堂的"大传统"，如中国课堂传统；"小传统"，如自己的导师或师父、某一位名师大家的课堂传统，以及自己的课堂传统。

## 四、学会融会贯通不同的课堂传统

我经常提醒自己：不管存在多少类型和层次的课堂传统，首先要有自己的课堂传统，明确它"是什么""从哪里来"，至少要确定自我课堂传统的"标杆是什么"，但又不能完全局限在某一传统之中。如同所有的学科、流派一样，每一种课堂传统都各有千秋，各有自己的所见、所能和所不见、所不能，它们的存在，验证了课堂本身的复杂多变：只靠一种课堂传统，解决不了如此复杂多变的课堂发展的多重需要。与此同时，正因为有百花齐放的课堂传统在课堂世界里争奇斗艳，才让课堂如此有魅力。因此，在选择并确定了自己的课堂传统之后，还需要走出自我的"小传统"，走到一个更广大的课堂传统世界里，在观望、探究、比较、揣摩、吸收、借鉴中，实现与自身原有课堂传统的融会贯通，让原有的课堂传统更加丰实、丰厚，也因此更具有独特性。

所有的融会贯通，其实都是为了避免"坐井观天"，坐在自己的"传统之井"里看课堂、看教育和看世界……

## 五、再造属于自己的课堂新传统

教师传承某一外在的课堂传统，将其作为自身的发展根基，这只是至关重要的第一步，接下来的一步同样关键：在已有"老传统"

的基础上，再造属于自己的"新传统"，实现在老树上发新芽、开新花、结新果。这或许是教师课堂风格走向私人订制的关键策略，即通过对课堂传统的"照着讲""对着讲"和"接着讲"，订制出属于自我的课堂新传统。这个订制的过程，就是建构和创造的过程。

这表明，包括课堂传统在内，所有的传统不仅是用来传承的，也是用来转化、再造、建构和创造的。身在课堂上的教师，既是课堂传统的承接者，也是课堂传统的创造者。

# 那些需要珍视与呵护的课堂传统

"传统"绝不是陈旧、落伍的代名词,更不是被淘汰的对象。相反,它是一代代后来者在珍视与呵护中传承的对象。

以"讲授—传递—接受"这一教学方式为例,这是"课堂传统"之"传统"的最大特性和典型代表,几乎囊括了"课堂传统"的所有基因和密码。不同时代的教育家共同参与这一传统的缔造。它首先来自于德国教育家赫尔巴特创造的"四阶段"教学模式,后被苏联教育家凯洛夫所继承和发展,在突出教学过程中教师的主导作用的同时,提出了"五环节"教学模式"组织教学—引入新课—讲授新课—复习巩固—布置作业",随后引入中国,成为主导中国课堂多年的普遍的教学结构和教学方式。

在中国课堂变革与发展的进程中,这一传统虽然成为被批驳和革新的重点对象,但它依然有独特、不可替代的存在价值。

## 一、"五环节"课堂教学过程结构具有科学的学习理论基础

总体上看,"五环节"课堂结构是凯洛夫等人根据马克思主义认识论的基本原理及前人经验,在学习一般过程模式"感知—理解—巩固—应用"的基础上提出来的,反映了学生学习的最普遍、最一般的过程,有助于学生对基础知识的学习和掌握。从具体过程来看,各教学环节也都有科学的学习理论基础。例如,"复习巩固"中的提问环节,所依据的现代认知理论主张为学生提供加强或建立固定同化新知识的机会,有助于促进加深和巩固学生已学过的知识。

## 二、传统课堂可以培养学生的基本能力

整体而言,因为传统课堂结构反映了完整的学习过程,所以它有助于培养学生的自学能力。有研究表明,只要教师充分发挥学生的积极性、善于创设问题情境以及启发、诱导学生,这种传统课堂同样能够培养学生的基本能力。在具体细节上,通过"感知"环节可以培养学生观察和感知觉能力,通过"感知—理解"这一过程,有助于培养学生类比、归纳、抽象、概括等思维能力,通过"巩固"环节,还有利于培养学生良好的记忆能力和使知识系统化的能力,此外通过"应用"环节,则能够提升学生综合运用知识分析和解决问题的能力。

## 三、传统课堂能够促进学生的有意义学习

正如美国教育心理学家奥苏贝尔(Ausubel)所说,只要讲授教学经营得法,完全可以导致有意义的接受学习。如果教师能将有潜在

逻辑意义的学习材料,同学生原有的认知结构联系起来,学生也能采取相应的有意义的学习的"心向"进行学习。传统课堂所导致的学习过程及其结果同样是积极、能动和有意义的。使用讲授法,一能培养学生从书本中获取知识和能力的习惯,二能促进学生的"发现"。实际上,没有系统的"接受学习",也不会有较高水平的"发现学习"。因为缺乏指导、缺乏能力的"发现学习"很可能是散漫的、无目的的,最终的发现可能是无意义的,依然可能成为没有"发现"的学习。

## 四、传统课堂符合班级教学实践的实际需要

相较于后起之秀的"发现学习",正如奥苏贝尔所指出的,传统课堂中"讲授教学"的存在,在班级教学中具有诸多优势和理由:讲授教学比发现教学节约时间,而且同样可以取得好的效果。此外,它更适合班级教学。如前所述,这种优势,对于"大班额"普遍存在的中国课堂来说尤其适用,它可以促进更多学生在相对较短的时间内掌握大量、系统的科学文化知识。这又和中国课堂的重视"结构",特别是"知识结构"的特性连接在了一起:人类的知识是以符合逻辑、体系化、结构化的方式存在的,教材的编制也遵循了系统化的原则。通过教师的系统讲授,学生不但能很快掌握知识,而且也掌握了知识所包含的逻辑结构,使获取的知识达到结构化、系统化。

## 五、传统课堂满足了教育普及化和大众化的需求

传统课堂教学功能齐全,容易推广和普及。它不仅适合各种概

念的教学，而且在一定程度上也适宜于各种规划、定理、技巧、思想和方法等内容的教学，具有适应性强、运用广泛和掌握简便的显著特点。特别是从成本和投入的角度看，传统课堂教学对物质设施、技术设备的要求不高，较低的进入门槛使之更易于普及。这说明，相对于"发现学习"和其他学习方法，如"设计学习""合作学习"等，传统课堂所需投入的时间、人力、物力等各种成本更低，这意味着教师讲课能较快、较多传授相关知识，对教育设备和设施的层次要求和投入量也明显更低，西方称为"talk and chalk"（谈话与粉笔），非常经济简便，这对于我国广大的贫困地区尤其适用，更有助于用最经济的手段培养最多的人才。

## 六、传统课堂更适应实践性知识和技能的教学

每一种课堂传统都有其优劣之处，各有其所见、所能和所不见、所不能，所见和所能就是各自适用的范围，没有一种课堂传统和教学方式适用于所有的教学内容。相对而言，传统课堂更有利于培养学生的动手实践能力和操作技能，如物理、化学、生物实验，以及音乐、体育、美术等都具有很强的实践性，都需要借助传统课堂教学来实现。而动手能力恰恰是中国学生所普遍缺乏的。

## 七、传统课堂中的反馈及时且可控性强

传统课堂之所以更适合于大班额教学，在于能够有效利用班级空间，容纳较多的学生参与学习。在这样的课堂中，教师通过和学生面对面，利用更多的师生交互机会，得以了解和把握实时教学的整个

过程，现场表扬学生的正确言行，及时纠正学生的错误言行。同时，教师可根据学生的表情和反应，随时调整授课方式和内容。可见，传统课堂教学管理的规范性、计划性更强，更能体现教育所具备的目的性、计划性等根本特性，更易于让学生明确学习目标，更有序地调控学习进度，因而有利于教师利用语言、情感与学生进行人际交流，以鼓励和引导学生的学习，对教学进行有效的组织管理和教学过程的调控，从而更加充分地发挥教对学的指导和引领作用，展现教师在课堂教学场景中的价值。在智能时代，当机师进入课堂之后，人师的这一价值弥足珍贵。

课堂传统有如此多的传统优势，如上的展示只是传统中的冰山一角……然而，这些传统优势仍然不能掩盖其局限和可能带来的弊端。在传统课堂和现代课堂之间，我们要避免做出非黑即白、非此即彼等二元对立式的选择，理想的课堂，一定是兼容了传统与现代的课堂。

# 保持对传统课堂
# 弊端的敏感与警醒

史学大师钱穆曾言,要对历史与文化传统怀有温情和敬意,这固然没有错。但不是所有的传统都值得用温情和敬意去呵护并坚守,总有一些传统中的糟粕需要当代人为之敏感和警醒。

当代著名教育家叶澜曾经有名篇《让课堂焕发出生命活力》,倘若反向思考,对"生命活力"焕发的倡导,恰恰说明传统课堂是缺乏生命活力的,一直处在被压抑、被遮蔽的状态,其根源在于教学活动以教师为中心,教学过程以课堂为中心,课堂教学以讲解为中心,教师讲解以教材为中心,教学价值以应试为中心。"五中心"把师生关系变成了一种单向传输关系,学生的自学能力、生活自理能力、思想自律能力严重缺乏,整体上导致"把丰富复杂、变动不居的课堂教学过程,简约划归为特殊的认识活动,把它从整体的生命活动中抽象、隔离出来,是传统课堂教学观的最根本缺陷。它既忽视了作为每个独立个体、处于不同状态的教师与学生在课堂教学过程中的多种需要与潜在能力,又忽视了作为共同活动体的师生群体在课堂教学活动中双边多向、多种形式的交互作用和创生能力。从根本上,这是忽视课堂教学过程中人的因素之突出表现,它导致课堂教学变得机械、沉闷和程式化,缺乏生气与乐趣,缺乏对智慧的挑战和对好奇心的刺激,使师生的生命力在课堂中得不到充分发挥,进而使教学本身成为导致学生厌学、教师厌教的因素。"

之所以如此,在于传统课堂存在"四强五弱"的现象和弊端。

首先,传统课堂存在"四强"现象,即强知识、强理智、强教师、强割裂。

强知识。人们公认,传统课堂是一种"知识中心""以知识为本",体现"知识崇拜"和"知识权威"的教学。它在强化知识传递,把课堂窄化为纯粹知识教学的同时,从根本上失去了对人的生命存在及其发展的整体关怀,课堂上的学生因此成为填充、灌注知识的被动容器,而不是具体的有个性、有主体性的人。身处并习惯于这种传统课堂的教师,眼中有知识,但没有人,导致课堂里弥漫着知识的味道,但没有生命的气息。这实际上是一种本末倒置:知识的生产和传递,是通向人的幸福生活、完整生活的工具、手段或载体,人的生命和生活才是根本目的,但传统课堂却让师生的生命成为了知识的仆从,似乎生命是为知识而活,是为了知识而存在的。

强理智。传统课堂深受以理性主义为底蕴的近代科学世界观的影响,其导向在于:理性知识和理性能力是最重要的,除此之外的其他方面,诸如情意和审美,以及人的价值和地位都是微不足道的。在根本上,"知识"被推崇备至,在于它是理性的产物。所以,对理性知识和理性能力的孜孜追求,成为这种课堂传统的最高的目的,学生也因此被视为一个纯粹理性的存在。

强教师。由于传统课堂是知识主导的课堂,教师不仅是知识的传递者,更是"知识权威"的代表,自然立在课堂的正中央,成为课堂的中心。他拥有不容置疑的提问权、质疑权、评价权、选择权、总结权，全面掌控学生在课堂上的学习活动，让学生围绕教师转、学习围绕教学转。如果将课堂比喻为舞台，显然，传统课堂是"教师主角、学生配角"的舞台，更是学生被动配合教师唱戏的舞台。

强割裂。传统课堂对于知识、理智和教师的强化，必然涌现各种割裂现象：知识与生命的割裂、知识与生活的割裂、理智与情感的割裂、技术与人的割裂、教师与学生的割裂，以及五育之间、学科之间的割裂等。最根本的割裂，是对人的完整生命的割裂，满足不了学生生命成长中多方面的需要，无法帮学生建构出完美的精神世界，培养出的是一些"知识人""理性人"和"技术人"，而不是一个"完整的人"，造成对人的完整生命的人为肢解。

其次，传统课堂存在"五弱"弊端，表现为弱生活体验、弱情感学习、弱学生立场、弱互动对话、弱开放下移等。

弱生活体验。教育与生活一向不可分离。在罗素看来，教育活动应教会学生过美好的生活；杜威则明确提出：教育即生长，教育即生活，没有教育即不能生活。由于对知识和理性的过度强化，人的生活世界的多样性、丰富性和复杂性在传统课堂中被弱化，甚至被剔除在外，与此相应的人的丰富生动的感受、真实的生活体验也随之被过滤掉了。学生在全力追逐理性知识和理性能力的过程中，既远离真实日常的生活世界，也远离了自己的生活世界，忘却和迷失了自己，遮蔽了学生自我对现实生活的感知和对真实生活的体验。体验所具有的独特育人价值，是它通向生命成长，是个体生命存在和发展的内核之一：人的成长过程，就是各种体验丰富和完善的过程。在课堂上，关注学生的生命，实质上是关注、激发并丰富他们的生命经验与体验，以此来促进学生的生命成长。体验也通向知识的习得和拥有，中国古人倡导的"体知之学",意味着"有体验的知识学习"和"没有体验的知识学习"是完全不一样的。

弱情感学习。在强理性的干预和主导下,对情感和情绪在课堂、在育人中作用的弱化,成为传统课堂的常态。其背后的预设是:知识的习得和掌握,只和理性有关,与情感无关,理性化的学习方式是最有效甚至是唯一的学习方式。与之相应,只有思维的学习才是学习,情感的存在,有时反而会成为学习的阻力和绊脚石。然而,大量研究证据和案例表明,当学生与教育者和同龄人建立温暖的情感关系时,他们会更健康、更成功,也更能体验到课堂的乐趣和学习的乐趣。更重要的还在于,情感也是不可或缺的学习内容,情感能力,尤其是社会情感能力,是学习目标和教学目标的重要构成。2015年,联合国教科文组织在《教育2030行动框架》中提出:"教育既要培养学生的认知能力,还要培养他们识别和管理情绪、关心他人、做出负责任的决定、建立积极人际关系,以及巧妙应对挑战性情境等社会情感能力。"社会情感学习就此应运而生,登上课堂舞台。它昭示出:教育不只是教授知识,还要教导学生与他人相处,培养良好的学习和生活习惯。于是,需要有社会情感学习,它基于促进学生的社会情感能力发展,为了帮助学生认识、管理自己的情绪,设定并实现积极的目标,关心他人,建立和维持积极的人际关系,做出负责任的决定,有效处理人际关系。社会情感学习在课堂教学中的兴起,直指传统课堂的相应缺失:缺失关注学生情感发展的学习氛围、缺失提升学生社会情感能力的情感氛围、缺失对社会情感学习技能的关注等。尤其是社会情感学习的技能,在思维技能被高度重视的传统课堂里,成为被遗忘的关键技能。它具体包括五个方面:一是自我意识,即能够准确评估自己的感受、兴趣、价值观和优势,保持良好的自信心;二是自我管理，即能够调节情绪、处理压力、控制情绪重叠，面对困难不会退缩，适当表达情绪，可以设定并监督个人和学业目标的进展；三是社会意识，即能够换位思考，与他人产生共鸣，欣赏个人和群体的相似性和差异性，了解并充分利用家庭、学校和社区的资源；四是人际关系技能，即在合作的基础上建立健康有益的关系，抵制不适当的社会压力，预防、管理和解决人际冲突，并在需要时寻求帮助；五是负责任的决策能力，即做决定时尊重他人，考虑道德标准、安全问题、合理的社会规范，以及可能出现的后果，并将决策技能应用于学习和工作中，为学校和社区做出贡献。

弱学生立场。"教师中心"的课堂传统，是典型的教师立场，对学生的指导和要求，均来自教师的视角，出自教师的需要。换言之，教师眼中只有自己，没有学生。我曾经策划组织了一个有关作业改革的论坛，在拟定会议议程和邀请发言人时，组织者想到的是，分别请局长、专家、校长、教研员和教师谈谈对作业改革的意见和建议，他们虽然角色和背景不同，但却拥有共同的身份：作为教育者的成人。唯独没有想到的是学生，作为受教育者的儿童，他们眼中的"好作业"的标准是什么？他们想要什么样的作业？小小的作业设计，成为传统课堂的缩影：每一份作业，全部是教师设计、布置和评价的，全然体现了教师的标准和需要，没有依据学生的实际情况和发展需要，作为作业设计与课堂教学的起点与出发点。这同时也是学生的生命价值被忽视甚至被轻视的又一典型例证。

弱互动对话。课堂是教学的场所，教学是课堂的核心任务。教学的本义有五个关键词：一是整体，教与学是不可分割的整体；二是互动，教与学的互动；三是介入，以指导和引领的方式，实现教对学的介入；四是对话，互动通过思想、言语和行为等多种方式展开，对话的前提是师生平等，如果教师自视"高人一等"，又视学生"低人一等"，不可能形成真正的师生对话；五是服务，教是为了服务于学，更好的教，是为了更好的学，高质量的教，也是为了高质量的学，由此才有高质量的"教学"。显然，教学离不开学习，最终通过教师的教，落到学生的学上。但"学习"永远不能替代"教学"：教学属于师生双方的事情，学习则属于学生自己的事情。正因为教学跟双方有关，所以才体现了整体，才需要"互动"和"介入"，进而达成"服务"的目的。如果与教学的本义相对照，随之凸显了传统课堂的弱点：教师中心导致的"以教为中心"，在将教师和学生、教和学割裂开来的同时，也造成教师主动、学生被动，从而无法实现教与学的互动。真正的互动，是双方共同的主动，一方主动，另一方被动，不是真正的互动。没有真正的师生互动，就不可能有真正的师生对话：处在主宰者、扮演法官和裁判员角色的教师，必然会导致学生成为接受者、遵从者，在消极被动中对教师言听计从和惟命是从。这种因为"教师集权主宰""学生被动孤立"而"强加于人"的课堂，是实质上的"教师独白"，完全消除了对话的前提条件。这种课堂上的师生关系是"我与他"——"教师之我"与"学生之他"的关系，而不是马丁·布伯（Martin Buber）所期待的"我与你"——"教师之我"与"学生之你"的关系。在前者的师生关系中，学生由于被工具化、物化而成为了"他者"。

　　弱开放下移。传统课堂中的教师处在高高在上的中心地位，说明"课堂重心过高"，没有下移或下放给学生，换言之，就是"没有开放"或"不够开放"：一方面，课堂组织形式单一，自始至终都是师生一对一、点对点的交流和反馈，这是传统课堂教师的传统教学习惯——习惯于和学生"单挑"。另一方面，教师对课堂具有绝对的垄断权、掌控权和牵引权，牢牢把持着各种权利——提问权，从头到尾都是教师问，学生答，学生没有自己的问题和质疑；评价权，只有教师才有资格评价学生的学习状态和成果；选择权，教师帮学生选择好学习内容、学习方式，学生没有任何自主选择的空间；工具权，教师直接把学习方法或解决问题的方法工具交给或塞给学生，学生只能用教师给的方法学习，没有选择、运用和创造适合自己的学习工具的权利；总结权，教师在课尾站出来总结本节课的学习收获，这是一种显而易见的替代即替学生总结。实际上，教师如何能够知道每个学生的具体收获？一切还是出于教师自己的预设和想象，同时，再度强化了教师的"强加于人"：把自己预设的学习收获强加给学生。

如上这些传统课堂林林总总的特性，常常隐匿在教师意识的深处，深埋在教学习惯之下，固定在教学基本功之中而难以被察觉，所以特别需要时刻保持敏感与警醒，将之变为日常反思的常规对象。

## 第四辑　世界的课堂

# 做"中国教师"，
# 上"中国课"

身为中国人和中国教师，如何上出"中国课"、上好"中国课"？这不是能够一言概之的问题，更不是高高在上、远离日常课堂的高远宏大，因而只可远望和旁观的问题。它与我和你的每一堂课都切身相关。

以语文课堂为例。如何在中国上语文课？虽然课程名称可能有差异，但世界各国都有自己的语文课，在美国的语文课教"英语"，在德国的语文课教"德语"，在俄罗斯的语文课教"俄语"，在日本的语文课教"日语"……在中国的语文课，则是教"汉语"。作为中国语文教师，如何在中国语文课堂上教出汉语的特性，把汉语的独特魅力与背后的思维挖掘出来，把汉语之美彰显出来，打动一代代的中国儿童，让他们因此爱上汉语、爱上自己的母语，从而有了因汉语、因语文课而来的文化认同、文化自信和文化自觉？这些问题与所有中国语文教师有关。

语文课的中国属性或中国式课堂，在很大程度上，来自于课程与教学内容的特殊性——汉语本身是中国文化的典型代表，语文课也是另一种典范,"教什么"决定了"怎么教"。与之相比,在内容上更具普世性的数学、物理、化学等自然科学,如何体现中国特色和中国风格?

## 一、知晓"中国课"从哪里来

首先,"中国课"来源于中国文化。每一种课堂都有文化传统的烙印深埋其中,每一个国家的课堂文化,都离不开其赖以生存与发展的文化传统和教育传统,寻找中国课堂,首先要在中国文化的脉络中寻找和发现其独特的文化烙印。

中国教育传统里没有"课堂"一说,它是近代教育转型后向西方学习而出现的教育概念,但一直存在于师生之间固定的教学活动中,虽然也不一定限于教室或学校。

中国传统的教学活动具有鲜明的特点。

其一,重视学习,以学生的学习为中心。《论语》的开篇是《学而》,第一句话是"学而时习之"。《荀子》的开篇是《劝学》,第一句话是"学不可以已"。与此相关,中国的教育传统,特别强调自学能力的培养,这是从孔子、孟子、朱熹到陶行知等历代中国教育家和思想家一以贯之的优良传统。《易经》早有论述:"匪我求童蒙,童蒙求我。"《学记》则言:"学然后知不足,教然后知困。"朱熹主张:"读书是自家读书,好学是自家好学,不干别人一线事,别人助自家不得。"陶行知竭力反对注入式教学法,提倡让学生自己学:"我以为好的先生不是教书,不是教学生,乃是教学生学。"

其二,重视启发诱导,如孔子提出"不愤不启,不悱不发",《礼记·学记》提出"道而弗牵,强而弗抑,开而弗达"。

其三，重视读书，如朱熹提出"书读百遍，其义自见"。中国的教育传统习惯将教育理解为读书，如读大学、读研究生，这是源于重视读书的教育传统。孔子编订六经，其中一个重要目的是供学生读书之用。《史记·孔子世家》说："孔子以《诗》《书》《礼》《乐》教，弟子盖三千焉，身通六艺者七十有二人。"朱熹非常强调读书，其弟子概括出六条"朱子读书法"：循序渐进、熟读精思、虚心涵泳、切己体察、着紧用力、居敬持志。朱熹的《童蒙须知》说："凡读书，……须要读得字字响亮，不可误一字，不可少一字，不可多一字，不可倒一字，不可牵强暗记，只是要多诵数遍，自然上口，久远不忘。"还说："读书有三到，谓心到、眼到、口到。心不在此，则眼不看仔细，心眼既不专一，却只漫浪诵读，决不能记，记亦不能久也。三到之中，心到最急。心既到矣，眼口岂不到乎？"

其四，重视问答，倡导师生之间以问答的形式进行互动教学。如《论语》《孟子》记载的就是师生之间包括问答的对话，再如《朱子语类》《传习录》等。不过与西方不同的是，中国古代的师生问答基本是学生提问，教师回答，学生要能够提出问题，老师才进行释疑解惑。西方从苏格拉底开始，基本是老师提问，学生回答，这也与西方重教的传统有关，到了20世纪后才有了根本性的扭转。

其次，"中国课"来自中国国情。这里的国情，既是指中国的现实条件，更是指面临的诸多现实难题和问题，它们是孕育"中国课"的"国情土壤"或"现实土壤"。例如，中国课堂的大班额问题，是全社会一直关注并为之头痛的难题。包括我在内的很多中国老师，都非常羡慕北欧国家，如芬兰等国的小班化课堂，在这样的课堂上，由于学生不多，教师得以和学生有充分的互动研讨。反观中国的大班，之所以长期存在，即使多次整治有了很大改观，但与国外相比依然有差距，无非是受到了经济发展水平和人口现状等国情的决定性影响。作为大国的中国，除了"地域之大"之外，还有"人口之大"：中国人口约14.12亿，人均GDP 1.2万美元，芬兰人口550万，人均GDP 5.4万美元，这就是国情的差异。如何面对和满足14亿人口的教育需要与课堂需要，这是任何一种教育理念和课堂理想都无法回避的客观现实。正是这种"大国办教育"的现实国情，造就了竞争激烈的人才选拔和大班额教学环境的中国课堂现实。

再次，"中国课"来自中国实践。根植于中国"文化土壤"的中国教育实践，也是培植"中国课"的实践土壤。人民教育家于漪有一名言："教育家是上课上出来的。"教育家需要阅读，但教育家首先不只是读书破万卷读出来的；教育家需要写作，写出自己的教学随笔、论文和专著，但教育家不只是在书斋里当"作家"写出来的。上课才是教育家安身立命的根本，上课就是实践。同理，"中国课"的生成，也是无数历代中国教师，通过一堂堂的"课堂实践"上出来和走出来的。

## 二、读懂"中国课"是什么

作为一种传统和风格的"中国课"，是中国文化传统、教育传统和20世纪以来的中国教育实践的综合体系，具体转化并表现为教学内容、教学目标、教学环节、教学方法、教学评价以及教学支持手段。这个体系是在持续不断的传承中扬弃与革新的发展过程。

作为一个体系的"中国课"，展现了鲜明的"中国风格"，它有四大"标识"。

标识之一，重视"基础"。

加强和夯实"双基"，即基础知识教学和基本能力训练，助推学生在扎实的基础上进步与发展，是中国式课堂教学的重要特征，也是中国学生在国际学生评估项目（PISA）等国际测评上取得良好成绩的秘诀。对于双基的重视，并不必然导致想象力、创造力的缺乏，实际上，两者之间可以形成相辅相成的关系，完全能够实现"在加强双基的同时，培养能力和发展智力"。如同杨绛所言："运动员受训练，练出了壮健的肌肉筋骨，同时也练出了吃苦耐劳、坚持不懈的意志与精神。"这说明在加强双基的训练中，也同时有可能发展出智力和生成克服困难的意志。这就是"双基"的价值：它是所有关键能力与核心素养的基础，具有综合性的育人基础。

标识之二，重视"结构"。

强调知识的系统化学习，是中国课堂实践的经典内核。系统化的过程，即是结构化的过程。这种结构，表现为教材知识结构、教学过程结构和教学方法结构。

在教材知识结构上，中国中小学教材的突出特点是具有明显的结构性知识特征。它以"学习结构就是学习事物怎样相互关联"为预设，以学习内容中的基本原理、特有规律为核心，采用纲举目张、重心压低、兼顾差异的课程编排方式。与之相比，美国中小学的教材内容，从教材流通、换代的角度考虑，会大容量呈现学科前沿知识。以美国俄克拉荷马州一所数学和科学特色学校的课程为例，他们的物理课一直教到量子物理、薛定谔方程、微分方程；生物课会涉及遗传学、分子生物、克隆、基因测序等最前沿的知识。教材高度结构化的特性决定了中国教师教学实践的首要任务是掌握事物和知识的结构，从课堂教学的整体设计到课堂实施，都要依循现有课程内容的结构逻辑,而不是大规模开展项目学习、跨学科探究性学习。

在教学过程结构上,围绕着清晰、结构化的知识结构,中国课堂善于进行层层铺垫、逐层推进、抽丝剥茧式的过程设计,形成独具中国特色的教学过程结构,展现出教学过程结构的中国逻辑。

名师韩军在执教朱自清的经典名篇《背影》时,首先引导学生从文本中发现"朱家人"这个细节入手,在师生对话中,共同揭示四世同堂这样草灰蛇线般的微妙伏笔,并找寻出"一个家庭、两个祖辈、两个父亲、两个孙子、三个儿子、四条生命",促使学生在文本的追踪中理解"年轻父亲,怀念年老父亲""当了父亲,才有父亲体验,才能更懂父亲",也在与教师的对话中,理解韶华将逝的生命。有了这一铺垫性的"踏脚石",韩军又让学生通过咀嚼那段耳熟能详的描写父亲蹒跚爬过铁道买橘子的动词"攀""缩""倾",理解作者看到父亲的苍老时,为生命的脆弱和短暂流泪不止。在层层铺垫中,学生对《背影》一课的主题——生命的脆弱和短暂的理解,自然呼之欲出。加之韩军将朱自清的《匆匆》与《背影》一文进行对比分析,使得学生能够跳出原有的"感恩"框架和理解层次,深度感悟《背影》的深意。北京大学教授温儒敏评价道:"(韩军老师)深入到对生命、死亡等命题的思考,把握住了文章的深层意蕴,而且对孩子进行这方面的启发引导,也是非常必要的。因为你作为教师对作品有深入的带着自己体验的理解,才能讲得如此精彩。"这种以"层层铺垫"为特性的演绎式教学过程结构,在李吉林的情境教学、叶澜的"新基础教育"教学等各具特色的教学变革实践中均有广泛的运用和体现。它迥异于英美等国的阅读课、公民课或者历史课、地理课,不同于依靠学生通过阅读反馈、小组讨论和个人分享等方式，用归纳法进行集聚与反思。这种过程结构，依然与知识结构有关，它致力于从学生已经获得的知识出发，建立旧知与新知的关联，引发新知获得后的反思，引导学生反思如何通过新知的学习，扬弃认知结构中片面乃至错误的经验与认识。更为突出的是，研究表明这种过程结构，能够从师生间的单一支架，转向面对不同层次水平的学生，提供多面向的学习支架，使处于不同"最近发展区"的学生都有各自的收获。

在教学方法结构上，中国课堂结构拥有四大基础支撑，分别是教学语言、教学演示、教学训练以及教学探究。首先，基于教学语言讲授、巩固、复习和指导知识是中国课堂最常见的教学方法，也是教师必须掌握好的教学技能之一。为了达到更好的教学目的，帮助学生牢固掌握知识内容，扩大知识视域，教师在运用教学语言时不仅要灵活运用几种基本的课堂语言形式，比如讲述、问答、讲解、讲演、预习、复习等，还要充分利用教学语言的生动性和互动性优势，激发学生的思维自觉性和活跃性，形成一种持久的学习动力。其次，教学演示同样是中国课堂常用的教学方法，其形式不仅包括传统的实物演示（如直观教具）、身体演示（教师的示范性教学动作）和现场观摩（组织学生实地观察、体验学习）等，还引入了幻灯片、投影仪、多媒体等现代化的智能演示方式。教师会利用丰富多样的演示工具充实学生的课堂学习过程，通过感官等知觉刺激，加深学生对学习内容的理解，并促进学生的思维能力的发展。再次，教学训练主要出现在数学、物理、化学、生物等技术学科和自然学科的教学中，教师依托一定的仪器设备，指导学生共同完成教学实验过程，甚至在有条件的情况下，还会带领学生进行实地演练或实际的教学实践训练，这种教学方法不仅能加强学生对知识的真切认识，还能培养学生"理实相通"的思维能力。最后是教学探究，这种教学方法常见于学生探索知识的过程中，教师会指导学生分工形成一个个工作小组，围绕某个知识主题进行专题研究和讨论，帮助他们获得独立思考和合作探索问题的重要能力。

标识之三，重视"指导"。

这里的"指导"与"主导"有关。自从新课改以来，中国教师在课堂上的主导性成为被诟病、被批判的主要对象，被视为"教师中心"引发的课堂病症之一，进而出现了"教师主导、学生主体"和"教师和学生都是主体"等流行观念，试图弥补教师主导下的传统课堂的弊端。暂不论这些"新观念"是否合理，单就"主导"本身而言，有三个问题需要深究细查。

一是如何理解"教师主导"产生的现实条件。

不少"教师主导"的批评者，容易忽略在中国课堂中"教师主导"的现实条件和生成语境，如前所述的大班额教学。在 40～60 名学生的大班额中进行教师主导的教学，是中国课堂的一个显著特征和课堂常态。以往的研究常常认为，我国教师受中国传统教育理念和苏联教育理论的影响，在课堂中过多干预学生的学习，是造成传统课堂学生被动学习和缺乏合作性、创造性的根源。但显然，这些结论既高估了传统和理论层面的影响，也低估了受社会经济发展水平和人口条件制约而形成的大班额教学对"教师主导"必然性的要求：它促成了中国教师必须强调引导、提问、反馈、例证等一系列教学策略，使得学生的知识学习过程中教师的指导和干预成为势所必然和理所当然。

二是如何认识"教师主导"的存在价值。

不应把教师主导视为"欲除之而后快"的洪水猛兽。即使没有大班额教学的现实约束和实际需要，"教师主导"在课堂中也有无法否认的存在价值。"学起于思,思源于疑,重视设疑促读,培养不同层次、水平学生的思维能力",是中国课堂中的"教师主导"所隐含的教学理念,也是一代代中国教师课堂实践持续探索的产物。这样的课堂没有时下流行的小组学习、探究合作,而是在教师的引导下,每每在知识的关键处、思维的转折处、规律的探求处设疑,启发学生在阅读中不断发现问题、解决问题,诱导学生在求知过程中产生疑问并解决疑问。大量研究和例证表明,在如此引导学生不断质疑并释疑的过程中,教师所发挥的主导作用得以让不同学习水平的学生共同参与,并获得不同程度的发展,从而促进个体相互学习、共同参与。这一教师主导学习的过程,也为20世纪70年代奥苏贝尔所提出的在知识容量大的初中和高中阶段可以实行"教师带动,学生为中心"的教学实践特征,提供了具有印证性的"中国课堂范例"。

三是如何把握"教师主导"和"教师指导"的关系。

"教师主导"是把有利有弊的"双刃剑",任何绝对的肯定或否定,都是一种片面化、简单化、绝对化的理解。尤其是对"教师主导"的一味否定,或者对其弊端的过分强调,将会带来对"教师指导"意义的忽略。教师的主导,往往是以"指导"的方式展开的,虽然主动不等于指导,但主导离不开指导,教学更离不开指导,它恰恰彰显了"教学"的本义:"教"对"学"的介入、引领和指导,指导是连接教和学之间不可或缺的中介和桥梁。没有教师指导的教学,不是真正的教学,只是学习;没有发挥指导作用的教师,不是真正的教师。当然,教师的指导,除了涉及指导对象、指导过程、指导方式和最终的指导质量等因素之外,还有指导合理度的问题。大多数被质疑的"教师主导",实际上是"过度指导"造成的。

标识之四,重视"练习"。

以"练习"为主线，努力做到"当堂练习，当堂解决"，是中国课堂的典型特征。许多教师会留出一堂课的二分之一到三分之二的时间给学生练习，包括口头练习和笔头练习，如果练习都在课堂做完了，就不再布置家庭作业。这种课堂的"练习传统"有多方面独特的价值和意义。从作用和性质的角度看，练习是一种实践方式，也是人的素养与能力生成的"最后一站"：任何素养和能力，最终都不是靠看出来、想出来、听出来，而是练出来的。倘若把课堂视为"教—学—做"合一的闭环过程，这个过程的特性在于：把"教出来"的"学出来"，再把"学出来"的"长出来"。最重要的"做"的方式，就是"练习"。

"练习"的过程，既是对看到、想到和听到的各种知识综合提升的过程，也是固化沉淀的过程。只有通过扎扎实实且持续跟进的反复练习，各种核心素养和关键能力才能长到学生的身上；从对比和效果的角度看，国外教育心理学家很早就做过大量的对比试验，研究各种学习方式对学习成绩的影响，研究结果表明："当堂做练习，当堂发现错误，当堂订正"的效果最好。与之相比，如果一堂课把大量时间用于讨论、探究和发现，没有练习随后跟进，或者书面练习的时间和机会太少，是课堂质量不高的症结之一。当然，与指导一样，练习同样存在合理度的问题，应试导向的"刷题"等机械操练，是其中的负面典型代表。

## 三、思考如何在传承中创造"中国课"

"中国课"是"我们"的课堂，也是"我"的课堂。作为中国人，如何在"我"的课堂上，上"中国课"？从根本意义上来说，首要任务是在自己的课堂上提升"中国自信",拥有"中国自觉"。为此,需要做四件事情。

第一件事情,破除三种偏见。一是对传统课堂的蔑视,二是对西方课堂的迷信,三是将中西课堂传统对立起来。当代中国的课堂改革,是从反思自身问题,同时引入西方课堂教学的理论与实践作为自身变革的参照系和比较对象开始的。然而,过程中出现了一种时常可见的偏差:对中国课堂存在的问题的反思和批判,变成了全然的自我怀疑和自我否定,并为中国课堂打上了"落后"的标签。同时,来自西方异域的课堂,则上升为"典范"和"标杆"。这种被预设化的双重标签,骨子里是文化自卑和对中国课堂质量的轻视。实际上,通过数次参加世界经济合作与发展组织的 PISA 考试,中国学生取得的成绩表明,中国课堂给予学生的阅读素养、科学素养和数学素养,在全球范围内是名列前茅的,加上后续跟进的一系列相关的深入研究,共同打破了一度在国际教育界流行的"中国教育"的悖论:为什么中国学生在国际测试中领先于欧美国家,各项大赛连连夺冠,而中国的教学方法又如此落后。一位英国学者也不得不承认,在这个评估中,学生将自己学到的知识运用到实际,这不能说是中国学生接受"填鸭式"教学的结果。另一位英国学者也坦率地说,英国的进步教育强调民主、愉快、宽松、欢乐,可是实践的结果却适得其反,让人失望,学生读、写、算的能力普遍下降。相反,中国的教育是先进的,学生能受到优良、传统、规范、严格的教育。当然,不能因此就将中西课堂传统截然对立,双方之间不是"非此即彼""不相兼容"的,而是"并立而生",甚至可以是"共生共长"的关系。

第二件事情,让传统文化和教育传统一起进课堂。中国教育传统是传统文化的一部分,让传统文化进校园、进课堂的同时,不要忘了还要让教育传统进课堂。在剔除糟粕性的教育传统的同时，还需要加倍珍视两类传统："一直在承接的传统"和"逐步被丢掉的传统"。尤其是要在自己的课堂上，找回那些"被丢掉的传统"，如"鼓励自学"等，让这些传统在自己的课堂上"还魂再生"。

第三件事情，把教育传统融入教学基本功。让博大深远的教育传统进课堂，只是第一步，接下来更关键的一步，是让教育传统长到自己的身上，融入自我的生命之中。为此，就需要融入教学基本功，转化为日常化的教学技能，成为备课、上课、观课、说课、评课和写课的一部分，把抽象的教育传统，在自己的课堂上备出来、上出来、观出来、说出来、评出来和写出来。

第四件事情，对于教育传统进行创造性的转化。在当代中国教育改革的大潮中，中国课堂的优良传统不断以各种方式延伸、渗透到当代中国课堂教学改革中，无论是来自政府和高校研究者推动的新课改、新基础教育、新教育、主体性教育、理解教育等整体性的教育改革流派，还是在中小学先后兴起的"尝试教学范式""洋思范式""杜郎口范式""东庐范式"等教改等，都以不同方式、在不同程度上回归、传承和体现了中国课堂的优良传统。

不过，中国课堂传统不只是用来传承和体现的，也是需要去再造和创造的。以重视"结构"为例，中国"新基础教育"在传承这一传统的同时，还基于试验学校的创新实践，创造性地提出了"长程两段式"的教学理念，把一堂课分成两段来设计与实施：前段是"教结构"，先教本堂课的"知识结构"，再教学习该"知识结构"相应的"方法结构"；后段是"用结构"，学生运用学到的方法结构学习新的知识。这一课堂理念通过对重视"结构"的中国课堂传统的创造性转化，带来了对这一传统本身的丰富和发展。

# 西方课堂的
# 样子

这里的"西方",不仅是地域意义上的,如欧洲、北美洲等地的经济发达国家,更多是文化意义上的。整体而言,欧美诸国虽然所属民族和语言有差异,但其文化都奠基于古希腊文化、古罗马文化和基督教文化,与根植于儒家、道家和佛家文化的中国文化显著不同。文化与教育、课堂的关系密不可分,正如顾明远先生所言,"教育有如一条大河,而文化就是河的源头和不断注入河中的活水,研究教育,不研究文化,就只知道这条河的表面形态,摸不着它的本质特征",而且,"教育是文化的一部分,但又相对独立于一般文化。教育受文化的影响比受经济、政治的影响要深刻得多,久远得多"。经过多年的积累、流变和演进,西方国家相近的文化传统造就了相近的教育传统,进而形成了相近的课堂文化。

相似的文化长相形成了相似的课堂长相,成为具有典型西方特性的课堂样子。具体表现为课堂文化氛围、课堂教学形态、课堂布局结构和课堂教学目标等四大特性。

## 一、以多元性、平等性为基础，形成师生共同协商选择和灵活教学的课堂文化氛围

大多数欧美国家都属于轻权势文化，与中国及大多数亚洲国家的重权势文化有所不同。不同权势文化带来了不同的课堂教学文化风格，西方国家的课堂强调平等取向，鼓励并培养学生对知识和权威的质疑和批判，因而盛行批判性思维；而亚洲国家的课堂呈现出传统的差序特征，学生对教师权威持敬畏态度。两种类型的课堂教学文化带来了课堂价值观的显著差异，比如西方国家的课堂教学提倡课堂提问与讨论，而亚洲国家的学生可能认为课堂提问会打断教师的正常教学。

有了这样的文化传统，西方课堂体现出民主平等、宽松自由的典型特征，甚至将教学本身也视作"一种文化活动"，形成了有关学科本质、学习方式以及教师在课堂中应该扮演的角色等一整套核心信仰。

西方平等的课堂文化氛围，倡导师生宽松平等的交往关系，实质是对学生个体差异性的尊重和课堂文化多元性的追求。强海燕与花永泰生动地描述了一段美国小学的课堂场景。

> 在一所小学低年级课堂上，孩子们围成一个圆圈，老师笑盈盈地念着孩子们自己写的日记。有的孩子坐着，有的孩子跪着，有的孩子边听边喝着橘子水。一个女孩依在老师身边，用手托着老师椅子上的扶手，笑眯眯地看着老师。原来老师正念着她的日记呢！看来孩子们在课堂上一点儿也不拘束，老师和孩子们的关系很亲近。

师生平等的教学关系的背后，反映出教师对学生个性和潜能的充分尊重，学生反过来也非常信任教师并完全沉浸于宽松自由的课堂教学氛围之中。这种宽松的教学气氛，更有利于学生主体性的发挥，使之成为真正的学习者。

张强描述了一段在美国一所小学看到的"不同寻常"的教学场景。

> 今天，应邀和小学生一起参观蔬菜生产基地。天不作美，但没有阻碍行程。同行的还有老师和部分家长。老老少少，身披雨衣，脚踏泥泞。唯独我撑了一把伞，小心翼翼，生怕弄湿了衣服。不曾想小朋友争相到我的伞下避雨，趟起的泥水溅到我身上，顷刻间就把我从教书先生变成了泥瓦匠。我用目光向领队的老师求救，她笑得前仰后合，说：孩子们，像鸭子一样在水中玩耍，你就不会有淋漓之苦了。孩子们在雨中尽情地挥洒，像一朵朵鲜花在草地里摇曳。在水中就要像鸭子一样自由，那么，在天上就要像鸟儿一样翱翔，在森林里就要像豹子一样勇猛。这是让孩子放飞自己。老师不会因为担心感冒，就束缚孩子的手脚；不会因为雨水打湿衣服，就放弃让孩子享受雨趣。这样的方式教育出来的应该是什么样的孩子？崇尚自由，热爱自然，无拘无束，能坦然面对生活和挑战。

虽然雨天阻碍了预设课堂目标的实施，但教师却充分把握了"参观蔬菜生产基地"是"教导学生崇尚自由，热爱自然"这一课堂要求。教师还利用下雨天在泥泞土地行走的教学契机，允许学生自由活动的同时，也间接培养了孩子们乐观、积极面对生活困难的精神与品质。对此，该研究者的评论简明扼要，导向明确："尊重孩子的个性差异，给孩子以自主发展的空间，前提是不要过多的限制和干涉，让孩子们大胆地展开手脚！解放孩子，让他们在雨中，像鸭子一样戏水；在空中，像鸟一样自由。"

平等性的课堂文化，蕴含了对多元文化和多元文化教育的理解与尊重。对多元文化的尊重，源自一个前提假设：人类存在各种各样的文化形态，彼此之间是平等的。以此为前提，多元文化教育主张学生无论所属的种族、性别、社会阶层或文化特征有什么差异，都能有享受学校教育的均等机会，使每个课堂上属于不同文化、种族、宗教、社会阶层的学生学会保持和平与协调互相之间的关系，实现共生共长。

## 二、以学生、学习者为中心，注重互动体验和过程参与的课堂教学形态

需要澄清一个长久以来的误解：以学习者为中心，并非将教学的"掌舵权"完全交给学习者，教师隐身不见，变得可有可无……而是强调在课堂教学过程中，增强教师与学生的有效互动以及注重学生的课堂学习体验。从 20 世纪 70 年代开始，西方课堂特别关注通过教师课堂提问行为，促进学生学业的积极表现，从提问类型、提问方式、提问技能等多方面，使教师提问成为刺激学生思考并促进其学习的有效途径。提问的价值在于"与知识间进行的有意义的互动"，学生在高频率、高密度的互动中成长，汇聚形成以学生为主体，加强知识学习结果与知识获取方式良性互动的课堂教学形态。

郭晓意以澳大利亚弗莱德小学三年级的"纪念泰坦尼克号"组课为例,详细描述了西方课堂的整个教学流程。

为了纪念泰坦尼克号沉船100周年,弗莱德小学三年级的老师们利用纪念泰坦尼克号的热潮,设置了一个为期两周的泰坦尼克号学习单元。该学习单元包括介绍历史和收集素材(1.5小时)、美术课(1小时)、乘客的百分比计算(1小时)、水生物(1.5小时)、咸水和淡水的浮力(1小时)、救生船以及船与幸存者泰坦尼克号旅途之谜七节课程。教师围绕同一个真实的历史事件,根据学科特点和内容,组织学生有主题地开展相应的课堂内容,并在教学过程中鼓励学生分成不同的学习小组,通过提问、"头脑风暴"、动手拼贴、计算、图片、影像、口述、物理实验、小组展示与讨论以及开展自救演习等直接的课堂参与方式,帮助学生理解知识概念、掌握基本技能的同时,也帮助学生提高实际行动的能力。

**站在中国课堂的立场上,郭晓意表达了观课体会。**

对于"纪念泰坦尼克号"单元,我们要学习的是教师对于课程的灵活性和创造性,侧面地告诉学生各种科目具有链接性,解决问题的方式是多种多样的。基于目前国内教学的情况,我们可以吸取一些合理的思想和有效的课堂策略,创立一套符合实际的教学方法。总之,在教学中,教师要根据不同的教学内容、不同的学生采取相应的教学方法,与时俱进,因材、因人施教才是教学方法的出发点。

以学习者为中心的西方课堂教学形态，至少有三个西方教学理论作为理论根基：一是进步主义教学理论，倡导儿童中心论，强调课堂教学与学生兴趣、学生经验发展的直接联系；二是永恒主义的教学理论，强调课堂对话；三是存在主义的教学理论，提倡个别化教学，允许学生最大限度地自我表现和自我选择，鼓励学生获得自己的知识。在这些理论的共同推动下，改变了传统课堂"支配—服从"和"指挥—执行"的关系特征，在尊重学生主动性的同时，也把教师变成激励者和创造者。在这个意义上，西方课堂形态的亮点，既能激发和培养学生积极主动的学习意识和学习能力，也能充分发挥教师的创造、引领、组织和管理的作用。

## 三、以整体性、系统性为导向，强调学习空间相互沟通与群组组合的课堂布局

自 20 世纪以来，西方课堂加快了改革步伐，除了进一步完善课堂教学形态之外，还对课堂布局进行了整体性、结构性调整。重心放在摆脱传统的离散型课堂布局模式，体现不同学习空间相互沟通与群组组合的特征。有人指出，对于西方国家来说，课堂布局是整个校园设计的关注中心，也是评判学校建筑是否合理有效的焦点指标。

课堂布局结构分为师生比设计和物理空间设计两大类。

在师生比设计上，西方课堂普遍呈现出典型的小班化教学特色。依托小班化教学模式，西方课堂中的教师与学生联系更为密切，使学生的个性化学习成为现实。

在物理空间设计上，从 20 世纪后期开始，在一些西方国家新建的学校中，展现出一股突破教室矩形造型及器物配备灵活丰富的

设计潮流。

这里以四所西方学校的课堂布局结构图示为例。

图1是澳大利亚一所高中的新型教室课堂布局结构图。这间教室呈现出学习空间的综合性特征，因为它将各种不同的功能区域有机统一在同一所教室之中，方便师生在同一堂课内随时灵活运用不同的教学组织形式和活动方式，使得新型教室能够充分发挥集体授课与个体学习、小组讨论结合的新优势。

图2是美国一所高级中学的课堂布局结构图。这间教室同样将不同功能的学习空间有机组合在同一个课堂教学空间中，但是在面积比例上更加科学合理，不仅考虑到功能的多样性，还根据各类学习空

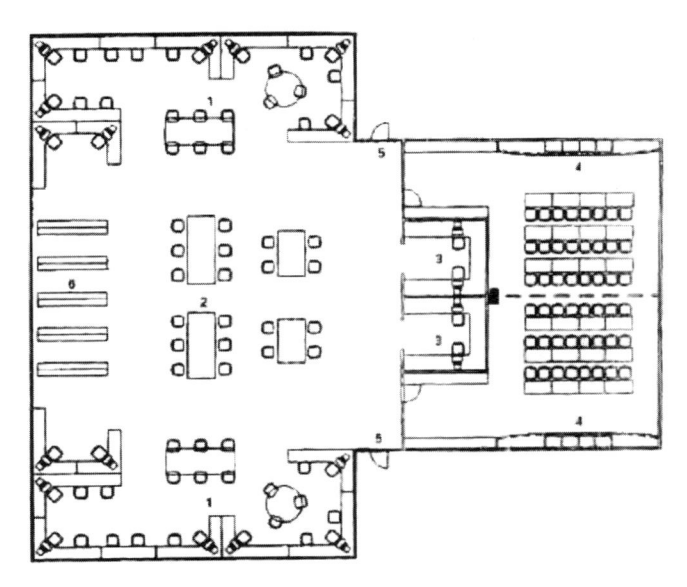

图1 澳大利亚高中的新型教室课堂布局示意图
（1. 小组工作区；2. 小组讨论区；3. 教师备课室；4. 讲授区；
5. 入口；6. 图书资料区。）

间的实际使用效率而加强了空间设计上的经济性。

图 3 是美国一所小学的新型课堂布局结构图。它在前两种布局结构设计的基础上，打破了传统的学习空间与非学习空间的物理界限，将走廊、餐厅等在内的其他"非学习空间"都纳入到学习场所之中，成为一种富有个性的全学习环境。

图 4 是美国一所职业高中的新型课堂布局结构图。这间教室根据职业教学特征，注重学生自主探究和教师巡视指导的合作教学模式，形成了以学生工作站和工作站群组为主体学习空间的环抱型工作和交流场所。

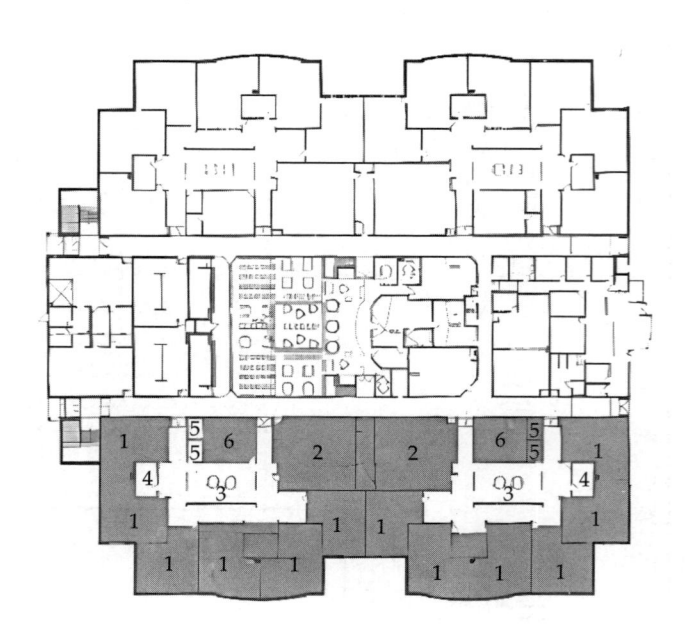

图 2　美国高中的新型课堂布局示意图
（1.教室；2.理科实验室；3.计算机房；4.小组活动室；
5.研讨室；6.教师备课室。）

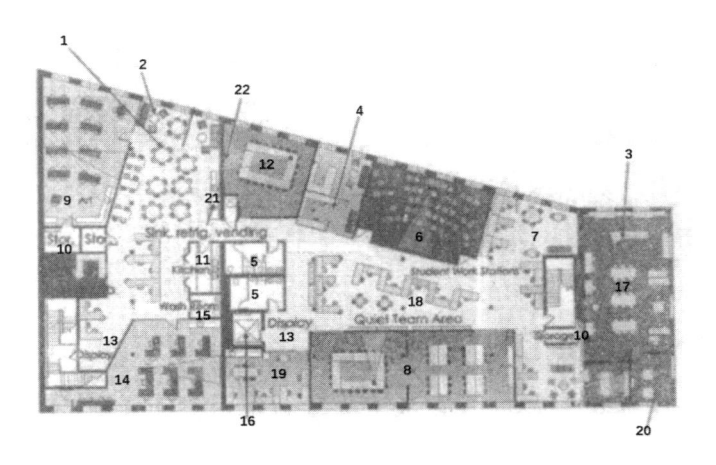

图 3 美国小学的新型课堂布局示意图
(1. 餐厅/学生团队活动区；2. 沙发、圈椅小憩区；3. 白板兼投影屏；4. 讨论室；5. 办公室；6.68 座演讲厅/小剧场；7. 学生工作站；8. 图书馆/媒介、科技、成就中心（安静）；9. 艺术教室；10. 储藏室；11. 厨房/供餐处；12. 媒体实验室；13. 展示/陈列区；14. 理科实验室；15. 卫生间；16. 电梯；17. 教室；18. 小组学习区（安静）；19. 会议室；20. 特殊教育专用室；21. 洗手池/冰柜；22. 通风管道。)

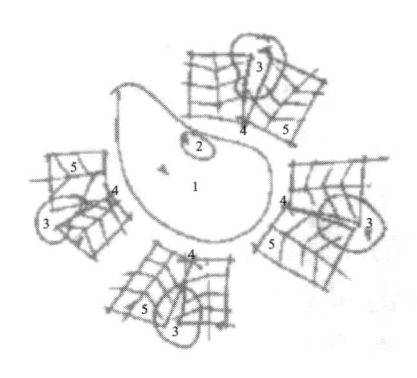

图 4 美国职业高中的新型课堂布局示意图
(1. 餐厅/放映厅/公共活动空间；2. 饮食供应处；3. 离站小憩区；4. 工作站群组；5. 工作站。)

四所教室都不约而同地呈现出以整体性为导向，促成不同学习空间相互沟通，将各群组组合为一个整体。这种课堂布局结构特征充分考虑到了课堂的多种形式要求，促进共同育人价值的实现。

除了教室布局的新型空间构造外，张强在美国课堂现场描摹了所发现的课堂布局空间的实用性和任务性特征：

> 手工教室就是一个大车间，一部分是木器车间，六年级的同学能做出精致的橱柜，从解板到刨光、打磨、油漆，让人难以置信。还有一部分是电器车间，有两个同学在一辆自行车上做文章，原来他们想把它改装成摩托车，为了选择发动机的位置，不断地用电焊切割，熟练得很。

以开放、自主为导向的西方课堂布局变革，突破了传统的以教师为单一主体的教室设计局限，真正践行了杜威的"做中学"教学理论，为培养学生独立的学习意识与能力提供了重要支撑。

## 四、以多元性、跨越性为特色，确立培养学生专业基础知识和综合能力的课堂教学目标

西方课堂注重设置多元化教学目标，着重培养学生的批判性精神和自主学习能力，不仅重视学生基础知识与技能的掌握，也强调学生综合素养、健康人格与体魄的教育，为此，特别强调跨学科教学，实现学科之间的融通转化，由此形成了颇具跨学科特色的STEM教学。

金可泽现场调研了美国新泽西州西温莎平原北高中、普渡理

工高中、华盛顿小学（Washington Elementary School）的 STEM 课堂：

新泽西州西温莎平原北高中在学科标准的指引下，以学科教材情境为基础生发 STEM 学习项目，做到知识学习和综合学习有机融合，实践探究和学理逻辑互为补充，素养发展与学业成绩有效权衡。

普渡理工高中全体一年级、二年级学生不开展数外理化生等课程，而是以科技为核心，以砖块型课程形式为特点，围绕 12 门课程项目开展教学，成就"另类"而又先锋的学科类项目学习形式。如"漫漫求水路"项目设计，以水资源为主题，通过大概念统整多个学科，协同开展相关的项目学习活动，逐步打破学科界限，融合学科知识，以真实的项目任务为驱动，让学生在生活情境中学习、研究、探索、创新。英语学科的小说阅读，地理学科的能源探讨，科学学科的水运输挑战，数学学科的用水统计，艺术学科的歌词创作，技术和工程学科的风铃、风车编程设计……这种跨学科项目式学习有力促进了学生学习方式的改变，让学生成为心智自由的学习者。

另外一个学区的华盛顿小学，则根据学习标准选择主题（湖和小溪、生物工程、绿色能源）内容，在 K-6 年级全覆盖开展。我们在华盛顿小学看到了樱桃溪水质监测的课例。本项目学习营造了学生喜欢的活动氛围，强调规则意识是小组合作目标达成的先决条件。教师非常在意学生在学习活动中合作与沟通的经历，关注学生倾听、分享、问题解决的意识与能力，将通常忽略的社会性成长也纳入学习评价，以促进学生的深度学习与社会性成长。同属一个学区的相关小学，通过学习进阶逐步递增学习侧重点和难度，从而将各年级课程串成一条线。学习周期长，主题研究较深入，易于培训学生的核心素养。

为了实现多元化、跨越性的课堂教学目标，西方STEM课堂综合形成了一个独特的教学体系：以科技为核心，将知识学习与综合能力培养有机融合、实践探究与学理逻辑互为补充、素质教育目标与学业成绩追求有效权衡、真实的项目任务与跨学科教学知识充分整合，以及深度课堂学习与社会性成长紧密衔接，真正围绕学生的多元核心素养来设计、设施并推动课堂教学目标的有效达成。

尽管在整体特征上，西方课堂存在如上普遍性、一致性特征，但实际上，由于受到民族文化与思维特质的影响，不同国家之间还存在一些差异。与美国课堂相比，日本课堂特别注重教学内容的连贯性，德国课堂则十分在意内容的本质，即掌握程序的基本原理并精确地执行程序；而美国课堂则不同于日本课堂的模块化教学和德国课堂的原理式教学，它的教学各部分之间少有联系，更关注反复练习，进而形成了西方课堂"美美与共，各美其美"的课堂生态。

# 实用和多元的
# 美国课堂

要完整描述和概括美国课堂的"美国风格",是非常困难的,因为美国是一个高度多元化的社会。世界上的每一种课堂理念、行为和技术,都可以在那里找到踪影。

好在美国有一个世界著名的大学者,他的教育思想赋予了美国课堂以鲜明的特性,这个人就是杜威,他的教育思想被称为"实用主义"和"进步主义",这是美国中小学课堂最鲜明的理念烙印。在杜威思想的支撑下,美国课堂十分注重与学生的生活和学习的联结,课堂变得有趣生动且符合学生需求。同时,课堂目标非常明确:致力于培养学生在批判性思维和问题解决能力、合作精神和领导技能、灵活性和适应能力、创新和创业精神、有效的口头和写作交际能力、获取和分析信息的能力以及好奇心、扩大想象力等多方面的素养与能力。

围绕这些目标,美国课堂展现出四种典型风格。

## 一、以学习者为中心的课堂

核心特征是强调学生主体参与,将以学生为中心的人本主义教育视为教与学的核心,作为帮助学生走向成功的基本路径。为此,美国教师普遍会在课堂上根据学习者的需求,设计有实际意义的学习任务,选择恰当的教学方式,对学习者的学习效果做出正确评估。同时,进一步引导学生以主人翁的态度,来关心和考虑学校的现状及发展问题,体会到个人的发展与学校,甚至与国家的生存发展休戚相关的道理。

然而,以学习者为中心带来的弊端和争议从未中断过。人们发现,与以教师为中心的课堂教学相比,完全以学习者为中心的课堂常常因学生尚未具备可以脱离教师的成熟的判断力和自控力,而难以在"促进教育公平"和"提高课业成绩"等方面有所成就,尤其是后者,被视为美国中小学教学质量低下的主要原因。当然,也有研究者从新的角度为"以学习者为中心"的含义做辩护:"以学生为中心,并不意味着一切课程设置和教学过程由学生决定,而是学生有权就课程内容、授课方式及评估方式做出选择。"正如有人所言,让学生成为教学关注的焦点,并不是强调学生天生就具备教学法的知识和做出教学决策的能力,而是让学生积极参与到学习的全过程。显然,提升学生的参与度,改变传统课堂教师过强的控制权,是倡导"以学习者为中心"的初衷。

高度注重学生参与的美国课堂,采用多种方式来为学生参与创造条件。例如,在从美国推广开来的"翻转课堂"教学改革中,教师引导学生通过小组讨论的方式,来运用课前所学知识解决问题,真正将课堂交到学习者手中。再如,在 STEM 教育的教学实施过程中,美国课堂将"科学、技术、工程和数学教育集成"的基本原则和纲领性要求贯穿其中,把学生对零碎知识与机械工程的学习过程转变为对不同学科、知识相互联系的探索过程,以此提升学生在看似"杂乱无章""混乱无序"的学习情境中的设计能力、合作能力、问题解决能力和实践创新能力。

## 二、追求目标复杂多样性的课堂

美国课堂目标的多样性,来自于理论多样性、文化多样性和思维多样性。

在理论多样性上,先后或者同时将众多理论流派和理念主张作为教学目标制定的依据。

除了杜威"以问题为中心"的教学思想之外,还有布卢姆的"教育目标分类学"理论、加涅的"分层学习"理论、马杰的"教学目标设计"理论、安德森等人的"教育目标分类学的修订"理论等。以安德森的"学习、教学、评价分类法"为例,美国课堂的教学目标通常从知识维度和认知过程维度两个方面出发,并以"目标动词+内容"的"3W"(What、How、Why)方式呈现,最终影响与引导着教师对具体课堂教学目标的制定。

在文化多样性上,主要涉及基于不同文化情感来建构多元教学目标。

美国是以多元文化并存为特征的移民国家,来自不同种族和文化背景的移民占整个人口的比例很高,欧洲文化、非洲文化、亚洲文化、北美文化等互相交融,形成了与世界上其他国家极为不同的美国民族文化特征,被称为一种马赛克式的文化。如何在这种文化背景下生存与发展？保持和尊重文化多样性因此成为美国传统课堂的重要目标，一系列以"文化回应性教学"为标识的课堂教学目标随之提出。"文化回应性教学"是一种在尊重学习者原有文化完整性的基础上，通过跨学科和跨文化的方式，促使学习者全身心参与的教学理念。在这样的课堂里，美国教师尤其强调教学内容的生成，重视学生情感需求的满足以及主张家庭、学校、社区之间的合作，认为课堂教学内容既要符合学生的生活，能准确反映他们所了解和生活于其中的文化、经验和背景，使学生更容易理解所学知识；也要从学生的经验和喜爱的事物出发，创造生成安全感与满足感，形成一种对所有孩子的文化差异无条件接受的氛围；还要基于学生所处文化环境间多主体的联系情况，提升回应学生和其家庭文化的能力，以避免产生学生家庭和社区文化及学校的期望、政策、程序和实践的文化准则矛盾冲突的问题。

总体而言，以"文化回应性教学"为主的教学目标，明确指向培养学生尊重其他文化的意识与态度，帮助其形成对自己文化的认同感与自豪感；使学生有能力从不同的文化视角来审视和理解同样的事件和经验，提高对文化差异性的欣赏能力，使来自不同种族和文化背景的学生都享有平等的受教育机会，取得学业上的成功等具体目标。

在思维多样性上，设计基于多元思维发展的教学目标。

美国课堂一直鼓励学生实现思维的多元化发展。

一方面，这与美国学校教育制度，尤其是教科书制度有关。美国只有课程大纲而不设置固定教材，教师由此可根据需要采纳不同的参考资料。在不同地区的课程标准制定上，制度体系更是强调批判性思维课程设计与教学方法的运用。以美国明尼苏达州对学生该方面素养的维度、定义和1—4级平分层的具体要求为例，学校以"让学生能够使用逻辑和抽象的思维来分析和综合复杂的信息，为行动过程提供信息"为明确的培养目标，旨在融入式和渐进性地塑造学生的批判性思维。

另一方面，美国学生被鼓励在课堂上积极参与教学建设，允许学生公开表达不同的观点与看法。美国学校重视学生的个性发展，一是体现在校园里有各种各样的课外活动，学生通过参与这些活动锻炼自己，展示自己在体育、艺术、辩论、领导、人际交往等方面的特殊才能；二是在课堂教学时始终以启发学生思维为主要目的，而非以事实对错为主要依据，避免"就文本而只谈文本"，挖出文本内容背后的思维内涵。例如，在一节讲授《灰姑娘》这一童话故事的课堂上，美国老师通过一系列有逻辑的提问方式，引导学生思考水晶鞋情节的合理性，当学生质疑"午夜12点以后所有的东西都要变回原样，但辛德瑞拉的水晶鞋却没有变回去"时，老师选择以"伟大的作家也有出错的时候"告诉学生出错并不可怕的道理，鼓励学生在面对问题时能够更加自信。

## 三、重视知识学习与生活经验相关联的课堂

这是典型具有"杜威烙印"和"美国风格"的课堂，特别强调依托探究式学习，实现教学过程中的"做中学"，让课堂动起来。在一堂三年级的生物课里，在学习海洋动物单元时，教师引导学生先观察教室里养的龙虾，描述其特征，并进行绘画，然后带领学生到当地海洋馆参观。当课堂中的知识学习与日常生活经验建立起有效关联时，学生参与课堂教学活动的兴趣与需求就被激发起来了，这样的课堂就成为"动起来的课堂"。它以促进学生多方面素养与能力发展的

活动为依托，帮助学生在灵活多变的思维挑战和教学环境中开展有效学习，注重教学结构与教学内容的科学性、完整性与适宜性，积极调动学生的求知欲望与学习活力，实现"教、学、做"一体化发展。

要与生活经验相关联，美国课堂还特别重视指向现实问题的解决。以"设计思维"的教学为例。美国作为创新强国，在全球引领了设计思维的教育应用推进与实践发展，"设计思维融入课堂教学项目"就是其探索的路径之一。"设计思维"是一套创新性解决问题的方法论体系，旨在通过创新过程促进学习者的心智转变，被用于不同领域培养创新、创造型人才。该体系在教育场域中的具体转化方式，是通过制品的设计把知识结构与真问题建立关联，帮助学生跳出具体学科知识所存在的教与学的场域，用设计思维的理念提升学生的问题解决能力，进一步解决生活中的实际问题。比如在"南极洲项目"中，教师先是要求学生在课堂上根据科学家在南极洲工作和生活的需求设计考察站，画出平面设计图；继而考虑成本因素，修改考察站的设计；然后选择绝缘等级，完善设计，考虑如何为考察员们提供能够持续供应 20 年的暖气设备；最终请学生呈现在项目过程中记录的设计和数学工作的日志，以进行单元评估。这一过程为学生提供了将所学知识应用于解决现实问题的更多可能。

## 四、体现结构化的课堂

美国课堂的结构化，表现为双向性和完整性两个方面。

课堂结构的双向性，主要体现在教师与学生的双向互动特征上。以美国优秀初中数学教师艾莉森的课堂为例，她的数学课堂提前制订并有效实施了稳定而有针对性的教学计划，包括概念教学、技能教学、问题解决教学和反思能力教学四个重要环节，这四个环节分别针对学生的理解能力、操作能力、问题解决能力及反思能力的形成与发展。在艾莉森的课堂中，既注重教师的教学方法（因材施教）与教学时机（及时辅助），也关注学生需求、适应学生差异并帮助学生更好地掌握数学这门学科的重要思维。

课堂结构的完整性，主要体现在积极将学生的学习过程和生活经验、教师教授及学生自主学习相统一的完整性特征上。在传授基本的科学研究方法时，美国中小学生物学课堂十分注重学生学习时的系统性与阶段性，多采用探究式教学。教师通过具体案例向学生介绍科学研究的方法，通过具体的内容，与学生共同经历"观察—问题—假设—检验—结论"的研究过程，让学生从小养成科学研究的习惯。值得一提的是，在教学设计上，教师往往会安排很少的时间为学生讲解操作规范，目的是将更多的时间用在学生的实验探究和自主操作上，认为"动手是一种活动，有活动才有经验"，如此，教师在课堂设计中重视学生科学素养培养过程的底层逻辑，最终以学生小组的完整科学报告形式呈现。

# 席明纳式的
# 德国课堂

德国教育在世界教育界之所以自成体系、独树一帜，与其独具特色的德国课堂有关。

离开德国已经近十年了，许多生活记忆、文化记忆和教育记忆，依然历历在目。2013年年底回国前，笔者曾经给德国高校和基础教育界的同仁们做了一场报告，介绍中国基础教育改革的现状与未来。这个报告的背景是，以上海学生为代表的中国学生在国际学生评估项目（PISA）测试中赢得第一，激发了德国教育同行的好奇心。

其实，德国的成绩也相当不错。在这个培养出数十位诺贝尔奖获得者的国度，有着深厚、扎实的基础教育基础，PISA考试的整体成绩一直位列经合组织国家的中上水平。尤其是近年来阅读、数学和科学成绩快速提升，展现了德国基础教育的活力和后劲。

作为西方国家的一员，德国课堂不可避免地具有各种典型的"西方特色"。

例如，注重批判性思维和自主学习。以柏林市新克尔恩区的一所公办文理中学阿尔伯特·爱因斯坦学校为例，该校教师认为，教育的使命，应该是使每一个学生成为会独立思考、有责任感的公民，而不是装满"知识"的机器。教师在课堂中的主要目标，是帮助学生掌握分析、判断、学习和拓展的能力。这一目标与德国培养独立自主和负责任的公民理想有关。在德国高年级的政治教育中，将尊重学生主体地位作为政治教育的首要实践原则，使政治教育（Bildung）与教条灌输（Indoktrination）相区别。在历史课上，德国课堂着重锻炼学生从历史角度思考问题的反思能力。显而易见，这与第二次世界大战的那段惨痛历史有关。自20世纪70年代以来，对那段历史的批判性反思，逐渐成为德国历史课堂上不可分割的一部分，也形成了历史教育的德国特色。

这表明，由于德国文化传统和教育传统的独特，即使同属西方课堂，同具西方色彩，德国课堂依然具有鲜明的德国传统和德国风格，创造了课堂的德国样式或德国标识。还是以批判性思维教学为例，德国课堂充分利用了科技教育、职业教育在整个国家教育体系中的优势特色，让批判性思维培养走入实验室，进入企业，与科学研发和创新、企业支持和发展整合起来。德国国家航天与空间研究中心主持创建了校园实验室便是其中一例。该实验室主要给有科学天赋的中学生提供支持，目前已有超过20万学生参与过校园实验室的项目。又如，作为全世界最大的化工企业，德国巴斯夫公司在莱茵河—内卡河大都市圈，承担了一系列教育实验项目。在巴斯夫公司总部，每年有超过18000名德国中小学学生参与到"巴斯夫公司学生实验室"的学习、研究和实验中，其主要目标是支持当地教育并提高中小学学生对自然科学的兴趣，提升学生的思维批判力，激励中小学学生从事科学和技术的研究，主要包括巴斯夫幼儿教育和巴斯夫少年儿童实验室。该项目的成功导致全球35个国家出现了类似的"儿童实验室"。

这一设在企业中的实验室,不仅培养了学生的科技素养和批判性思维的能力,也增强了企业及当地的吸引力和竞争力,实现了学校与企业、普通教育与职业教育的双赢。

此外,通过多年的本土课堂实践,德国课堂展现出了一些鲜明的"德国标识"。

## 一、席明纳式教学

与其他西方国家一样,德国也普遍实施"小班制"课堂,广泛采用席明纳(Seminar)式教学,虽然这并非德国独有,但却因为在德国课堂格外受重视和凸显,逐渐形成了德国风格。Seminar来自拉丁文Seminarium,原意为"苗圃""发祥地",后转意为学生在教师指导下的共同研讨。人类学家费孝通先生将其译作"席明纳",意为"席"地而坐,"明"经辩理,"广""纳"群贤。具体来说,它是在一位老师的主持下,对一门课程,学生轮流向全班同学汇报先前准备的研究报告或学习心得,全班同学对报告及指定内容深入讨论交流,从而掌握教学内容、接受智力激发、获得思想启迪、达成教学目标的一种小班研讨教学组织形式。方方在《自主·合作·创新——德国课堂教学的启示》中描述了一节三年级的自然课。

> 女教师捧着一个漂亮的小房子模型问学生:"我们能为小房子做点什么?"孩子们纷纷发言,最后说小房子里没有电灯。于是师生共同议定这节课要解决的问题是"给小房子装电灯"。先是分小组画出线路图,各自把线路图贴到黑板上,并走上前去加以说明。接着老师问:"怎样才能让电灯亮起来呢?想不想做

一做?"于是每个小组分到一个装有电池、电线、电珠的小盒子,孩子们有的爬到桌子上,有的趴在地上,头碰头研究怎么让电灯亮起来。一个小组首先成功,一阵欢呼雀跃,而有的小组却一筹莫展,老师就走过去点拨。最后全班来到讲台前,看同学展示,不断有孩子举手要求发言。一节课结束,大家意犹未尽。

这样的课堂,教师把学习主人翁的地位和权利还给了学生,学生可以充分思考、充分实践、充分交流、充分表达。教师则是学生学习的引导者、合作者、帮助者、平等中的首席。

席明纳式小班研讨教学,在19世纪随着德国的崛起走向世界。今天,它与讲座制、案例教学一道,成了现代学校教学方法的重要支柱之一。哪里有一流的教育,哪里必然有一流的席明纳教学。它在调动发挥学习者主体力量和自我教育潜能方面,具有独到的价值。在课堂上,教师只是一个主持人,而轮流汇报学习心得与研究发现的学生们,才是真正的主角;在课下,学生为了准备课堂报告和有效参与课堂讨论,必须进行大量阅读和思考。课程结束时,学生还要按照教师的指导和课堂讨论中同学们的意见完善自己的报告。这一课堂教学形式,反映了德国课堂教学中密切关注学生实时需求和强调教学过程本身的动态生成特征,抓住学生在课堂上的即时生成与独特创造力展开教学,充分调动学生在学习上的潜力与主动性。

## 二、柏林教学

这是诞生于德国首都柏林的课堂范式,主张教学不是一个独立的领地，而是和人类学以及社会文化紧密相连的社会现象；倡导教师要兼顾认知型教学目标、情感型教学目标和实践型教学目标的统一性，并结合课程需要、学习进度需要、学生学习目标等因素，提出更明确的教学要求，最后还要依据"可检查性原则"对教学效果进行及时反馈。整个课堂教学在要求上呈现出系统性特征。

柏林教学范式在德国的教育理论与实践演进中不断被补充与修正。20世纪70年代，为弥补原有教学体系的缺失，德国提出在原有四个基本因素的基础上，再加上互动、组织和成绩检验三个因素；20世纪90年代，在已有柏林教学的框架结构中，更加凸显"互动"和"组织"在课堂教学过程中的地位。

## 三、共同教学

这是当代世界知名的教学论专家迈尔（Meyer）教授在过往的开放式、研讨式教学基础之上提出的，在一定程度上代表了当代德国课堂教学发展的新方向。共同教学是一种没有进行细分的班级整体课堂教学，无特定科目。共同教学根据年级、学校类型和学校社会环境的不同，在整体课堂教学中占5%～20%的比重。

共同教学对教师（多数是班主任）提出了很高要求。教师是这一活动过程的"灵魂"，是环节中的领导者、首领、安慰者、心灵导师和承压中心，是矛盾调解员，亦是社会工作者，并且还不时充当着裁判员的角色。在这一过程中，教师期望学生能尊重教师和同学，能参与到社会学习的过程中，培养并发展"班级精神"。

民主能力的建立是一项重要的任务，这项任务尤其应当在共同教学中得以实现，但共同教学并不是完成这项任务的唯一手段。学生应当建立起具体的与民主相关的导向性和解释性知识，培养自己的判断力，并且进行示范性体验，即体验在符合民主原则的情况下，如何能够负责任地塑造学校生活。在整个教师集体中往往缺乏一个共同支持的教育构想。这使得"精力旺盛"的学生尤其感到难以适应。纪律问题不应当在教师集体中被列为禁忌，必须要创设一种氛围，在这种氛围中可以针对纪律问题进行讨论，而不会觉得丢面子。

下述案例显示了德国课堂教学中以无特定科目式的提问，训练学生关于语言文字的敏感性与创作能力。

德国"一次自行车障碍赛"中的"书信"思考题是：给年轻的父母、退休了的老夫妇、面包店老板各写一封信，写信时考虑以下问题：

（1）年轻的父母、老年人、商人喜欢孩子们怎样对他们说话？

（2）年轻的父母有和我们年龄差不多的孩子，老年人习惯了清静，面包店不在赛场附近，老板对噪声并不介意。针对不同的情况想想信里应该写哪些内容？怎样写才能促使他们赞成你们的比赛活动？

（3）用哪些词语来做自我介绍，怎样写结尾的寒暄话和祝颂语？

这些思考题，都是在引导学生关注写作时要注意交流的对象，也就是面向读者的问题。第一小题设置了年轻的父母、老年人、商人三种交流的对象，虽然书信的主题都是要促使他们赞成这次活动，但由于对象的改变，其写作侧重点就要发生变化。第二小题从三种对象的特点出发，对学生的思考方向做了相应的提示。第三小题落实在针对不同的交流对象，该如何使用适当的词语结尾。所以这些训练题，从不同角度运用多种方式来训练学生的观察、思考、表达能力，特别是引导学生理解不同年龄群体的心理需要，并针对不同群体的心理特点施展相应的沟通技能。这是一种具体化的读者意识培养，体现了现实社会中的言语生活。

## 四、跨学科教学

针对流行于世界各国的跨学科教学，德国教育界首先提出了关于跨学科教学的定义：以一个学科为中心，在这个学科中选择一个中心题目，围绕这个中心题目，运用不同学科的知识，展开对所指向的题目进行加工和设计教学。在这个定义里，除了体现"问题导向"之外，还凸显了"学科中心"，即以某一学科为中心，由此彰显了"学科情结"这一典型的德国教育传统。就教育学而言，如果比较德国和美国，德国一直有普通教育学的深厚传统，强调学科意义上的教育学建设与发展，具有"学科导向"。美国则是"问题导向"，关注的是"解决什么问题"。美国教育学者很少在作为学科的"教育学"意义上进行研究，他们眼中更多的是"教育研究"，而不是"教育学研究"。同理，在从事跨学科教学时，以美国为代表的西方教育界将注意力放在不同学科之间的交叉融合，对参与融合的各学科本身的独特及发展不是很关注。与此不同，德国的跨学科教学秉持了学科传统，将"以一个学科为中心"，其实就是"以一个学科为根基"作为跨学科教学的前提。

此外，在具体教学过程中，也创生了诸多德国路径。例如，以

"欧洲一体化的道路"为主题进行跨学科教学。它既是历史学科的一个题目，也是地理学科的一个题目，又是社会学科和德语学科的一个题目。教学过程中，紧密围绕教学大纲中涉及且相对集中的内容、问题和方法，由于它们是从各自不同的学科里抽取出来的，因此要求教师必须从不同学科的角度来考虑学习内容。跨学科的教学也包括结果的保证和评价，这些都是每位专职教师的责任。萨克森州开始实施的新教学大纲规定，每个学期为20周，但实际上只有18周，因为其中有2周是灵活的，包括各种节日、教师的病假等，还包括跨学科的教学安排。教学大纲中规定"专业教师从自己的专业和它的分类学出发，在所有的类型学校、年级或班级，在适合的条件下，在教学中开始实施跨学科教学"。

再以德国六年级跨学科教学主题"盐的意义"为例。它的教学设计紧紧围绕"盐"这样一个中心题目，运用多学科（历史、数学、德语、艺术、宗教、地理、生物）的知识，综合地解决了问题——盐的意义。一般情况下，这种跨学科教学的题目是导向生活实践或者至少是与生活实践相联系的，它对于教与学方式的转变起着重要作用；优化学科间的相互联系，以使学习者充分利用课堂学习的经验；使学生和教师在很大程度上可以互为学习者；充实了学校的学习生活，通过这种教学可以拓展每位教师原有的学科知识以及跨学科思维能力和工作能力。这种跨学科教学的特点在于，其着眼点不是某两个学科或三个学科知识的内容及结构的综合，而是以主题为中心的各学科功能的整合，其目的是为学生提供多学科视角和立体思维的解决问题的方式。

德国各州推进跨学科的教学方式，是出于以下教育理念：社会、文化、经济和政治的变化，几乎影响到所有的学习领域。随着工业社会现代化为科学社会，知识的快速增长不再局限于学科的界限，可以解决社会所有领域的关键问题。不可否认的是，仅靠学科知识已经不足以完成手头的任务。因此，跨学科互动是必不可少的。教学意义上的跨学科解决了社会动态变化的复杂性和工作场所需要的能力，要求具有核心能力的专业人员思考跨越学科界限的合作机会，并能够与其他领域的专业人员合作。在这一时期，对年轻一代来说，关键是要确保他们获得的知识是相关和可用的，能够与知识发展的状况相联系，并能将新的观点融入现有的知识结构。人们必须能够学习和参与对话，寻求一致，但也要容忍分歧，学会合作，最重要的是，能够解决劳动力市场上越来越多的问题，能够独立和作为一个团队工作。学校必须迎接这一挑战，培养终身学习和解决复杂问题的基本技能，以便在新形势下灵活应变。这需要改变教学文化——从传统的单学科教学转向跨学科教学，创造多层次、多形式的互动和组织问题的背景，教会学生以跨学科的方式思考。

# "新共同基础"的法国课堂

蔡元培有言:"中国与法国,在欧洲各国中,有特别关系。"其在历史渊源、权力层级设置和改革环境等方面存在共同之处,有着相似的中央集权制度的历史传统。在教育领域,法国模式与经验也颇具代表性。数百年来,法国的教育一直以优质和高效著称,是法兰西民族最引以为豪的领域之一。

2005年,法国政府发布的《学校未来的导向与纲要法》对法国教育基本精神进行了阐述:"为了一个更公正的学校:可信任的学校;为了一个更有效率的学校:高质量的学校;为了一个更开放的学校:倾听全国的学校。"这些思想在法国课堂中得到了充分体现,展现出独特的法国范式与法国风格。

## 一、奠定"新共同基础"的课堂

法国课堂以2016年开始实施的"新共同基础"为目标,包含"知识、技能、文化的共同基础",要求学生在义务教育阶段能够获得

"以必要的知识和技能为基础"的"共同文化"以及"充分实现个人的发展，培养社交能力，获得学业成功，融入社会生活，作为合格的公民参与到社会的进步之中"。

"新共同基础"分成五个领域：思考和沟通的语言、学习的方法和工具、个人和公民的培养、自然系统和技术系统，以及展示世界及人类活动。转化并进入课堂之后，法国课堂所设定的学习内容和培养方式致力于做到六个平衡：（1）教育要从理性认识世界的要素出发，展现知识，培养判断力和批判精神；（2）向所有人全面开放共同的教育，使他们能在一个具有包容性和自由的社会中生活；（3）鼓励个人在与世界的交流中发展；（4）培养理解力和创造力、想象力和行动力；（5）在尊重学生全面发展的基础上，支持学生体能、认知、感知能力的发展；（6）给予学生参与社会的渠道，让他们能够和他人共事、交流，获得独立并能逐渐行使自主权，成为负责任的公民。

这些具体内涵构成了当代法国课堂的共同理念基石和目标基础。

## 二、鼓励学生主动参与的课堂

与西方课堂的传统特性一致，法国课堂也鼓励学生的主动参与，形成了独特的参与机制和教学理念与方法。

通过"合同教学法"，鼓励学生主动参与。尽管法国课程的控制和管理权归中央政府所有，全国所有学校的课程设置有统一要求，从而在西方教育体系里展现出典型的法国传统，但这并不影响法国课堂对学生主动参与的注重和实施。在教学理念上，以"动手做"或"做中学"为教学原则，鼓励学生在"动"和"做"中主动参与，同时创造了"合同教学法"来具体推动学生的主动参与。该方法有五个具体步骤:(1)学生首先对工具学科做出评价,以便发现自己的缺点;(2)每个学生应总结自己缺漏些什么;(3)签订为期8天或15天的合同,在执行合同中,学生应安排好自己的工作,力求使共同确定的计划能按时完成;(4)做完练习,若条件具备,可由自己纠正,若不具备,可由教师给予纠正;(5)合同完成后应做出小结,以便确定下次合同内容是增加还是减少。

通过"教材编排",鼓励学生主动参与。以数学教材为例。法国中小学数学教材的编排采取"问题引入—准备活动—'定义''定理''命题'的内容呈现—例题和习题的设置—课后活动"的流程设计等,例题和习题设置是其中的重要一环,并且习题内容能够联系实际,使学生感兴趣,学生自主发挥的空间较大。此外,法国数学教材的难度居中,在问题设置上能够给学生提供独立思考、自主探索、合作交流的平台;法国数学教材讲究引入生活实际,把科学情境和数学史内容作为重要媒介;教材设计上还倾向于通过活动引导学生学习核心概念和基本知识。

通过"动手做",鼓励学生主动参与。在法国课堂里,强调任何知识的学习都需要经历"动手做"的过程,实现在"动中学"和"做中学"。下面以一堂科学课《如何长时间保存冰块》为例:

> 老师向同学们提出这样的问题:"如何长时间保存冰块?"同学们立刻提出种种设想:放在比较凉快的走廊里;放在窗台上;放在阴影里;放在冷水桶里;放在恒温箱里;放在报纸里。
>
> 老师又问:"冰块放在哪里化得最快?"答:电炉上;阳光下;热水中;毛衣里。
>
> 众说纷纭,老师建议学生动手实验。经过准备,孩子们开

始记录实验结果。把冰块放在冷水里的学生首先宣布结果：这不可能。

另一个学生要求再来一次，因为他感到水不够凉，也不流动。

老师当然答应了他的请求，可惜结果仍然是冰很快消失。

而把冰块放在羊毛衣中的学生在实验开始时便有些后悔，他觉得自己肯定是最先失去冰块的人。但是一个上午过去了，他的冰块还基本完好！

有的学生并不服气，他认为这个实验不公平，他的冰块比其他学生的小。也有的学生说，教室各处的温度不一样。

于是实验重新开始，大家选择同样大小的冰块，放在同一地点，并且同时开始。结果依然不变：放在水中的冰块融化得快，而毛衣中的冰块保存较好。

为了帮助学生弄清原因，老师又让每个人观察冰块在一杯热水中的变化。老师向他们解释了对流运动和热量交换的道理，冰块之所以在毛衣中不易融化，是因为毛衣阻碍了热量交换。这样学生就接触到了绝热的概念。

这堂科学课展现了一个独特且重要的理念：科学真理不是直接告知或塞给学生的，而是通过亲身"动手做"，面对真实，与真实接触，向真实发问，在师生共同参与中发现出来和建构出来的。

## 三、立足自由平等的课堂

与其他西方国家一样，法国课堂同样鼓励孩子独立思考、提出问题，同时有意识地创造提出问题的课堂情境，让孩子们意识到，无论是谁，每个人都能提问、可以提问且有权利提问，进行积极的自我表达和知识的主动建构，形成了自由平等的课堂氛围。

有研究者对法国一堂语文课进行了深描：

> 比如学习一篇课文，老师把全班的学生分成若干个小组，每个小组的学生有详细分工，有负责解释生词的，有朗读的，有提问的。上课时老师在班上走来走去进行"导演"，必要时给学生指点。学生在课堂上享受自由是由师生之间的平等关系决定的……师生经常一起探讨问题，老师通常用"你的意见是什么"进行提问，而不是"你来回答"。

这种自由平等的课堂教学氛围，是从"积极课堂环境创设""吸引学生主动投入""有效课堂管理""生动活泼的课堂氛围"来营造的。

首先，创设支持学生参与的积极课堂环境。相对于欧盟的其他国家，法国班级人数相对较多，其中小学每班平均学生人数为22名（欧盟平均水平约为19.3名），中学每班平均学生人数约为26名（欧盟平均水平低于21名）。尽管如此，法国的教师会根据课堂教学需要灵活安排座位。例如，有研究呈现了法国数学课堂的座位分布图特征。

图1是一节法国初中数学课的座位安排，全班有23名同学，教师通过以组的形式安排学生座位，表现出便于学生展开小组合作的课堂环境特征。

此外，法国不少中小学还利用各种载体和方式，专门打造利于

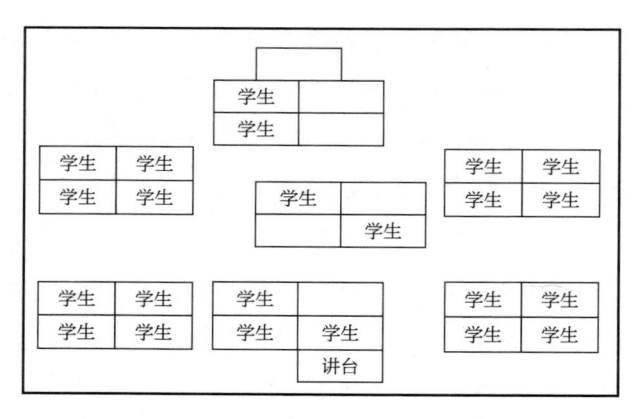

图1 法国数学课堂中的座位安排

课堂教学的课堂环境。例如，有学校建立了实验室与实习车间，提供鼓励学生参与的环境。

> 法国敦刻尔克市的几所中学的教学楼、宿舍楼看起来很一般，但这些学校的实验室、实习车间绝对是一流的，尤其是敦刻尔克市欧洲中学。这所中学有几栋实验大楼，有一个像标准田径场大的汽车制造实习车间，还有一流的实验设备，学校可以自己制造汽船，他们与中国上海大众汽车公司共同开发新的汽车部件，学生在实验室能够学到很多知识。

其次，引导学生积极投入，主要表现为学生的积极认真听讲和鼓励实践的问题解决。在学生积极认真听讲方面，因为在法国课堂上学生有更多的自主、自由活动的时间，所以教师的许多发声可能是朝向小组或者个别学生的，这可能导致班级中其他学生的行为难以调控，不过学生本身各有任务，这有助于调动课堂氛围和保证学生认真学习。鼓励实践问题的解决也是吸引学生积极投入的重要途径。据测评显示，相比其他经合组织国家，法国学生更擅长解决具体问题，例如，计算最短线路、安装空调、安排一项节日计划，或说明 MP3 播放器的结构等。

比如法国初中数学课堂的一道数学练习题主要是借助家庭收支的计算联系有理数的混合运算，具有很强的实用色彩，而且其中情境都为学生所熟悉，更能唤起学生的认同和兴趣。

又如，法国初中通常把物理和化学课合在一起，称为"自然科学课"。赖新元对此进行了具体细致的描述和分析：

> 初中四年级的自然科学课教材按内容分为电子学、化学、力学三部分。如该册教材化学部分的一章题目为《资料的收集和使用》。教材的内容密切联系实际，特别是联系生活中的实际。在生活中的学习使学生感到科学知识的学习就在自己的身边，看得见、摸得到，大大激发了学生学习的兴趣，体会到科学的学习并不枯燥，不是遥不可及的。
>
> ……五花八门的饮料几乎是孩子们每天生活都离不开的，各式各样的包装随处可见，学生从自己使用的易拉罐、塑料瓶、软包装盒、玻璃瓶……认识到各种材料的性能、材质的特点、价格以及它们是否能再生、利用，丢弃后是否会给环境带来污染等，并对不同材料的优劣性进行了对比。
>
> 学习的过程进行得生动活泼，极大地调动了学生学习的兴趣，发挥了学习的主动性，效果极佳。

再次，教师进行适度干预。概括起来主要包括有针对性的教师提问、适时的教师辅导，以及必要的课堂管理。

教师进行针对性提问。针对个别学生的提问具备更为稳定、针对性更强、更为安静的情境，相对短的话语表述出核心问题即可以使该提问对象明白问题所在；针对全班学生的提问受到班级环境，尤其是众多人数的影响，为使全班学生都能够清楚问题所在，并且保证前后情境上的连贯，需要相对多的话语进行问题陈述。

教师展开适时的辅导。尤其是法国新课程改革中，中小学教师重视设置个性化辅导时间，关注学生本体，关照学生诉求，旨在促进学生的全面发展。当学生在学习上遇到困难时，他们可以寻求教师的帮助。教师利用个性化辅导的时间帮助他们解决困难，并且为学生提供在学校规划范围内的任何形式的活动。从初中阶段开始设置的课堂生活时间，为学生提供一个展示自己的平台，让他们有机会在众人面前表达自己的感受和意见，在交流和沟通中学会尊重他人的意见和自由，学会欣赏他人。

在法国，学生外出旅游回来后，教师会帮助学生准备课程，让他给其他同学上一节课，介绍他的旅行过程，介绍旅游地的风土人情和他的所见所闻，介绍他眼中的另一个国度。同时给带回来的画报、明信片、图片以及自己拍摄的照片配上简单的文字说明，办一期大型壁报向同学们展示，引发同学们的兴趣。当然，教师对这一切都给予了帮助和指导，其实更多的是鼓励和支持。在此过程中，学生会花费不少时间和精力，而他所得到的锻炼、增长的才干，绝不是一节课所学到的知识可以相比的。这就是法国大力提倡的素质教育，真正重视的是人的创造力、主动性的培养。

教师实施课堂管理。法国中小学教师注重适切管理。课堂管理存在于法国课堂之中，尤其是课堂首尾阶段，主要面向课堂秩序的调控，从而创设出有利于所有学生学习和成功的课堂环境条件，这是法国课堂对于教师的一个硬性要求。法国课堂上的学生听讲实际上多数时候处于高水平状态，低水平的学生听讲主要发生在课堂开始和结束阶段，这两个阶段班级秩序相对混乱，需要教师进行秩序维持。

最后，生动活泼的课堂互动。法国课堂上的互动非常活跃、积极，教师和学生都倾向于以生动的形式进行课程知识的学习。这与法国教育和课堂理念中不断强调学生的主体性不可分割。以小学数学课《手的大小》为例：

### 《手的大小》小学课堂实例[1]

在法国一所小学，教师让学生说出比较手大小的各种办法。

（1）教师让学生说出比较手的大小的各种办法。

师：我们每人都有一双手，它们一样大吗？用什么方法知道手的大与小呢？

生：可以将两手对着比一比。

生：可以用尺子量一量手的长度。

生：可以看看谁抓的东西多。

教师肯定学生提出的各种办法，鼓励每个学生深入思考。

（2）学生在方格纸上画手的轮廓，并统计所占的格数。教师展示一张画有方格的纸。

---

[1] 赖新元.法国中小学教育特色与借鉴[M].北京：中国戏剧出版社，2009.

师：我们用这张纸来量一量我们手的大小。方法是将手平放在纸上，沿手的外围画下手的轮廓，画好后数一数，在你的手中，有几个完整的格？有几个半个格？把结果记录在方格纸上。

学生画手的轮廓并统计它在方格纸中占有的格数。

（3）学生报告统计结果，教师将其记录在大的统计表中。

（4）学生用手抓珠子，统计并记录所抓的珠子数。

师：有的同学提出看看谁抓的东西多，就说明谁的手大。手可以抓什么呢？

生：可以抓橡皮、抓豆子、抓笔。

师：我们来试试。以四人为一组，互相帮助，把抓到的珠子串在绳上，统计各自抓到的珠子数。

各组先由一名学生抓一把珠子，穿在一根绳子上，另外两个人递珠子，另一人在旁边数数，四人轮流操作。

师：想一想，怎样用手抓更多的珠子？

教师分别请学生说说自己的手可以抓多少珠子，并逐一将一串串珠子贴挂在黑板上，将相应的数据记录在全班的大统计表中。

（5）教师引导学生如何比较手的大小。

师：你们用什么办法知道谁的手最大？谁的手最小？谁和谁的手一样大？

生：看表格上的数字。

生：看珠子串的长短。

生：数数珠子有多少。

师：怎样比较才能更准确？

生：看手占的格子数，还要看抓的珠子数。

生：可以把手贴在一起比一比。

（6）评选班级中谁的手最大，谁的手最小，谁和谁的手一样大。学生根据格子数、珠子数判断出班上最大的手和最小的手。

在挑选一样大的手时，出现了问题，因为其中一个数相同，而另一个数有些差别，结果选出两对被认为可能一样大的手。

教师请最大的手与最小的手比较一下给学生看，结果学生惊讶地发现大手和小手相差真的很大。

教师请两对学生认为一样大的手来比较与展示。其中一对手的大小几乎完全一样，被判定大小相同，而另一对能明显看出有些差别，被判定不一样大。因为有的手抓珠子多，有的手抓珠子少。虽然手一样大，但是抓的珠子数有差异。

**课例分析**：此课堂实例中，法国教师以学生为主体，充分把握了教师的角色。在教给学生学习方法的同时，特别注重儿童的智力开发和训练，使学生学会运用注意力、记忆力、观察力、想象力和思维能力来学习。教师在教学过程中充分发挥了引导作用。教师针对小学生好奇心强的特点，教学中注意创设良好的学习氛围，激发学生的学习兴趣和求知欲。教师变注入式教学为启发式教学，培养儿童的探究精神，引导学生主动获取知识，从而使他们体验到学习的乐趣。

## 四、充满艺术气息的课堂

法国作为文化艺术大国，在学校艺术教育方面形成了独特的经验。法国中小学的艺术教育分为音乐艺术教育、视觉艺术教育以及艺术史教育三部分，具有"丰富多样的教学内容""注重培养学生的艺术鉴赏能力""社会团结与个人发展相统一""良好的部际协调与合作""广泛的社会支持和参与"等特征。这种良好的艺术教育氛围，培养了法国学生浓郁的艺术兴趣和强烈的艺术需求。据相关数据表明，法国音乐剧或者戏剧的观众60%是青少年，博物馆参观者中76%是8—12岁儿童，从而创造了法国特有的艺术教育课堂样态。

在课堂组织上，注重学段的衔接和螺旋式渐进。一方面，法国艺术课堂以"新共同基础"五个维度为纬，以"三个阶段"为经展开教学。首先是"新共同基础"对学生的整体发展提出了五个维度的概括性目标，对目标进行横向划分。随后《第2、3、4阶段课程标准》（《Programmes pour les cycles 2、3、4》）以三个学习阶段安排组织课程，在对每一个阶段内儿童的年龄特点、学习思考方式、课程内容和教学重点进行综合整体分析的基础上，也注重各年级、各阶段的课程目标与内容的衔接与过渡。另一方面，法国艺术教育课堂教学体现出了螺旋式渐进的特征。从课程目标上看，法国艺术教育相关课程在"新共同基础"指导下，第二阶段的两门课程（造型艺术、音乐教育）和第三、第四阶段的三门课程（造型艺术、音乐教育和艺术史课程）各有侧重点。同时，这些目标的实现不是一蹴而就的，而是随着学段不断循序渐进地实现课程目标，第三阶段作为承上启下的阶段，尤其显示出这一特性。

在课堂资源上，注重校外资源的育人价值的开发利用。法国中小学非常强调与校外文化机构的联动与合作。对于艺术教育目标，法国教育部的官网明确指出"接触艺术作品和经常性地拜访艺术场所""接触多样的艺术和文化领域，参与校内和校外的艺术文化活动""与教育团队、文化经营者、地方当局、协会等建立伙伴关系。鼓励学校和教育机构在文化环境中采取更加开放的姿态""除课堂教学外，为有意愿的学生提供教育性活动：参加艺术和文化项目、参观艺术工作坊、艺术家驻地等"。这为法国中小学艺术教育课堂与校外教育资源联动提供了政策支持。

作为开放的艺术机构，法国的卢浮宫是典型代表。赖新元在《法国中小学教育特色与借鉴》中写道：

> 在卢浮宫内，学生除了参观馆内的珍藏外，还有各种专门为学生组织的活动。其中的一项活动是"艺术车间"。所谓"艺术车间"，并不是工厂的车间，而是卢浮宫专门为学生开设的专题活动，如"了解遗产""认识植物""古埃及艺术"等。卢浮宫有众多别出心裁的服务项目，"艺术车间"便是其中之一。卢浮宫拥有数十个"艺术车间"，既为成年人服务，也为学生服务。所谓"车间"，是集参观、讲解及自己动手三者于一体的艺术活动场所。它是一个约50平方米的厅室，中间有一个工作台，周围是放置用具的大壁架。设立"车间"是为了增加学生的艺术体验。"车间"活动主要凭借卢浮宫的资源。例如，园林课先由教师带领学生参观卢浮宫前的杜伊勒里花园，讲解其风格，回到"车间"后，学生用模具搭建一个他们想象中的花园。6—18岁的孩子可凭兴趣参加，没有任何限制，交30法郎上课费即可。"艺术车间"很受欢迎，一般要提前半个月才能订到位置。在"艺术车间"，备有各种与主题有关的材料、模具，除了听讲解、参观外，学生还可以自己动手做参观时看到的东西。这种体验有助于提高学生的艺术鉴赏能力，也有助于提高学生的动手能力。

巴黎维图小学社区，则成为艺术家与学校互动的范例。梁蓉介绍道：

> 维图小学位于巴黎第二十区，是一所公立小学，目前学生约 500 名，教师 35 名。该校一般课程中的艺术教育依教育部规定，以美术及音乐为主。课外活动则是在每年十月举行年度戏剧表演，由五年级学生主办。在校园礼堂售票，所得经费作为戏剧表演活动基金。为促进家长与教师之间的了解及合作，凝聚学童对于学校及社区的向心力，该校利用每周六的上午在校内举办艺文活动，邀请学生、家长、教师、当地艺术家、小区居民等共同参与。活动内容包括工作坊、学生绘画展、学生创作成果展、读书会及外语会话版、社区艺术家创作成果展、书展及优惠特价活动、义卖会、社区协会。上述活动项目，皆需市政府与学校密切配合。更重要的是，家长本身就是社区居民，也可能是艺术创作者，借由学校周末的艺文活动，既拉近了家长与学校的关系，也间接促进了学校与社区居民的融洽情谊，提升了学生的学习成效。维图小学的周六活动得到许多家长的支持，他们认为每周六到学校参加艺文活动，已成为家庭重要的聚会，更是与邻居朋友相聚的最好机会。同时，巴黎市政府考虑部份低收入家庭的经济能力有限，无法全力参加类似活动，因此巴黎学区教育局提供专门的艺术活动经费，补助辖区内学校相关活动经费。

在课堂教学实施上，强调运用现代教育信息技术。在《第 2、3、4 阶段课程标准》中多处提到"使用影像设备或相机""使用数码工具"等要求,这种"影像教育"是艺术与文化教育的重要组成部分。"影像教育"将人文教育与数码信息技术的学习相结合,其内容包括摄影、摄像技术的学习以及静态和动态图像和影像的欣赏与分析。为了让学生在使用数码信息技术工具时更加便捷,法国政府为教师和学生免费提供了包含大量电子信息资源的网站,方便教师广泛搜集课程资源、学生进行课外自主探究。社会各大文化机构也为青少年学生和在校教师提供免费的电子信息资源,甚至为了学生和教师专门开设按适合阅读的年龄而分类的专区,例如,卢浮宫的教育网站专门设有"儿童的问题"专栏,以儿童的视角、通俗的语言阐释艺术作品的内涵,以电子信息的形式向儿童乃至社会大众提供通俗易懂、简洁有趣的通识性艺术文化知识。

# 卓越且平等的
# 芬兰课堂

和中国教育一样，芬兰教育也是世界教育的奇迹。中国的教育奇迹，是大国办大教育的典范。芬兰的教育奇迹，则是小国办大教育的典范，创造了"世界上最好的教育"：国际排名一再验证，这个每年有八个月漫长而黑暗冬天的北极圈小国，摘下了教育超级大国的桂冠，被称为"卓越且平等""公平而有质量"的全球范例。最权威的是经合组织每隔三年发布一次的 PISA。2000 年以来，在对 70 多个国家的 15 岁学生的数学、阅读和科学三项能力的 PISA 测试中，芬兰每次都名列前茅。

为什么芬兰会有这样的成绩？是因为教育经费投入大，教师待遇高吗？据统计，芬兰的公共教育支出占国内生产总值的 5.6%，略低于经合组织成员国的平均支出，更低于美国的 7.6%。芬兰教师的收入比美国同行的收入低约 20%。是因为教师授课时间长吗？调查显示，芬兰教师每年平均授课时间只有 592 小时，远远少于经合组织成员国的人均 703 小时。是因为学生学习时间长吗？芬兰儿童从 7 岁开始入学，一、二年级学生每天不超过五节课，三至九年级不得超过七节，每上 45 分钟的课，就自由休息 15 分钟，学校很少考试，几乎不布置家庭作业。是因为注重成绩的高刺激性的激励机制吗？芬兰的学生成绩不进行公开排行，教师和学校也没有与成绩挂钩的激励机制。

芬兰教育的奇迹，来自芬兰课堂，源自芬兰课堂的理念、思维和实践，它们共同构成了课堂改革的"芬兰标识"。

芬兰课堂的理念，根植于芬兰的社会价值观。人们普遍认为教育是一种公共利益，如基本人权一般受到宪法保障，其中的核心理念是尊重、平等与自主。有在芬兰的中国家长说："芬兰教育真心把每个别人家的孩子，都珍视为自己的宝贝，去抚育和灌溉，给予时间、空间，找到人性中善良的一面，协助鼓励养成学习动力，从不刻意强调精英、先进、竞争、比较，从不要求学生和老师具备超人能耐，从不奖励全勤与整齐划一，而将人人视为有着喜怒哀乐的平凡人。"这就是芬兰课堂的基本信念和理念基石：无差别的众生平等。所以，在芬兰，没有后进班，只有引导班，学校努力做到不让一人落后，强化为弱势者量身定做的教育。与尊重、平等相关的是"自主"，既赋予学生以学习的自主权，主张学生内在动力的激发，也赋予教师以教学的自主权，在课程纲要范围内，用什么教科书、教什么、怎么教，都由教师自由选择。

与芬兰课堂理念及其背后的教学价值逻辑相应的，是芬兰课堂的思维逻辑。

第一，少即是多。传统理念认为，教得越多，学得越多。只有增加授课时间和强度，学生成绩才能提升，成长更快。芬兰学生每天在校时间不长，即使布置家庭作业，也采用最少原则，时间很少超过半个小时。而国际比较研究表明，芬兰学生少有学习焦虑和压力。与此相应，教师的授课时间也较少，有更多时间参与教学改进，也更能提升个人的专业水平。

第二，考试越少，学得越多。在全球范围内，竞争、选择、更多考试是提升教育质量的必要条件，标准化测试成为主流。但芬兰人认为，当教师身处在高风险测验的环境下，必须重新设计教学方法，提高考试科目的有限性，避免让教育沦为压榨学生脑力的工具。因此，芬兰唯一的压力测试就是高中毕业会考。平时教师可以专心发展教学，不用经常受到考试或评价的困扰。

第三，越多元，越平等。芬兰人口不多，但却是一个多族群和多元文化的国家，尤其是1995年加入欧盟之后，芬兰的文化与族群多元成长速度比任何其他欧盟国家都快。为此，芬兰特别强调，无论儿童在哪里长大，都能免费接受良好的学校教育，接触到高素质的教师，遵循平衡的课程大纲，享用免费的午餐。同时，教师会根据学生不同的能力、兴趣与族群特质授课，以在多元文化与复杂社会环境下维持卓越而平等的教育环境。

为了体现芬兰课堂的理念与思维逻辑，芬兰教师采用了多种方式。例如，关注特殊学生，尤其是学习困难的学生，进行个性化教学。黄浩岩、张旖馨在《为了每一个儿童的成功》中介绍了相关案例。

> 3岁的乔妮入园后经常出现激烈的情绪反应，在与教师和同伴的沟通中常有情感表达能力障碍方面的表现，比如，常常无法在教师、同伴与她对话时做出回应，在活动过程中会毫无征兆地离开活动区域，或情绪激动地做出打人或伤害自己的行为。通过对其日常行为及作品等的观察和评估，班级教师初步确认

乔妮可能需要特殊支持，并将该情况上报幼儿园，幼儿园对其进一步评估后上报至地方政府教育部门。由教育部门委派的专业健康机构在对乔妮的生理和心理发展进行评估后，发现她存在社交和情感障碍，同时也发现她对音乐特别感兴趣，有较为敏锐的反应力。因此教育部门给幼儿园拨款，并从特殊教育机构委派了擅长儿童社交和情感障碍方面干预、从事音乐教育的凯特琳老师进入幼儿园，给予乔妮特殊支持。

凯特琳老师进入幼儿园后专门负责照顾乔妮，帮助她更好地适应和融入同伴群体。在日常生活和教育环节，凯特琳老师会给予乔妮更多情绪上的关注，在她表现出情绪受到刺激时，会第一时间用温和的语言和适宜的音乐给予她回应和安抚；在乔妮与同伴发生冲突时，凯特琳老师会及时将她与同伴分开，通过音乐帮助她平静下来，并引导她表达情感和诉求。"理解情绪和提高情感表达能力"被列入了对乔妮的指导计划。乔妮和园里其他几名存在类似需要的特殊儿童以及情感表达能力较弱的普通儿童组成了一个小组，在凯特琳老师的指导下开展小组活动。活动中，凯特琳老师通过情绪卡片等帮助他们理解不同的情绪，并进一步学习怎样合理地通过语言、肢体表达情感。班级教师则帮助乔妮与其他孩子建立良好的关系，引导其他孩子理解和尊重乔妮，与她进行沟通并建立友谊。

在芬兰教师眼中，特殊儿童与普通儿童是平等的，只是存在一些客观差距，因此需要给予特殊儿童更多的特殊支持，弥补他们的先天不足，使他们能与普通儿童一样进行游戏和获得发展。为了避免因此可能造成的普通儿童与特殊儿童的分离，教师为特殊儿童提供的器材和设施也能够被普通儿童使用，因而特殊儿童不会因自己需要特殊器材而与集体中的其他儿童产生疏离感，感到自己受到了不一样的对待。

4岁的米娜是个双腿残疾的孩子，户外活动时，教师会用专门的儿童车推着她与其他孩子一起去户外玩。儿童车上的座位很宽，除了米娜，同班其他腿脚正常的孩子也会轮流坐到车上，与她谈笑，一起看风景；没坐上车的孩子常常会和教师一起陪伴米娜，或帮着教师一起推车。无人乘坐时，这辆儿童车还会被孩子们用来运送物品。在孩子们眼里，这辆儿童车只是一辆普通的车或一种玩具，米娜也只是与他们一样的乘客而已。

米娜时常可以如普通儿童一般游戏。孩子们会一起坐在地上玩雪，他们围成一圈，嬉笑着把雪捧起来，扬向空中。远远望去，米娜与其他孩子没有什么不一样。在教师的帮助和指导下，米娜还会和其他孩子一起玩抛接球这类不需要过多身体移动的游戏，从而锻炼上肢力量以及身体动作的灵敏性、协调性。

在个性化教学过程中，芬兰教师还特别注重与家长的协作，让家长也成为推进平等与公平的参与者。

3岁的奥尔加在游戏中会突然伸手打同伴，或抢走同伴手中的玩具，但他能够与教师或同伴正常交流和合作，并不具备特殊儿童的相应特征。教师对奥尔加进行了一段时间的观察评估，并撰写了书面报告，而后将奥尔加在幼儿园的表现与家长进行交流，由家长持教师的书面报告带奥尔加前往健康机构进行各项检查。基于教师的观察评估和健康机构的专业检查结果，奥尔加的表现是符合其年龄阶段的心理特点的，检查也未发现其具有明显的生理或心理障碍，因此，班级里教龄较长且有强化支持经验的艾莉西亚老师与奥尔加的家长协商，双方一起来制订奥尔加的个人发展计划，并由艾莉西亚老师给予相应的强化支持。比如，当奥尔加抢走其他孩子的玩具时，艾莉西亚老师会邀请奥尔加一起坐下，慢慢引导他用语言、动作以及情绪卡片等辅助工具表达自己的心情、意图和想法。艾莉西亚老师会耐心地倾听，用奥尔加容易理解的表达方式（如模仿奥尔加的表达）与奥尔加进行沟通并给予反馈。经过一学期的疏导，随着奥尔加逐渐适应环境，建立安全感，他的情感和行为自控能力得到了很大程度的提升。

通过教师与家长的合作，也赋予并强化了家长的平等感。

又如，打破课堂的多重时空边界，形成适应尊重、平等、开放理念的课堂空间形态。

芬兰中小学校的布局具有灵活性和连接性。在课堂空间设计上，注重与自然环境的和谐统一，学校大量运用玻璃幕墙，使空间更具通透性，看起来空间更大，光线更充足。许多学校通过对建筑的整体设计，提高廊道的使用率，并对其进行拓展和装饰，打造成教室以外学生学习和课间活动与休憩的场所。芬兰教室的色彩设计和空间布置展现出强烈的人文关怀，帮助学生更轻松地进入课堂教学氛围中。除学校的统一空间布置外，教师还可以根据自己和本班学生的学习需要，重新设计适合学生学习的空间形态，真正使课堂空间成为"体现人的意志，具有物理性质、主观性和社会性的社会空间"，有助于学生建立对学校的归属感。

除了设计学校教室这个小课堂之外，芬兰中小学还注重打破学校课堂的两个传统边界。

打破学校课堂和社区课堂的边界，将教室小课堂与社区大课堂融合起来。学校部分区域在课后对校外人员开放，允许向更广泛的公众开放工作坊、图书馆、体育场、公共设施和礼堂等区域，让学校成为社区的标志性学习场所，优化资源和设备使用，以促进学校与社区协同育人的无缝衔接，打造契合终身学习发展理念的社区文化。

打破学校课堂与自然课堂的边界，以天地自然为学生学习的课堂。除传统意义上的教室外，芬兰的中小学还设有手工坊、车间、木工坊、厨房等功能性教室，森林、博物馆、社区等校外场所也是芬兰师生的教学场所。

再如，学科教学与跨学科现象教学双管齐下。

芬兰课堂追求学科教学与跨学科教学，校内学习和校外学习的平衡。在以校内分科学习为主的前提下，为学生创设跨学科教学、自然学校式户外教学等形式多样的课堂活动。

对跨学科教学的重视，与芬兰教育倡导培养学生的"横贯能力"，即贯穿于不同学科和领域所需的通用能力有关。为此，采用了独具芬兰特色的"现象式教学"，它的本质就是跨学科教学，主张以真实世界、真实生活现象为学习起点，引领学生回归日常能够接触到的真实生活情境中的各种"现象"。在保留分科的基础上，通过将生活现象与各科知识相连接，提取、凝练并整合为一个大的主题，同一主题可能出现在不同年级、不同难度的现象式教学中。教师带领学生综合运用不同学科知识，对同一个主题进行探究，引导学生结合自身已有的知识、经验开展合作性的探究学习，搜集涉及不同学科领域的知识，并从整体多元角度来探究问题。

下面是两位芬兰教师进入中国课堂，以"学习动物的名称"为主题，为中国学生上的具有浓郁现象式教学味道的一堂课。

围绕"学习动物的名称"这一主题，两位芬兰教师带来了英语、音乐、数学、体育、手工等系列课程。北京师范大学实验小学的37名三年级学生被分成了两组，所有课程是全英文授课。

在英语课上，老师先为大家读绘本，然后拿出各种动物卡片，展示给孩子，教孩子认识每种动物的名称。之后，老师给每个孩子一本小册子，里面只有每个动物的图片，老师给每个孩子发一张卡片，上面是一种动物的名称和描述，孩子要根据卡片内容找到对应的动物图片，填上动物名称和描述性语言。在音乐课上，老师带来了三种当地乐器——三角铁、沙球和小棍子，每个人轮流体验不同的乐器。老师带着大家学唱英语动物歌曲，并配合歌曲打节奏。在数学课上，孩子被分到四个不同的区域——拼图、七巧板、动物计算和数的游戏。拼图组的孩子通过扔骰子识别上面的数字总和，再来到标有相应数字的素材桶里找到拼图块，一起拼成一只动物。拼图上有松鼠、海鸥等各种动物，辅以简单的数学题。在体育课上，老师设计了不同的游戏，孩子们玩得不亦乐乎。

要知道这两位老师同时要完成四个学科的教学，上一节课还在带孩子上英语课，下一节课就要转换成音乐老师，跟孩子边弹边唱；前一堂课上带孩子拼图算数，下一堂课还要做手工。

有的课是两位老师分开上的,有的课是两人合作一起上的。笔者也是第一次近距离接触芬兰课堂,感受到了全科教师的风采。

此次课程展示活动共计四个多小时,可以说是一堂比较完整的、原汁原味的芬兰主题教学课,通过这样的课堂观摩,我们所了解的国外课堂注重合作、重视学生体验、强调学生中心的特征都有体现。此外,在现场,芬兰老师的几个细节让我们印象深刻。比如,当发现前面的孩子比较活跃,总是往前凑,挡住后面孩子的视线时,老师会不断提醒前面的孩子退后。当一个女孩子干扰了课堂秩序,老师在警告两次无效的时候,非常严肃地请孩子从中间位置换到旁边位置。

在音乐课上,在让孩子一起打节奏前,老师会跟他们反复强调:不要害怕犯错误,也不要指出别人的错误,并告诉孩子,如果犯错的人被指出就不敢再尝试了。等到打节拍时,还是会有孩子忍不住指出犯错的同伴,老师立即纠正,强调不许用手指指犯错的同伴,几次之后,再有同伴打错节奏,也没有孩子指出了,节奏也就越来越整齐了。

总体来看,芬兰现象式教学的设计与实施,普遍有五大特性。

一是整体性。现象教学是一种独特方式,强调对同一"现象"可以从不同学科知识领域,如本节课中的英语、音乐、数学、体育、手工等进行解读,鼓励学生充分表达自己的知识和经验、阐述观点、分享想法、寻求复杂问题的包容性解决方案。二是真实性。现象教学中的"现象"来源于学生的真实生活,具有典型性和代表性,师生进入真实生活场景或抽取现实生活中的原型开展教学。三是情境性。现象教学不能对现象进行去情境化,而是将现象教学与社会、大自然相联通，学校的厨房、手工坊、木工坊、车间等，甚至是当地的森林、博物馆等都是教室不可分割的部分。四是探究性。现象教学以学习者为中心，关注学生针对现象或感兴趣的主题，利用自己先前的学习经验对现象或主题进行全方位的思考和探究，引导学生成为信息加工的主体和意义的主动建构者，而教师则成为学生自主建构的帮助者与促进者。五是开放性。将学校发展成为学习社区，通过现象教学来促进合作氛围的形成，培养学生多方面的兴趣，发挥其在学校生活中的自主权。

尽管芬兰课堂创造了芬兰教育奇迹，但它与世界上其他国家的课堂一样，都不是完美无缺的，都有自己的局限。在借鉴芬兰课堂经验的时候，特别需要避免将"芬兰课堂"神话，产生"芬兰迷信"。例如，误以为芬兰教师的收入待遇和受尊重程度全球最高。实际上，芬兰教师的收入，尤其到了职业生涯的后半段，是低于世界经合组织成员国平均水平的。在受尊重程度上，不如英国，也不如中国，中国教师的社会地位和受尊敬程度反而非常靠前。又如，误以为芬兰孩子在进入小学前是不学习阅读的。但实际情况却是，70%的芬兰孩子在7岁之前的幼儿阶段都学过和阅读过相关的内容，而且有相关法律规定，学前班期间，教师必须要教孩子认识一些字。芬兰之所以在PISA阅读测试中名列前茅，也和芬兰社会对幼儿早期阅读的重视不无关系。调查显示，芬兰人均阅读量居世界首位，也是世界图书馆利用率最高的国家，芬兰阅读教育的成功，并不完全是学校的成果，很大一部分要归功于社会和家庭阅读氛围的影响。还有被视为芬兰课堂成功的"秘密武器"，因而大受推崇的跨学科的"现象式教学"，也不一定带来教学和学习的成功。相反，基于现象的学习，已经越来越成为一种有争议的学习方式。有专家发现，让学生通过自己的观察和发现，主动学习，这种探索式、主题式学习方式，并没有取得人们期望的学习成果，甚至和学习效果呈现负相关。

此外，芬兰的小学课堂主要采取一度被中国一些学校追逐的"包班制"组织方式：一名教师负责一个班级全部学科的日常教学和班级管理工作，好处是有利于建立符合学生心理所需的连续和稳定的师生关系，但其存在的弊端和问题，也在一些做包办实验的中国课堂中越来越多地显现出来：教师难以胜任全部学科的专业知识和教学能力，损害了学科的专业性，无法应对30人以上的班级等。由此，再度凸显了理想与现实的矛盾……

# 亦东亦西的
# 日本课堂

日本是一个"亦东亦西"的国家,"身在东亚,心在西方"。从明治维新时期开始,日本全面转向西方。因此,与中国教育相比,日本教育更偏西化,但又有自己的特色。

## 一、重视学习指导的课堂

受西方教育传统的影响,日本中小学注重以学生为主体的"宽松教育",强调学生在修读必修课程以掌握基本或基础知识与技能的同时,还需要增加选修课程的设置和综合学习活动的开发,并且关注如何通过知识应用情景来帮助学生反复练习、观察和实践相关知识与技能。此外,尤为重视将学习知识概念与探索相关证据相关联,加强学生获取知识的严谨意识与科学精神,背后其实就是批判性思维的培养,激发学生自主探索知识、形成知识系统的学习能力。显然,重基本、重基础、重练习,与中国课堂类似;重综合、重证据、重自主,则染上了西方课堂的色彩。

以科学课堂为例，日本科学课堂的整体特点，是用证据发展学生的科学概念。为了得出概念或结论，对收集到的数据进行解释，通过探究活动，运用归纳方法把概念和证据联系起来，建构（物理和化学方面的）主要概念。日本的科学课堂教学，重视概念与证据的关系和数据的固定模式，以及概念的一贯性。学生个别的观察实验活动，主要是为了归纳出核心概念或结论。在活动之前，通常情况是提出在探究活动中遇到的疑问，有时也要求进行假设。在观察实验活动的过程中，学生在教师的指导、教科书的要求下，利用图表等形式对数据进行整理、处理，然后对数据进行解释。在活动之后进行讨论，通常是讨论得出的结论，这个结论与本课要学习的概念有很强的关系。日本的科学课堂，不是给出科学概念，特别是关于概念的难易度和理论性都不是很强，但所有概念都是利用数据或是现象而得出来的。事实、主要概念都是以多个数据、多个现象为证据而得到的。因此，日本的科学课堂中很少通过抽象推导得出概念，每个概念的得出都通过获得数据、现象和视觉表征等多元证据而获得。

例如，在一次化学课上，整堂课只探讨了"物质从一种形态到另一种形态的变化并不总是状态的变化"这一重要的概念，如从固态到液态、从液态到气态。教师以提问学生的方式开始了课程，教师问道："在上节课，你们给碳酸氢钠加热时，产生了什么气体？它是碳酸氢钠的气体形式，还是别的什么东西？"教师把学生的想法写在黑板上，并提出了当堂课将要教学的内容，即在产生气体时物质发生了哪种变化。

然后，学生分组给碳酸氢钠加热，测试到了二氧化碳，并写出了结论。在这项活动之后，全班讨论了教师提出的课程问题。经过测试表明，给碳酸氢钠加热释放的气体是二氧化碳。学生的结论是，给碳酸氢钠加热的反应不是从一种固体转变为气态的碳酸氢钠。学生还进行了多样的实验，以为其结论做支持，并讨论了每一项实验的结果。教师最后总结了主要的概念，并告诉全班同学他们的实验证明：给碳酸氢钠加热发生了某种化学反应，而不仅是状态的变化，明天会继续检验这种反应的例证。

虽然日本课堂推崇的"宽松"具有典型的西式风格，但同时也有日式风范。在日本教师眼中，"宽松"并不意味着"放任"。1945年，日本教育开始以"学习指导"取代原来的"教授"一词。词语的更迭，实质是对教学理念的更新：从"以教为中心"转向了"以学为中心"。但只用"以学为中心"或"学生中心""学习中心"来解读"学习指导"，是一种窄化甚至误读，学习指导的实质是"学习＋指导"，在课堂上，学习是学生的事情，指导则是教师的任务。没有教师指导的学习，不是真正的教学。

以日本东京学艺大学附属小金井小学四年级下学期的语文课为例。这是一个以"问题追踪"为名称的单元教学。该单元以一篇说明文《拱桥的构造》为主。教师安排了由阅读、理解说明文入手，让学生从中提出问题，并根据自己的问题开展调查研究，最后将调查结果以报告会的形式发布等一系列活动。如下表格为单元教学过程中学生与教师的主要活动内容。

**"问题追踪"基本教学流程（共15课时）**

| 主要活动<br>课时 | 学　生 | 教　师 |
| --- | --- | --- |
| 第一次<br>（2课时） | 1. 阅读全文，梳理问题与感想。 | 1. 组织学生阅读全文。<br>2. 以大家的疑问为中心组织交流。 |

续 表

| 主要活动<br>课时 | 学 生 | 教 师 |
|---|---|---|
| 第一次<br>（2课时） | 2. 就各自的疑问与感想交流。<br>3. 将各自的疑问与感想写在卡片上。<br>4. 制作、观看问题栏。 | 3. 发卡片，布置填写问题、感受卡。<br>4. 在墙上张贴大张的白纸，布置问题专栏。 |
| 第二次<br>（6课时） | 1. 阅读、理解、讨论。<br>2. 结合理解、讨论，寻找每段中的重点句。<br>3. 划分段落，并给各段加上小标题。<br>4. 使用重点语句，给文章列出提纲。 | 1. 从解决问题着眼，组织阅读、理解、讨论每个自然段的主要内容，鼓励对作者观点发表不同意见和看法。<br>2. 提示关注、理解重点句、段的含义。<br>3. 依据重点句，让学生给每小段添加小标题。<br>4. 根据学生能力的不同，以能划分出段落为基本目标，给予学生鼓励。鼓励个别学生对段意进行简单的概括。<br>5. 使用重点语句，列提纲。 |
| 第三次<br>（3课时） | 1. 根据各自的疑问，寻找有关图书、资料。<br>2. 填写资料卡。<br>3. 调查结果阶段汇报。 | 1. 介绍有关科普类图书的知识和资料查找时的注意事项。<br>2. 与学生共同制作信息一览表。<br>3. 倾听学生的阶段成果，提示、鼓励学生。<br>4. 给予学生积极的评价与肯定。 |
| 第四次<br>（4课时） | 1. 制订成果发布会计划。<br>2. 汇报调研成果。<br>3. 相互评价。 | 1. 指导、参与学生制订成果发布会计划。<br>2. 倾听学生汇报，提示学生关注、思考他人的观点。<br>3. 组织学生相互评价。 |

从中可以发现，整个过程赋予了学生充分的学习自主权：发现自己感兴趣的地方或问题，自己动手调查、研究、解决问题，从而唤起学生的问题意识，培养自主发现问题、解决问题和独立思考的能力。与此同时，教师的指导作用也体现得淋漓尽致，有研究者着重解读了这一课堂上教师的指导行为：激起学生内心深处的学习动机；和盘托出教学设计，凸显活动的目的性；为学生基本能力的"天然"养成费尽苦心；引导学生思维和话题的走向，使讨论焦点化；融入了血液的鼓励性评价；充分关注差异，关键时刻给予特殊的帮助；真心实意营造宽松、安全的氛围。

这就是"学习指导"课堂的理想样态：既有学生的充分学习，也有教师的充分指导，发挥教师对学习的介入力、引领力和指导力。

## 二、重视相互倾听的课堂

日本课堂改革的标志性人物，是佐藤学及其带领的"学习共同体"团队。他倡导在课堂上来一场"静悄悄的革命"，上出"倾听的课堂"是其中的标识性理念。这种"以倾听为核心的、协同的、创造的、反思性"课堂，期望改变他眼中落后的日本教育，带来人与人关系的重构和改善、人的学习能力和思维品质的提升，乃至形成一种"共生交响乐"。

佐藤学专门设计了"活动（作业）—协同学习—表达分享"的课堂活动流程，将"倾听"作为课堂的核心贯穿其中，进而把教师的"倾听"细化为"倾听—串联—反刍"三个阶段。

在"倾听课堂"里，首先是教师示范倾听，在宁静安心的氛围中让学习自然发生。作为倾听示范者的教师，以柔软、坦诚的面貌面对学生，全然接纳学生。佐藤学主张教师不拘泥于倾听"好的发言"，把倾听的耳朵转向所有儿童的发言，都同等寄予信任与期待。因为"任何一个儿童的发言都是精彩的"。教师不但是用耳朵来倾听，还要用眼睛来观察，对学生的语言、表情、动作都进行细致的观察，同时还要多方了解学生的社会关系情况，把学生放在一个复杂社会关系的背景中来进行深入理解。随后，是师生之间、生生之间的相互倾听，师生共创课堂平等协同且"和而不同的交响"。在佐藤学看来，应当追求的不是热热闹闹的教室，而是用心相互倾听的教室，只有在用心相互倾听的教室里，才能通过发言让各种思考和情感相互交流，否则交流不可能发生，也会变成虚假的主体性课堂：学生与教师、学生与学生、学生与环境等相互割裂，造成"学生主体神话"——把学习理想化为只由学生内部的"主体性"来实现的神话。他为此特别强调，学生不是面向教师，而是面向同伴和学习材料，学生和学生之间要建立联系，共同挑战课堂问题，佐藤学称之为协同学习，用以区别重视分工的美式合作学习。具体做法是：在小学一、二年级，以两人一组的成对学习为主，三年级以上采用男女混合的四人小组，不设组长，分组也多数采用随机的方式，保证学生的心理的平等与安全。另外，学生之间不是"互教"的关系，不是"资优生"教"学困生"，而是通过自主学习发现困难，由遇到学习困难的学生主动提问来发起。在学习共同体的课堂上，学生遇到困难可以直接说出"不懂"，并成为学生探讨的课题，保障每一个学生都能够投入学习。学习共同体的课堂倡导学生自主的学习，但更强调"谦逊的倾听同伴"，而不是一直强调自我观点，不是"争论"或者"辩论"，即便是质疑也是在充分倾听的基础上的。学生能够倾听他人，将他人观点进行充分咀嚼、吸纳，不断在他人的发现中得到成长的可能,这对学生来说是一种重要的学习能力,也是与他人和谐共生的能力。

## 三、重视挑战的课堂

无论是学习指导的课堂,还是相互倾听的课堂,都不是轻松惬意的课堂,而是充满挑战的课堂。同样在佐藤学的倡导下,日本课堂强调以冲刺挑战性课堂的探究为宗旨,从教学设计到学习设计,都由冲刺挑战性课题来引领和贯穿。对于课堂上的学生来说,只有完成充满挑战的课题,才是真正的高品质学习。

佐藤学提出,要用高品质的"学习设计"来代替"教学设计",把学生学习的逻辑、空间、过程进行完整的展现,这种将所有学生的学习历程显性化的方法,使教师最大限度了解学生的动态学情,根据学生的学习基础和特点,进行不断调整和深化,这将大大提升学习的效果。在如何进行学习设计这个问题上,借助维果茨基的最近发展区理论,佐藤学认为学习课题应该设定在"学生现有的发展水平"与"学生在教师和同伴帮助下能够达到的可能的发展水平"的"最近发展区之内",而且要尽可能具有挑战性,并将其称作"冲刺挑战性课题"。

以广岛大学附属中学井上芳文老师的初中二年级《平面图形性质的利用》的课堂为例。该课堂指导学生解决两个课题:

**课题1**:只画出了圆的一部分,根据作图方法复原圆。

**课题2**:已知在周长为28cm的△ABC中,BC=13cm,∠A=120°。根据作图方法复原三角形。

《平面图形性质的利用》的教学中,教师在学习新内容之前的提问复习大约用了 4 分钟，提出课题、提示相关知识大约用了 10 分钟，学生独立探索、分组讨论解决问题的方法、学生之间的相互评价或欣赏用了 35～37 分钟，教师评价用了 4 分钟。

本堂课采用日本课堂常规性的五个阶段来完成。

第一阶段，复习已学过的内容。

第二阶段，提出当堂要解决的问题。

根据学习内容和学生特点，教师提出具有一定挑战性的问题，每一个学生在自己的座位上独立思考、探索解决问题的方法。

井上老师提出课题 1 之后并没有多讲解什么，而学生们开始积极地思考如何解决问题。有的学生试图直接画圆；有的学生说："没有圆心无法画圆，所以必须寻找圆心！"然后学生们提出各种问题："那么如何找到圆心呀？""圆内接直角三角形的斜边中点就是圆心。""弦的垂直平分线过圆心。""一个圆有无限多个弦。"如此等等。最后焦点集中在"如何寻找圆心"上。在问题解决过程中，学生自主参与学习活动，非常活跃。学生们提出意见的过程中，井上老师几乎没有对全体学生讲话，而在不断观察每一个学生的思维活动并与学生进行个别交流。

需要特别指出的是，课堂上的日本教师提出问题时，从不直接给出解决问题的方法，注重让学生独立探究。教师给学生布置挑战性问题后，帮助他们去理解题目，再去使学生掌握解决问题的方法，以便组织下一步的讨论。教师不会直接告诉学生解决问题的方法，而是去比较不同的方法，指出其重要特征，所以教师尽力做不同方法的记录。

第三阶段，学生独立或小组合作学习。

一般四名学生一组，进一步探讨解决问题的方法，不会解决问题的学生向会做的同伴学习。同伴之间互相说明解决问题的方法，并把最终确定的方法写在卡片上，然后粘贴在黑板上，以便全班同学进行讨论。日本数学教师善于为学生独立或小组解决问题设置舞台，为学生创造发挥主体作用的情境。这种教学模式对培养学生的团队合作精神也具有重要作用。让学生尽力去解决问题，在讨论中比较各种方法，找方法之间的关系。在学生寻找解决问题方法的过程中，教师不停巡视。当学生将解法提出来并共享的时候，为了使解法更加精炼，用学生的解法来组织交流。当学生遇到困难时，教师想方设法鼓励学生，有时候为了帮助学生，也适当提供暗示。但是在教学过程中教师极少给学生直接说明问题的解法。在课堂上，教师通过对学生解法的理由提出问题、指出学生解法的重要方面、适当提示问题的解法等引导课堂交流。在问题解决过程中，出现错误和困惑是不可避免的。允许学生犯错误并检查结果，知道错在哪里，将使他们对全过程的了解更彻底。

总之，教师的精力集中在深入观察每个学生，提出具体的学习任务以诱发学习，组织交流各种各样的意见或发现，开展多样化的与学生的互动，以让学习活动更丰富、学生的经验更深刻。

第四阶段，讨论解决方法。

每一个组选一名代表讲述他们的做法，进一步讨论各种方法的优缺点及其理由。日本教师把个体差异视为一个群体的自然特征，学生水平不同才能提出不同的方法，以便讨论。所有学生都能从讨论中受益，所有学生都应有学习同种知识的机会。

第五阶段，赞扬或总结主要观点。

赞扬是通过学生之间的相互评价体现出来的，教师很少直接来赞扬。这样做颇有裨益，能够培养学生的表述能力。同时，也能够有效地培养学生欣赏他人创造性思维的能力。

在课堂教学中，一方面是学生，另一方面是数学。学生学习数学时，教师只是在调节两者的关系，课堂上学生完成大部分工作，教师所用的时间一般不超过 15 分钟。

《平面图形性质的利用》指导过程

| 学习内容 | 指导过程与学习活动 | 指导上的注意事项与评价 |
|---|---|---|
| （导入）<br>作图问题<br>的解决<br>（一） | ○圆的复原。<br><br>课题 1：<br>只画出了圆的一部分，<br>根据作图方法复原图。<br><br>▲使学生理解根据圆心和圆周上的一点作圆的方法。 | ○能否作线段的垂直平分线？<br><br>▲确认线段的垂直平分线上的点所满足的条件。 |
| （展开）<br>作图问题<br>的解决<br>（二） | ○三角性的复原。<br><br>课题 2：<br>已知周长为 28cm 的<br>△ABC 中，BC=13cm，<br>∠A=120°。根据作图方法复原三角形。 | ▲三角形的要素中，注意已知的事项。 |

续　表

| 学习内容 | 指导过程与学习活动 | 指导上的注意事项与评价 |
|---|---|---|
| 总　结 | ▲使用绳子来确定课题。<br><br>▲在三角形中，整理已知的事项。<br>▲利用平面图形的性质考察作图的过程。<br>▲事实上，通过作图来复原△ABC。<br>▲考察能够作三角形的条件。<br>○本节课的总结。<br>▲进行本节课的总结。 | ○是否有利用已经学过的知识积极地解决问题的欲望？<br><br>▲作为已被作出的三角形，考虑图形的性质。<br>▲在作图过程中会作出两个三角形，确认它们是合同三角形。 |
| 备　注 | 使用的教科书：中学数学二年级（大阪书籍）。<br>准备的教具：三角尺、圆规。 | |

## 四、重视学习共同体的课堂

　　日本课堂将"以责任为重心，强化学生基础知识素养与健康人格共同培育"作为主要的课堂目标之一。这种责任感表现为自制力、礼貌、善良、丰富的情感和关心他人、爱惜生命、爱护大自然、自立互助的精神。培养的抓手是要求学生积极组建学习共同体，通过扮演不同角色，来形成对自己与他人负责的学习态度和生活认知，形成扎实的知识和健康的人格。

　　以日本滨之乡小学川崎达雄老师四年级数学"角"的单元教

学为例。

1998年，滨之乡小学的教师川崎达雄在课堂研究会上公开提出"课程为了谁"的问题，反思了"教师成为教室的独裁者"的教学模式，指出改善课程的三个关键因素：简化课堂程序、确保教材和学生间的充分接触、顺应学生的发展趋势。

在平时的授课过程中，川崎达雄老师也在积极实践着以上三个要点。例如，在四年级数学"角"的单元教学中，学生们首次在课堂上接触到量角器并使用量角器，因此，该堂课的核心可能被新鲜感所占据。课程伊始，川崎老师在黑板上写下了要讲授的学习内容——量角器，这也是给学生的一个提示，暗示学生可以将自己带来的量角器准备好。之后，川崎老师说："今天我们要认真、仔细地了解量角器，全面地认识量角器。但是，今天大家要了解的并不是自己带来的量角器，而是我手里的这个量角器。"说着，川崎老师将彩色印制的特大号量角器粘贴到黑板上，并要求学生们至少找出量角器的三个"秘密"。之后，川崎老师和学生们一起仔细观察黑板上粘贴的量角器。学生们一边观察一边记录自己观察到的量角器的特点。大概过了10分钟，一名学生瞥见旁边同学的记录纸，惊讶地说："好厉害，竟然发现了九个！"川崎老师听到了之后，将这名学生发现的九个秘密全部抄写到了黑板上，并与学生从这九个秘密开始讨论量角器的特点。讨论活动进行了约20分钟之后，川崎老师以学生们有关量角器的提问（"这些特点就足够了吗？"）为契机，将课堂的讨论引入到了特点的总结阶段。川崎老师将讨论的结果逐条进行归纳总结，提出了"角的大小是用度来表示的，度数的单位是'°'""量角器的每一个小单位表示一度，书写表达的方式是1°"这两个关键的要点。以上就是滨之乡小学一堂课的大体流程。川崎老师很好地诠释了如何确保学生和教材之间的充分接触。在这次有关"量角器"的课程上，学生们和量角器（本次课程的教材）之间就有了十分充分的接触。

在这样的学习共同体课堂上，如同佐藤学所言，学习成为与学习对象（教材）进行对话，与学习中介（同学和教师）进行对话，与自己进行对话的过程。而学生同教材之间如何进行对话，是教师在设计课程的过程中首先要解决的问题。在这次课堂上，川崎老师并没有让学生们去观察各自带来的量角器，而是让学生们共同观察他带来的量角器，这是一个非常巧妙的课程设计。因为学生带来的量角器并非统一购置，其形状、颜色、大小等都会存在或多或少的差异。这些干扰项目会对核心概念"角度"的理解起到阻碍的作用。而川崎老师的课程设计让学生们关注同一个量角器，这样，就在课程过程中排除了诸多干扰性因素，使学生们更容易接受"角度"这一核心概念。同时，川崎老师也没有采取传统的教授方式，以"所谓角就是指……""所谓量角器就是指……"这样的话语来开始授课，而是采取学生自主发现的形式，与学生一起讨论，确保学生尽可能自己去发现"什么是角""什么是量角器"。当然，学生的讨论并非课堂的全部，教师对于课程的呈现形式做了多种可能的假设，对教学内容进行了细致的分析，对学生可能感兴趣的问题和可能会存在的认识误区都进行了充分的考察与思考，这样就可以防止课堂偏离真正要学习的知识轨道而陷入到无休止的讨论中。

# 第五辑　科学的课堂

# 让课堂
# 科学起来

"科学"是人类共同的信仰与追求。教师的课堂也不例外。对课堂的科学性的追求,是人类课堂的核心信念之一。

作为研究者的教师,是课堂实践的研究者,其重要任务之一是让自己的课堂实践走在科学的道路上,让课堂科学起来,直至成为"课堂上的科学家"。

## 一、处理好"科学的课堂"与"科学教育""科学课堂"的关系

"科学的课堂",不是"科学课堂",因而不是"科学教育"。虽然同样以"科学"为核心宗旨,但科学教育是以学生的学习与成长为对象,即传授科学知识,提升科学素养,培养科学精神,训练科学思维,掌握科学方法,激发好奇心和探索创新意识,培养科学的世界观,打下科学分析问题、解决问题的认识论、方法论的基础。科学的课堂,以教师的课堂与专业发展为对象,以课堂的科学性与教师的科学素养作为价值导向和理想标杆。科学教育与部分教师相关,至少是

科学教师的主要任务，但科学的课堂却与所有教师有关，无论执教什么学科，都需要上出"科学的课堂"，让自己的课堂符合"科学"的理念与标准。

概而言之，科学的课堂，不是以"科学"为对象的课堂，而是以"科学"为标准，以"课堂"为对象的课堂。它是教师基于科学的教学标准和规范，以科学的教学规律的把握为目标，以科学的教育精神为灵魂，以科学的教育思维为核心，以科学的教学方法为基础，整体展现出教师的科学教学素养的课堂。对于"科学课堂"来说，科学是一门课，由专业的科学老师承担；对于"科学的课堂"而言，科学是一条路。不是所有的教师都需要上科学课堂这门课，但所有教师都需要走上这条路：让自己的课堂，走在科学的大路上。

尽管有如上明显的区别，但无论科学教育、科学课堂，还是科学的课堂，都共享科学精神、科学知识、科学思维与科学方法，都需要教师有相应的科学素养。其中科学精神是魂魄，科学知识是基础，科学思维是核心，科学方法是载体。科学素养则是教师素养的基石。

## 二、探索让课堂科学起来的具体路径

既然科学是一种标准或规范，它因此必然贯穿、渗透于课堂教学的全过程，具体化为教学理念、教学内容、教学目标、教学环节、教学方法和教学评价等方方面面，构成一个立足课堂、围绕课堂、基于课堂、为了课堂和在课堂中的科学体系。

科学的教学理念，核心在于教学价值观或价值取向。人的发展和学生生命的主动健康发展，是科学的课堂价值取向的核心，同时还存在并立共生的多元价值取向，如强调掌握基础知识的价值取向，强调基础技能训练的价值取向，强调获取生活经验的价值取向，强调创造性思考能力培养的价值取向，以及强调情感陶冶的价值取向等。它们虽然各有侧重，但并非截然割裂，而是相辅相成，共同构成科学的课堂价值观体系。

在教学目标上，科学的课堂应该按照科学的标准，通过科学研究的过程而来，也是基于科学精神与科学思维，通过科学方法而来，且可以被反复验证和重复使用。即使针对"教学目标"本身，存在不同流派、不同视角与不同观点的差异和争议，典型代表如美国著名教育学家、心理学家布鲁姆所建构的"教育目标分类学"，从认知领域学习的角度，将目标划分为识记（knowledge）、领会（comprehension）、应用（application）、分析（analysis）、综合（synthesis）、评价（evaluation）等六个层次。这一目标体系出现以后，虽然支持者与反对者对立严重，但没有人质疑这一目标产生的"科学过程"。这说明，教学目标的科学性，要有科学的依据——科学性的标准、过程与方法等。

科学的教学内容，从内容本身而言，必然是系统化、结构化的。尤其是以课程和教材为载体的学科知识普遍具有系统性强、逻辑严谨等特点，在知识与知识之间，建立起纵向、横向和纵横交织的多维联系。知识的科学性，要求课堂上的教师在熟练掌握具体教学内容的同时，还要从知识结构的整体出发，明确所教内容在整个知识体系中的地位及作用，避免孤立、割裂地看待任何一部分知识。倘若教师缺乏对教材知识的整体理解，教学时就难免出现科学性错误，或者很难达到较高的教学水平；从内容与学生的关系而言，科学的教学内容势必要强化与学生生活以及现代社会的联系，切实关注学生的学习兴趣和经验，凸显内容的发展性、现实性和社会化，赋予静态的教学内容以新鲜的时代气息,并能被学生的生命体验和心灵感悟所激活,使作为学习主体的学生与教学内容完全融合,真正使课程内容成为学生生命成长与发育的精神沃土。

科学的教学环节,需要体现环节的主体性,基于学生的实际状态、发展需要和自主学习的能力培养来设计环节,具体通过教学组织形式多样化,把时间、空间和权利还给学生,让学生在教学过程中有充分的时机自主思考、自主提问、自主互动、自主对话,充分体现学生的自主学习;环节的特殊性,凸显不同环节的特殊目标、特殊功能和特殊问题;环节的关联性,不同环节之间不是互不相关、彼此分离,而是首尾相连、环环相扣;环节的提升性,后继环节与前续环节相比,有推进和生长,展现出攀岩感和拔节感。

科学的教学方法,典型代表如新课程改革后盛行的探究式教学、合作式教学、项目化教学等,相对于传统课堂教学方法的弊端,它们不约而同实现了四个转向:

一是从外推转向内生,致力促进学生从被动学习走向主动学习,包括主动认知探究、主动协作交流、主动运用转化。二是从对立走向互动,改变教师中心与学生中心、以教为中心与以学为中心的对立,走向教师与学生、教与学多元、全程的互动,真正让课堂变成动态生成和交互生成的课堂。三是从"大致"转向"精准","精准"是科学化的典型标志。它致力于改变以往教学方法的模糊性或含糊性,转而通过数据化或量化的方式,走向精准和精确。四是从割裂走向融合,表现为不同教学方法,包括不同学科教学方法的融合、教学方法与信息技术的割裂等。

科学的教学评价,在评价导向上,既是促进学习的评价,也是促进教与学互动的评价,避免关注了学生的学,忽略了教师的教,更背离了教与学的互动这一教学的本质；在评价理念上，能够体现过程性评价和增值性评价的基本理念；在评价方法上，能够兼容质性评价和量化评价，特别是数据化评价等多种评价方法，让不同评价方法取长补短。

### 三、科学的课堂要科学地探索学生成长的规律

科学是为探索规律而生的。当科学与课堂相遇，科学的使命，是探索课堂的规律。课堂的规律，是学生成长与发展的规律。对这一规律的尊重、把握和遵循，是所有科学的课堂的前提和基础。相反，无视或漠视学生成长规律的课堂，必然是不科学的课堂。正是在这个意义上，教师要成为研究型教师，首要的研究任务和研究目标就是研究学生，研究学生在课堂上的心理和行为，是否体现了自主选择、自我调控、自动探索，研究学生如何与自己、与同学展开交往与互动，研究学生通过课堂上的学习是如何实现发展的，其中问题导向或问题意识应该贯穿于研究的全过程，存在两类问题：一是学生的问题，立足于课堂上学生出现的各种各样的问题，教师要学会对自己的教学行为进行反思，这其实也是科学的本性和来源——对人的经验和认识的反思；二是课堂研究的问题，习惯于凭经验、猜想和思辨来进行课堂的研究。

### 四、科学的课堂要把握学科教学的特殊规律

要探索学生成长的规律，离不开学科教学。课堂上的教师，总是需要依托某一学科的教学来促进学生的成长。学科教学有自身的特

殊规律，它源自于两个逻辑：一是每个学科自身的逻辑，包括价值逻辑、知识逻辑和方法逻辑；二是每个学科教学的逻辑，学科逻辑是学科教学逻辑的基础，但不能替代后者。学科教学的逻辑也有自身独特的价值逻辑，表现为学科教学的独特育人价值；过程逻辑，该学科教学的推进与展开的独特方式，内含了具体的教学方法；评价逻辑，依据学科特有的育人价值和过程方法，进行教学成效的评价。之所以强调学科教学规律的"特殊性"，与跨学科教学有关。跨学科教学也具有以"跨"为核心的教学规律，它融合了不同学科的教学规律，但无法替代各学科独特的教学规律，可以这么说，没有各学科教学的特殊规律，就没有跨学科教学的特殊规律。只有每个学科具有并带着属于自己的教学规律，才有资格加入跨学科教学的大合唱，成为跨学科教学交响乐的一部分。

## 五、科学的课堂需要实验和实证

规律总是客观的，所谓不以人的意志为转移，瞿葆奎先生曾言："教育是一门科学，它和其他科学一样，受着一定的客观规律所制约，不以人的主观意志为转移。""客观性"因此是科学内涵的核心。《现代汉语词典》对科学的定义是："反映自然、社会、思维等的客观规律的分科的知识体系。"法国《小罗贝尔词典》认定的科学是："具有普遍价值的知识和研究的整体，并且建立在一些可以被检验的客观关系之上。"如何确保客观性的知识与规律的获得？更具权威性的《大英百科全书》的答案是"实验"，它明确将科学界定为"关于物质世界及其现象的整个知识体系，它使无偏见的观察和系统的实验成为必要。一般而论，一种科学使追求覆盖具有普遍性的真实存在或基本规律的知识成为必须"。这意味着，实验是探索教育规律和课堂规律，获得科学的教育知识与课堂知识的根本途径。甚至可以说，无实验，不科学。对于实验的强调，来自于对传统教育学研究弊端的反思和批判。实验教育学创始人梅伊曼（Meummann）强调，过去的教育学只是观念和规范的"科学"，它们都是一些没有实验根据的思辨，是思辨论证和经验论证的逻辑，而不是基于实验论证的逻辑，因而不符合科学精神和科学逻辑。在他看来，旧教育学把推演出来的结果看作是最终的原理、理论、目的和方法；新教育学则不同，它认为这些结论只是初步的假定或假设，这些假定或假设应受到系统的观察、统计和实验的检验。如何提升教育学和教育研究的科学水平？另一位实验教育学的代表人物拉伊（Lay）的回答是："必须开发实验教育学的研究方法，使教育学能够独立，并借此把教育学确实提高到科学的地位。"依据这些实验观，反观课堂，做课堂实验，是让课堂科学起来的基本方式，它包括三个阶段或步骤：先是提出假设；再设计并实施实验；在实践中进行验证。作为研究者的教师，将实验引入课堂，努力改变传统课堂研究局限于思辨研究的痼疾，充分发挥实验应具有的描述、解释、预测、干预和运用等多种功能。从这个角度看，有没有实验能力，是衡量教师研究能力的重要尺度。然而，同样是实验，课堂中的实验，与自然科学实验室中的实验，是不一样的实验，要避免错把教育学的实验室当作物理学的实验室，误把真实课堂里的实验，当成真空实验室里的实验，仍然需要遵循教育的特殊逻辑和课堂的特殊逻辑。

与实验有关的是实证，实证既是一种研究方法，更是一种研究态度：把课堂的反思、改进与提升，建立在有依据、可询证的基础之上。实验而来的数据等，可以作为课堂改进的基础性依据。它们共同指向于传统课堂研究重思辨、轻实证、有观点、无证据的陋习。

## 六、不把对科学的信仰变成对科学的迷信

科学与科学化的浪潮,是推动人类文明变迁与发展的重要动力,并且一直与教育变革和课堂变革相伴相随。对科学的信仰,既是人类共通的信仰,也是人类教育普遍的信念与追求,无科学,不文明,无科学,不教育。然而,即使拥有放之四海而皆准的规律,科学也依然不是包治百病的灵丹妙药。如果将科学视为无所不能的法宝,这不是对科学的信仰,而是对科学的迷信。长久以来,对科学存在的最大误解,在于认为科学无所不能,因而无所不包,把科学化变成人类文明与社会发展的唯一标准和道路,恰恰忘记了科学的局限性及其可能带来的弊端。自古以来,人类从来没有停止过对"真善美"的理想追求,进而创造了不同的方式,采用分工合作的方式来实现这些理念,具体来说,"真"由科学来解决,真的实质就是"客观性","善"由哲学来解决,它负责提供合理的价值观,"美"由艺术来解决,引领人类迈向美的人生与美的世界。以"求真"为己任的科学,以"是什么"为核心问题,但它回答不了"应该怎么样"等涉及价值、意义和目的的问题,这是属于哲学等人文社会科学来回答的问题。科学的信仰者也会竭力避免"价值关涉",一旦触及价值和意义问题,就变成"主观"了,因而违背了科学追求的"客观性"。然而,教育和课堂怎么离得开价值和意义问题?教育要回答的"什么是好教育"或"什么是理想教育",以及与此相关的"培养什么人""怎样培养人"和"为谁培养人",课堂要实现的"好课"等,都具有无可摆脱的先天的价值烙印。这是科学在课堂中的盲区和无能为力的地方。正因为如此,才会有科学与人文、科学精神与人文精神、科学主义和人文主义的相辅相成、交融共生的深入探索,这才是教育规律和课堂规律的"人间正道"——科学规律与人文规律的融通。

# 以科学精神为魂，
# 以科学思维为核

让课堂科学起来，关键是让科学的魂魄灌注其中。科学之魂，是科学精神。

华东师范大学现任校长钱旭红院士曾言，科学教育的核心，是要培养学生以科学精神为灵魂，以科学思维为核心，以科学知识为基础，通过科学方法自主探究世界、创造知识、应用实践的能力。在他看来，科学精神应该包括三个方面，即以独立判断为代表的质疑精神，以谦逊包容为代表的开放精神，以想象创造为代表的探索精神。科学精神适用于所有课堂。

作为核心的科学思维，同样是科学精神的核心。理想的课堂，是有科学含量的课堂，科学的含量，是科学精神的含量，更是科学思维的含量。

什么是科学思维，众说纷纭，有的理解为逻辑思维与形象思维、批判思维与创造思维，有的界定为辩证思维，主张科学精神需要辩证思维，需要从德智体美劳全面发展和立德树人的高度，从科学教育与人文教育辩证统一、通识教育与专业教育有机结合的角度理解和把握。

此外，我眼中的科学思维还是复杂思维，它表现为整体式综合思维、关系式思维和过程式思维等，针对的是点状式分析思维、割裂式思维和结果式思维，它们都是简单思维。"简单思维"的不科学在于它忽略、因而违背了真实课堂的"复杂性"这一客观特性。

由此形成看待课堂的科学性或科学化的思维视角，也预设着课堂的转型，除了价值观转型、方法转型之外，还需要思维的转型，从简单思维转向复杂思维。

## 一、从点状式分析思维到整体式综合思维

在发生学的意义上，点状式分析思维在人类早期认识阶段就出现并使用了。这是一种比较幼稚和初级的思维，同时也是一种下意识的非理性思维。其最显著的特点是就事论事、点对点的思维，不能发现不同事物之间的内在联系，做到由此及彼；更不会进行逻辑推理，做到举一反三。

从具体形态上看，点状式分析思维方式是一种片面的思维方式，只看到了外表的点点面面，而没有深入追究、探求起源和本质。对以往做的成功或失败的事情不清楚原因，在处理相同或类似问题时仿佛以前没见过一样。这种思维认识往往容易让人走入误区，只是照搬前人的模式，而没有自己的主见和创新。"只见一点不及其余""只见树木不见森林"，是对这种思维方式特征最形象、最恰当的描述。

点状思维在课堂上的表现屡见不鲜，例如，在分析学情时，只聚焦学生某一年段，如初一年段的特征，忽略了初一的学习与小学阶

段的学习、初二的学习以及初三的中考之间的关联；再如，进行单元教学时，教案里写清楚了本单元不同文本之间共通性的单元目标或单元要素，一旦进入教学过程，依然是单篇教学，看不到这一篇与本单元其他各篇文本的联系，把"此单"教学变成了"此点"教学。

具有整体式综合思维，是扭转点状式思维的法宝。整体式综合思维是一种强调整体而不仅仅是各个部分的思维方式，它主张把某一部分始终置于整体背景框架中思考，要求用整体来说明局部："仿佛你必须道尽万事万物，才可说出其一；仿佛你必须对整个体系做出概要的说明，始可以阐明一个新的思想。"它强调整体内不同要素的综合融通，而非不同要素的累积叠加。这种思维方式强调，如果只关注课堂中的某一视角、维度、方面，或某一细节，就很容易丧失对课堂整体的把握。还以初一阶段学情分析为例，整体式综合思维要求进行前移后续式的贯通分析，在聚焦学情年段特征的基础上，前移到小学阶段，诊断学生已有的学习基础，同时思考进入初一课堂之后，"我"要带着学生从哪里提升到哪里去，从而与小学阶段的课堂不一样了。继续以单元教学为例，具有"单元感"，是单元教学与单篇教学最大的不同，单元感就是整体感、综合感和关联感，是建立起不同文本之间的整体关联，做到首尾呼应，篇篇相连。

## 二、从割裂式思维到关系式思维

割裂式思维是课堂教学中最常见的思维方式，它将本来具有内在关联的要素，割裂成两个互不相干的要素。如通过将教与学割裂，造成教与学、教师与学生的割裂，将不同教学内容、教学环节、教学方法割裂开来，割断了它们原本之间的内在关联。

与割裂思维相连的是二元对立思维方式。它将原本充满线性与非线性、确定性与随机性、偶然性与必然性、简单性与复杂性的课堂世界进行拆零式分析，将相互联系、相互渗透、相互包含的复杂课堂世界加以非此即彼的一元化处理，割裂了各种主体、要素、事物之间的复杂联系。在一定程度上，二元对立思维是由割裂式思维方式而来的，是将割裂后的不同要素或不同维度对立起来，形成非此即彼的对立关系。例如，就课堂中的师生关系而言，在20世纪90年代，一度讨论很热烈的话题是：在教育教学中到底应该是"以教师为主体"，还是以"学生为主体"？不少人认为，传统教学是以教师为主体的，结果带来的是"教师中心"，课堂改革应该从打破这一观点入手，转而提倡以学生为主体，即教学以"学生为中心"，这实际上就是将教师与学生、教与学对立起来，形成"要么是教师中心，要么是学生中心"的非此即彼的关系。

又如，就新课程改革提出的多种具有相对性的概念而言，某些理解者和实施者容易陷入如下二元对立之中：一是将新旧课程与教学范式完全对立起来，如"新三中心"与"老三中心"，用新课程及其教学的观念、内容、方法，否定旧课程及其教学的观念、内容、方法；二是将知识获得结果与知识获得过程对立起来，以为新课程强调知识获得过程，结果本身就变得不重要了；三是将探究性学习与接受性学习对立起来，以为新课程主张探究性学习，接受性学习就完全失去意义了；四是将学生的主动性与教师的主导作用对立起来，以为新课程强调学生的自主学习，教师的主导作用就应该被悬置；等等。在这种对立中，新课程被简单化、形式化、标签化。此外，还存在着诸如知识与能力、体验与技能、课堂开放与有序等的各种对立。

要解决割裂式思维、二元对立式思维带来的各种课堂弊端，运用关系式思维是一种可能的选择。这种思维方式不再把任何客观的事物仅仅当做没有自身结构、孤立抽象的实体（实物个体、粒子、孤立的质点等），而是从内外部结构、联系、系统等关系状态来深入把握它的存在形态，从结构上动态地理解存在，理解对象，从运动、相互作用、联系和关系，即"存在方式"的意义上来进一步把握丰富、深刻、动态的现实。

在关系式思维的视野下，师生关系是一种本原的存在，师生"身份"的差异决定了师生关系；师生关系决定了师生身份的差异。一旦这种关系解除，则双方的师或生的"身份"便不复存在；同样，师生身份的差异失去，则师生关系同时丧失。如离开了学生的"学"，教师的"教"则不复为教，反之亦然。

就书本世界与生活世界的关系而言，以关系式思维审视，这两个世界原本为同一世界，生活世界并非全部的生活，书本世界也非纯粹的书本。生活是教育的原型，由书本加以提升，书本则是对生活的解读，是向学习者敞开着的、重新建构了意义的文本。书本世界"脱离"生活世界，不是本意，也非必然，而是现代课程由于受理性主义支配，将公共性知识、客观知识抬高到不适当的高度使其神圣化的后果；传统教学中所主张的教学要联系实际，也仅仅是为了帮助学生理解抽象，而不是认识生活世界本身就充满知识和需要知识。从1994年开始的新基础教育改革和新一轮课程改革的理念和实际操作，都体现了"从科学世界向生活世界回归"这一世界性趋势，这种回归，在目标上意味着培养会在生活世界中生存的人，在内容上意味着突破科学世界的框架约束，在范围上则意味着打破学校课程的有限疆域，形成"课程生态学"视野。

### 三、从结果式思维到过程式思维

结果式思维关注的是事情的结果,是以结果为起点和终点的思考方式,结果的状态成为这种思维方式衡量一切的指标和参照系。在课堂改革的过程中,结果式思维也有诸多具体表现。例如,教师在教给学生学习方法之时,往往以直接"交给""塞给"学生的方式,而不是通过师生互动、生生交流的方式,让学生经历一个方法习得和运用的过程。再如,尽管当代课堂教学改革倡导开放和互动生成的教学,但教师仍旧满足于呈现开放和互动后的结果,即让学生呈现思考、质疑和讨论后的结果,随后对学生的答案和成果进行评价和反馈,却很少关注呈现开放互动后学生思考问题、解决问题的过程。

与结果式思维相对的是过程式思维,"过程"是它的参照系和思考支点。过程式思维假设"过程对于改革具有不可替代的重要价值",因此,它将过程改革视为课堂改革的本质特性。

主导过程性思维的是这样一种预设:课堂本身和课堂变革,都是充满了不确定性的过程。真正有效的教学,是要让学生经历一个完整的学习过程,在这样的过程中生成丰富多样的经验和体验,如此才能让学生的发展始终置于过程的浸润之中,发挥过程才有的育人价值。这个过程,不只是对学生有价值,对于教师成长也有同等意义。以板书为例,很多教师习惯于将教案里预设且确定的结果性板书原封不动地搬运到黑板上,这样的简单搬运,对于教师成长没有任何意义。相反,在结果性板书之外,教师还能依据课堂的实际情况,尤其是依据学生那里生成的资源,及时通过板书进行归纳、梳理、整合和利用,这种动态生成的板书,将会在很大程度上提升教师资源捕捉生成的能力。

# 好的教学,必须能唤起学生的科学思维

当前,从全球范围来看,无论是基础教育还是高等教育都在广泛提倡培养学生的创新能力,创新能力亦是卓越思维能力的体现。卓越思维能力的实质与核心是科学思维。这在国际竞争日益激烈的当下,具有非常重要的意义。在以科学思维为核心的卓越思维能力的培养上,其他国家已经有了不少前期探索和尝试。

美国著名教育学家约翰·杜威于 1910 年便在《我们如何思维》一书中详述了思维能力培养的重要价值和实施方法,这是思维教学从"幕后"走向"台前"的重要标志。杜威认为,只有能唤起学生思维的教学才是好教学,学校必须为学生提供能够引发思维挑战的情境。杜威提出对教学论改革具有里程碑式意义的"五步教学法":创设情境—问题刺激—提出假设—推断假设—验证推断,这对"重知识、轻能力"的传统教学模式的改革具有积极的推动作用,为我国思维教学的理论与实践提供了借鉴和指导意义。

思维与哲学的关系始终密不可分。美国儿童哲学代表人物马修·李普曼(Matthew Lipman)认为,儿童哲学的目标不是"培养小哲学家，而是帮助他们更好地思考问题"。他赋予了课堂以思维之眼，主张课堂必须是儿童思维的链接，要在思维能力的训练和心理发展之间建立起一种协调的关系。与杜威一样，李普曼也创建了自己的教学过程逻辑，形成了基于儿童哲学开展对话的教学步骤。

随着研究的深入，对思维教学的研究与倡导逐渐从个别学者扩展到了国家层面。1985年7月，美国教师联合会宣布加强对学生思维技能和推理判断能力培养的计划迫在眉睫。自此，思维教学在美国成为一项国家运动。相关研究表明，美国批判性思维运动经历了三大阶段：形式逻辑和非形式逻辑课程阶段（1970—1982年）、批判性思维贯穿于各年级学科课程阶段（1980—1993年）和理论与实践的深度整合阶段（1990—1997年）。批判性思维运动的第一阶段主要关注独立的批判性思维课程或非形式逻辑课程的设计，这一阶段严格说来是思维教学运动起步前的哲学探索。批判性思维运动的第二阶段主要关注符合特定教育层次、领域或学科的批判性思维教学模型的开发。批判性思维运动的第三阶段主要关注结合认知心理学的实证研究建立批判性思维培养的通用原则、标准和评估工具。

英国思维技能运动起步晚于美国。1997年，英国教育部在发表的白皮书中建议将思维教育纳入国家课程，重点在于对思维训练体系的探索与构建。英国思维课堂模式充分体现迪·考特（De Corte）所倡导的建构主义学习特征：建构的、合作的、情境的、目标定向的、自我管理的。爱德华·德·博诺（Eduard de Bono）开发的柯尔特思维教程、六顶思考帽等思维开发项目在全球批判性思维研究领域得到广泛关注。麦吉尼斯（McGuinness）提出了"融入式"思维教学思想，主张在学科知识中渗透思维技能训练，加深学生对知识的理解。

思维教学不只属于中小学，也同样影响到了高校。培养大学生的批判性思维能力被视为美国高校教学的基本目标，且在长期的实践中形成了较为成熟的批判性思维培养模式，明确了既注重技能又注重气质的培养目标，设计了独立型、融合型与综合型的课程体系，积累了启发诱导式、案例教学式、项目带动式、切块拼接式等行之有效的教学方法，并运用系统科学的测验工具对学生的培养状况进行系统的考评和衡量。

来自异域的相关探索，给中国的思维教学带来诸多启示：一要有严格的概念界定，对于"为何是思维"要有清晰的价值认识，对于"何为思维"需要提出清晰的内涵界定，这是教学探究的前提。二是要有体系化的课程与教学设计，包括课程体系、教材体系、教学体系和评价体系。尤其是需要有思维教学的过程逻辑和方法逻辑，化理念为过程、化思想为方法，只有这样，思维教学才可能在日常教育教学生活中落地扎根。三是要有跨学科的研究。除了哲学之外，还要高度重视心理学、脑科学等相关学科的研究成果。例如，1976年，美国儿童心理学家弗拉维尔（Flavell）首次提出"元认知"概念，将其定义为"调节认知过程的认知活动"，强调对自己认知活动的内在心理过程进行监控，这为思维教学提供了重要的心理学基础。1996年，美国心理学家罗伯特·斯腾伯格（Robert Sternberg）提出了"思维三元模型"：分析性思维、创造性思维和实用性思维，引发了学者们对分析、比较、假设、发现、判断、评价等思维技能的大量研究。

从异域经验可以看到思维教育的紧迫性和必要性。目前，思维教育在一线教育教学中已逐渐形成共识。那么，在思维教育的全景图谱中，是否存在某些核心思维和素养？在基础教育阶段，我们要重点培养学生什么样的思维能力？

教育部在《关于全面深化课程改革落实立德树人根本任务的意见》中，明确把核心素养的内涵界定为"学生应具有的适应终身发展和社会发展需要的必备品格和关键能力"，它们都与思维有关。例如，"科学精神"，就包含了理性思维、批判质疑、勇于探究；再如"学会学习"，则包括了乐学善学、勤于反思、信息意识。同时，思维也是"学科核心素养"。比如，语文学科核心素养有语言建构与运用、思维发展与提升、审美鉴赏与创造、文化传承与理解等。

与此相关，在当下的中国基础教育界，有两个普遍共识：其一，课程与教学需要指向思考型学习力和创造型学习力，而不仅仅是知识的习得与再现的记忆型学力。其二，要培养学生的高阶思维，典型代表就是批判性思维或审辩式思维，以及创造性思维。

批判性思维包含解读、分析、推理、评估、判断、反思的核心思维能力，它是分析的、判断的和选择的。创造性思维是创生、非判断和膨胀的。批判性思维与创造性思维有内在关联。如果说创造性思维是列出长长的清单，那么批判性思维就是删减这个清单，为未来发展识别出最佳想法，聚焦于那些最能取得成功潜力的想法。创造性思维是能引发新的或改善的解决问题方法的思维方式，批判性思维是对所提议的问题解决方法进行检测以保证其产生合意效果的思维方式。前者激发创意生成，后者检测这些创意的实效性。

由此来看，基础教育阶段对学生思维的培养，可以在批判性思维和创造性思维的关联中协同推进，建立双向滋养、双向建构和双向转化的关系。

当然，知识和思维从来不是独立存在的，从知识的学习到思维能力的转换，需要有适当的途径和机制，在知识和思维之间建立起有机的逻辑连接。信息时代不缺知识，也不缺获取知识的渠道，但理解很难在浩瀚、分离和碎片的知识中走向深度，也很容易造成一种误解："能上网查到的就不必花工夫去学习。"知识存储在"网络上"和知识存储在"大脑里"有很大不同，后者深藏的知识加工逻辑，在本质上就是"思维逻辑"，这种逻辑的根本就是一种"转换逻辑"：从知识向思维的转换。只有经历了这一转换的过程，在大脑中存储的知识才可能被"活化"，才可能赋予人以"思维"。这说明知识和思维从来就不是对立的，知识是思维的材料和载体，思维是对知识的组织和加工。离开知识的思维退化成机械的形式训练，离开思维的知识则走向僵化和止步不前。

如果从国内外核心素养框架来看，知识与思维的关联都是其核心支撑。比如，《中国学生发展核心素养》分为文化基础、自主发展与社会参与三方面，中国学生核心素养离不开构成学生学习的内容、形成学生文化底蕴等维度的知识、具有社会性和科学精神等维度的思维。这说明知识与思维两者的重要地位，以及不可分离的关系。

大量实证研究表明，知识与思维的起源和发展过程具有相似性，知识与思维具有整合性、整体性，思维为知识提供了形式、内容基础，以及知识与思维可以通过问题解决活动和内源重构调节相互促进与转化。

这些研究和结论进入课堂教学领域，最直接的启示在于，教授知识和教授思维也不是对立的，它们如同一枚硬币的两面。一方面，我们可以向学生教授思维工具，让思维工具带领学生全方位地加工知识，实现对知识深度、系统和灵活的掌握；另一方面，我们可以向学生展示知识分析和加工的思维过程来促进学生对思维技能的娴熟运用，实现知识理解向思维发展的转换。

今日的课堂变革，在知识与思维关联的意义上，要打破传统课堂的弊端。以往对知识的深层次加工主要由教师独立完成，学生往往只是被动地等待和接受教师加工后的结果，从而沦为"装知识的容器"。因此，我们需要将加工知识的重心从教师端过渡到学生端，让学生真正拥有组织、转换和创造知识的能力。换言之，教师要把知识的加工权和转换权还给学生。教师的角色和任务，更多转向于"思维的催产师"，努力为学生创造自主深入加工知识的时间、空间和机会。

思维能力的习得与认知能力具有密切的关联性，而且思维教育呈现出一定的阶段性。对思维教育阶段性发展的理解与认识，来自于对学生身心发展规律的研究和遵循。在这方面，认知心理学的研究成果是基石。在以往的教育教学中，我们特别注意对皮亚杰的认知发展阶段论和认知目标分类学等成果的学习和应用，着重强调思维培养的顺序性，即从简单具体的思维到抽象复杂的思维能力培养，从低阶思维到高阶思维的培养。

中国课程改革进入核心素养时代，开始强调"学科思维"的培养，需要在适当年龄培养思维能力，而且在不同阶段要侧重于不同思维能力的培养。但是，正如有些学者提醒的那样，思维教育需要注意两个问题：第一，要区分"思维能力"和"认知能力"的区别；第二，要以批判性和发展性的眼光看待儿童青少年的认知发展阶段理论。

首先，不同学科视角下的研究都表明，"思维"和"认知"两者并不相同，哲学视角下"思维"就是"做判断"，强调批判性思维能力的培养；心理学视角下的"思维"则指向"认知"，即处理信息的认知能力，强调抽象、推理、想象、问题解决等思维能力的培养；而社会学视角下的"思维"，却是一种社会意义的能力获得，强调社会文化环境对"思维"的影响。总体上而言，思维能力的培养主要是一种关于"怎样做"的能力的培养,这种"怎样做"的能力综合了批判性思维能力、创造性思维能力和解决问题的能力。因此,思维能力的习得确实与认知能力具有内在且密切的关联性,正是在这个意义上,思维教育必定呈现出一定的阶段性。

但是,这种阶段性并不意味着在某种特定的年龄阶段只培养某种特定的思维能力,事实上,每一种思维能力的培养都贯穿儿童青少年受教育的全部阶段,只不过一定程度上,儿童青少年的认知发展水平会促进或者限制思维能力的培养,使得思维教育体现出了一定的特殊性和阶段性。

相关的大量研究表明,在儿童青少年发展的不同年龄阶段,我们需要将思维教育以符合学生认知发展水平和特点的方式组织起来,并持续提供适合儿童青少年特定年龄阶段能力特点的思维技能训练课程、项目和教学方法等。以"计算思维"为例,作为人工智能时代的重要思维技能,"计算思维"针对的主体和受众面非常广泛,如国际计算思维挑战赛就将目标人群定位在3～18岁(幼儿园小班至高中三年级)的学生以及学校中的教师,由此可见,"计算思维"的培养是贯穿K-12教育阶段的,每一个阶段都需要接受这种思维能力的培养,但是不同学龄阶段的"计算思维"培养目标,也各有清晰的界定和相应系统化的培养策略。例如,在新加坡的"计算思维"能力培养策略中,在幼儿园阶段,主要通过游戏促进儿童对"计算思维"的体验;在小学阶段,通过相关课程、比赛、俱乐部的形式发展学生对"计算思维"的兴趣;而到了中学阶段则注重培养能力,使用"计算思维"解决实际问题。

其次,同样有大量的研究成果证明,应当重新看待人的认知发展阶段理论。例如李普曼对儿童批判性思维的成功教学,证明了依据生物发展阶段界定人的认知发展具有局限性，也证明了可以使不同教育阶段中的学生变得更有思想、更具理性、更有判断力。因此，我们可以对儿童和成年人培养相同的思维能力，只不过需要特别注意其中的程度差异，采取针对性的教学方式。

所有思维能力的教学和研究成果的成效，都需要借助评价或测评来判断。虽然知识传授相对具象化，目前已经有了较为成熟的学业测评工具，但思维具有抽象性特征，测评难度很大，需要不断在探索中创新。对思维能力的评价及其创新首先涉及的是评价内容的创新，即"评价什么"。内容决定了形式与方法，然后才是评价方式的创新，两者结合起来，才是完整的思维能力评价方案。一般来看，思维能力的评价包含四个问题：

一是评价的内容与目标。可以参考《德尔菲报告》中批判性思维的六项核心技能和十六项子技能作为评价内容，对思维高低水平做出评价。二是明确评价的工具。工具包括作为载体的任务设计和量规的制定。任务设计包括纸笔和非纸笔测试，设计需要关注接近学生的真实生活，探究学生的知识建构，分析学生的策略思维，通过学生的行为表现观察学生的思维表现。表现性量规是指通过客观测验以外的行动、表演、展示、操作、写作等更真实的表现来对学生思维能力进行评价或者等级评定的一套标准。三是评价的途径和方法。针对学生思维发展的课堂观察、提问、作业分析、活动反馈、访谈、测试是日常教学中最为常用的思维评价方式。四是评价结果的方法。评价要注意提高学生思维发展的自我评估与诊断能力，让学生参与量规的制定，有利于他们在学习过程中进行有效的自我监控、自我反馈，不仅使评价更客观全面，还能及时发挥评价的诊断与激励功能。

总体来看，课堂评价方式创新与如上四个方面都有关系。至少从评价内容上看，中国新高考已经开始要测试批判性思维能力了。以语文测试为例，批判性思维能力培养应该全面渗入到语文的阅读、研究性学习和写作三大方向中。此外，由于信息技术和人工智能的发展，用于思维能力测试的技术工具也日益增多且不断在迭代更新，成为思维能力培养研究与实践的不容忽视的技术力量。

从知识传授为主到关注思维的培养，这个过程既表现在教育理念的升华，也体现在教育实践路径、方法的转变，思维教育目前还需突破传统教学方式的桎梏，超越知识和技能。在思维教育过程中，教师面临诸多困难和挑战。首要挑战在于"思维"是不可见的，如何让思维在课堂上可见、可视，然后才能够走向可教、可学与可测评。

尽管"让思维可见"的可视化工具在国内教学领域已经得到推广和应用，但从教师和教研员们在学术平台上发表的论文以及撰写的教学案例来看，思维可视化工具的应用水平整体还不够高，在观念和操作层面都存在着一些欠缺。对教师们在课堂教学中思维可视化水平及其撰写的相关论文和教学案例进行分析，发现如下问题：

其一，思维导图没有体现学生立场。教师单方面地以思维图示的形式书写板书，学生对思维图示的思考和编制参与度不够。

其二，思维导图局限于美术要素。教师让学生参与到思维图示的制作过程，但学生参与的侧重点大多局限在图形、线条、排列、颜色等美术特征上，思维特征未能得到有效彰显。

其三，思维导图的教学着力点不准确。教师虽努力尝试将思维工具运用到课堂教学中，但却因没能找准着力点而使学生思维能力发展效果甚微。这个着力点是指教师对教学知识的规划、学生学情的理性分析要与教师对思维工具的准确使用进行系统、融合的理解与实践。只有准确把握思维工具的内涵和作用机理并将其融入到教师教学中合理运用,才能让其发挥出应有的价值。

基于这些问题,可以看出,无论是教师,还是教研员,都需要具备相应的教学新能力或教学新基本功。从根本上讲,就是思维教学的新基本功。

# 用学习科学指导课堂改革

课堂是学习的主要场所。课堂上的学习，是有教师在场和教导的学习。学生学习的成效和质量，关键在于教师的介入和指导。研究型教师的任务，除了研究学生之外，还要研究学习，解决的主要问题是：课堂上的学习是怎么发生的？什么因素影响了课堂学习的质量？教师如何通过教来引领、指导和促进学生的学习？……

学习是一门科学。20世纪80年代，起源于美国的"学习科学"（Learning Sciences）应运而生。它的首要特点是"跨"，跨越了认知科学、教育心理学、计算机科学、人类学、社会学、信息科学、神经科学、教育学、教学设计等多个学科。《剑桥学习科学手册》一书中提出："学习科学是一个研究教和学的跨学科领域。它研究各种情境下的学习——不仅包括学校课堂里的正式学习，也包括发生在家里、工作期间、场馆以及同伴之间的非正式学习。学习科学的研究目标，首先是为了更好地理解认知和社会化过程以产生最有效的学习，其次便是为了用学习科学的知识来重新设计已有的课堂及其他学习环境，从而促使学习者能够更有效和深入地进行学习。"简而言之，学习科学主要研究"人究竟是怎么学习的，怎样才能促进有效地学习"。

学习科学的出现，源自于一些在传统认知科学领域颇有建树的科学家们意识到他们在实验室开展的认知科学领域的大量相关研究，似乎没有对真实情境中的课堂教学产生实质性影响，或者说，没有对"不规范且具体"的真实情境中的学习产生实质性推动作用，于是，他们就往课堂教学走了一步，与同时崛起的人工智能、信息技术、教育技术等学者合作，开掘出"学习科学"这一崭新的研究领域。

对于如此宏阔的科学领域，我最关注的核心问题是：学习科学如何指导课堂改革？学习科学可以帮助课堂改什么？

## 一、重新理解学习的概念

在《人是如何学习的》这本学习科学的代表性著作中，提出了改变学习概念的五大主题：记忆和知识的结构、问题解决与推理的分析、早期基础、元认知过程和自我调节能力、文化体验与社区参与。这些主题同时也是理解学习的五个角度，它们丰富和拓展了已有对于学习的理解，例如，把"文化体验"的引发、生成和赋予作为学习的重要内容，"社区参与"则意味着建立起课堂学习与社区学习的连接，凸显了社区参与对于课堂学习的重要意义。

## 二、明确课堂改革的学习新方向

世界各国的学习科学家们，基于各自学科背景，提出了不同的研究方向，例如，《理解脑——新的学习科学的诞生》集中于"脑与学习"的问题，涉及脑的发育、环境对脑学习的影响、读写能力与脑、数学素养和脑等内容，为脑科学研究引入课堂教学奠定了基础。《剑桥学习科学手册》展现了一个更加全面的研究框架，包含了学习理论、基于设计的研究、专家学习和概念转变、知识可视化、计算机支持的协作学习和学习环境等专题。

整体来看，随着研究的深入拓展，学习科学逐渐聚焦并转化为普遍关注的新方向。

一是学习基础机制。进入真实情境中的教与学过程，探究特定学习内容、媒体等对学习过程的影响。比如，采用脑科学的方法，研究多媒体软件教学是否有效。

二是学习环境设计。开发并设计有效促进学习的学习软件、学习材料、学习平台和学习空间等。例如，设计游戏化学习环境、开发移动学习软件等。

三是学习分析技术。整合利用人工智能、大数据等技术，对学习过程行为数据进行分析。例如，基于慕课的在线学习分析、课堂对话分析、视频分析等。

这些研究方向和具体的研究内容，为课堂转型与变革提供了新方向：更加关注学习过程的设计，提升过程质量；更加关注学习环境的创设，让学生在更适宜学习的新环境下学习；更加关注基于大数据的学习分析，为学习评估提供数据支撑等。

## 三、回应新时代教学方式的转型挑战

划分时代的标准有很多，学习方式的转型也是其中之一。与以往时代相比，移动学习、人机交互式学习、游戏化学习、项目化学习、跨界学习等，都构成了新时代的核心特质，它们都属于我们这一代人共同的学习方式。因此，这个时代的学生，必然带着这种学习方式的体验和经验，走入课堂。由此带给教师的挑战是显而易见的：学习方式变了，教学方式也必然要随之转变。

例如，走向人机交互式教学。曾经有人描述了各种学习工具进入课堂并为学生使用之后，可能出现的场景："学生戴上耳机，开始看视频课程。我只能站在那里。我该干什么？我站在教室里，但是没有学生需要我。"这种人机分工的冲突带来的无所适从，同样适用于学生："当他们置身于平板电脑、手机、各种可穿戴设备时，似乎已经不需要老师和同学了，甚至可能遗忘了自身，沉浸在机器设置的情境之中……"此时，机器接管了教师的责任，同时可能掌控了学生，变为学生的主人。这是人机交互中最根本的问题：主人和仆从的颠倒。本来机器只是学习和教学的辅助手段，现在却变成了必须走向的终点——完成自动化机器的指令和要求。

当人机交互式学习延伸到人机交互式教学，必然催生新的课堂问题的出现：如何通过提升人机交互式教学的质量，来促进人机交互式学习的成效，这正是学习科学的重要研究内容。

有研究者从人机合作角度分析了教师与教学工具的四种交互合作方式。

一是拓展，完成更大更难的任务。自动化教学工具能够拓展教师能力的边界，帮助教师完成仅靠记忆和认知难以完成的任务。比如智能教学系统既能够详细记录每个学生的学习信息，还可以统计分析所有学生的情况，进行预警提示，帮助教师及时发现需要帮助的学生。

二是减负，更快更好地完成任务。自动化机器可以替代教师执行枯燥、重复的工作，使其从大量冗杂的任务中解放出来，将时间和精力花在更重要的教学活动中。如教师可以根据作业自动批改工具的结果，将时间和精力用于分析和解决学生作业暴露出的问题。

三是增援，为完成任务保驾护航。这是指教师在分身乏术的场景或不擅长的工作场景中依赖智能教学系统自动执行任务程序。比如教师在课堂中运用自动化教学工具，实时收集学生的应答并反馈，进而分析学生状态，即时获取课堂信息并调整教学方案。

四是替代，解决个别化教学需求。由于学情和教学本身的复杂性，自动化教学激情完全替代教师是不可能的。但研究和运用表明，许多智能教学系统在特定教学活动中实现了"替代"。例如，在一对一教学场景中，几乎不需要教师参与。这类"替代"针对教师特定的工作场景，针对特定学生的"有限替代"，是解决师资不足、教育公平等瓶颈难题的可能的选择方案。

无论是什么样的交互合作方式，都需要秉持一个原则：保持教师对教学机器的控制权，在人机交互中不断展现和提升人自身的创造性。毕竟，教学是充满了不确定性和创造性的活动，已被编程设置的教学机器永远无法完全满足教学的创造性需要。为此，我们只能寄希望于人本身，把创造的主动权牢牢掌控在教师手中。

再如，对于游戏化学习，罗朝猛在《基于游戏学习的教学成为美国课堂新宠》中展现了如下学习场景：

> 大约20个孩子在教室讲台前面观看屏幕，他们轮流挑战导航，收集虚拟货币，为他们所支持的游戏角色开启源、准备装备和解救宠物。他们正在玩的游戏与一款在线射击游戏有一些相似之处，但是孩子们并没有互相争斗，他们是在达格·哈马舍尔德中学的课堂上，正在为课堂上争取自己良好的行为积累

分数。在那里,他们的教师在课堂上教授家庭经济课,辅助教学的是一款以幻想为主题的教育游戏。……看看这些普通的课堂,你很可能会看到教师使用应用程序、网站和软件,从视频游戏中借用教学元素,将这些嵌入到每天都与教育技术形影不离的学生学习中。总体而言,学生被激发起了学习的动机,表现得更加积极,表现也更好。他们还与学校的其他几位教师签了约,允诺共同使用这款教育游戏。古尔加女士说:"我的孩子们都是以最好的方式沉溺于此。"在一节课上,当古尔加开始快速提问时,教室里充满了悬疑的音乐。从屏幕上的多种选择中选择一个正确的答案,学生就可以获得分数,这些分数可以用于虚拟人物升级、享受在课堂上听音乐等特权,以及与其他教室之间的竞争。可用的角色有战士、法师和治疗者,每个人都有不同的能力,必须合作才能成功。积极参与课堂活动和良好的行为都会得到分数。

随着智能技术的发展,西方课堂针对相应的教学目标,引入游戏学习的教学方法与内容,促进学生多方面能力的培养。有研究者观看并描绘了美国康涅狄格州达格·哈马舍尔德中学的一门特色课堂。

可以发现,该课堂富有新意地使用了课堂教学技术,通过引入一款以幻想为主题的教育游戏,充分调动了学生的学习兴趣与自主学习意愿,在加强学生合作学习意识与能力的同时,也通过不同的游戏角色培养学生不同的能力和基于相应的游戏规则引导学生良好的学习行为。在这个以游戏学习为特色的西方课堂中,教师能够根据学生不同的个性特征选择资源,有意识培养学生不同的学习能力,实现多元化的教学目标。

## 四、提出教师发展新素养

学习科学的目标是"在脑、心智和课堂教学之间架起桥梁",教师是架桥的关键人物——能否将学习科学作为课堂根基,在备课、上课、观课、说课、评课和写课中渗透、运用学习科学,真正让学习科学在课堂上成为看得见的风景、用得上的方法,换言之,让学习科学在课堂上可见、可教、可用、可测评,主要靠教师。要达成这一目标,教师需要有相应的学习科学素养,把学习科学放在心中,具有学习科学的意识、视角和眼光,再把学习科学转化为教学新行为、教学新能力和教学新基本功。具体而言,能够从教学中的基础问题出发,结合学科教学的特殊需求,以学习科学为理论基础,掌握基于学习科学视角的教学设计、教学过程、教学反思、教学评价和教学管理的新能力。这些来自学习科学的新能力,是新时代研究型教师新素养的核心构成。

# 创建"以脑为导向"的课堂

读懂人,是上好课的基础。人之为人的核心在于"人脑"。了解人脑,运用脑科学知识,是让课堂科学起来的重要路径。

20多年前,叶澜把教育研究分为宏观、中观和微观三个层次。宏观层次是教育与社会的关系研究,中观层次是与学校教育有关的研究,如学校文化、课程、教学、教师等,微观层次是与人脑或脑科学有关的研究,三个层次的融合是最理想的教育研究。她当时预言,微观层次的脑科学研究将成为未来教育研究的热点。现在看来,这个预言已经充分实现了:脑科学的研究,不仅是科学研究的前沿,成为21世纪最活跃的前沿学科之一,而且也走到了课堂改革的前沿。

中国台湾脑科学专家洪兰指出:"你不懂脑,你就不懂教育,不懂规律,你就不懂学习。"脑科学的研究,要探究的是教育规律、学习规律和课堂规律,因此让我们更懂教育、更懂课堂。

脑科学脱胎于教育神经科学,是心理学、脑科学以及教育学等学科对于课堂学习行为中脑与认知现象研究的综合体,其中核心是脑科学,它采用神经科学中的技术手段,测量脑部结构特征及其在认知过程中的脑部活动变化，并建立了与学生学习与课堂教学的连接。

脑科学的意义在于揭示人脑是人类学习的基础，以及学习的脑机制，具体回答人类大脑怎样学习和思考、如何让信息进入学习者大脑的意识、注意、情绪情感以及其他各种社会行为，从而促进人的生长与发展等关键问题。

脑科学的研究表明，大脑的分工、运行和作用机制，主宰了不同类型的信息与知识的学习。

例如，陈述性知识和程序性知识的区分及其学习方式的差异，就是大脑分工机制带来的结果。

陈述性知识的学习是个体运用已有的知识同化、理解新知识，使其在头脑中得到储存并用于解决有关问题的过程。它带来的主要是模仿和识记性的知识，由于没有在人脑中经过精细加工，虽然容易记住，但遗忘得也快，难以形成长时记忆。程序性知识是技能性知识，本质是操作程序，是用于解决具体情境问题的一套连贯性操作步骤，涵括外显的身体活动和内在的思维活动。它需要经历漫长的学习、理解、表征、加工、组织以及训练等过程才能掌握，而且习得后要继续维持、应用才能熟能生巧，转化为长时记忆。这两种不同的知识和学习方式，其根源是大脑的分工不同，产生了陈述性记忆和程序性记忆两个区域和两个系统。当然，大脑分工并不是完全隔离的，除了记忆系统中存在陈述性记忆和程序性记忆的差异之外，还有其他的记忆类型，如情景记忆、语义记忆、情绪记忆等。只有熟悉不同的记忆通道，遵循记忆系统的特殊规律，才能更好地进行学习。

从另一个角度看，大脑运行存在规律性是因为大脑有左右脑之分，且各具优势。左脑优势在于言语学习，被称为"逻辑"左脑，涉及数学、计算与排列、记忆、言语与逻辑、阅读、书写与分析等。右脑的优势是通过非文字学习，被称为"直觉"右脑，牵涉情感、态度与协调，空间、直觉与视知觉，图形、图像与艺术等。在左右脑中间隔有"胼胝体"来沟通左右脑的信息。这种左右脑的分工机制，为人的全面发展提供了脑依据：只有正确认识和评价左右脑的功能，让左右脑实现充分的协同沟通，使学习者实现全脑发展，才能实现全面发展。

以对人类学习机制的研究为基础，脑科学随之进入课堂领域，展现出其非凡的价值。通过研究大脑学习的机制并将其应用于课堂教学，有利于教师根据学生大脑发育、学习、记忆的规律和大脑认知活动的规则进行教学，通过"基于脑、适于脑、促进脑"的教学设计，挖掘大脑的学习潜能，使课堂更加贴合学生大脑的发展规律，科学提高教学质量和效率。

由此一来，脑科学成为"让课堂科学起来"的基本路径。以脑科学为基础的课堂教学，是以脑为导向的课堂，它帮助教师清楚地认识到来自经验的教学行为和难以意会的教学艺术背后，有人人皆可把握的"大脑如何学习"的科学规律，对这个规律越能了如指掌，就越容易提升学生的学习能力和教师的教学能力。教师因此被赋予了"大脑的变革者"的新角色。

如何将貌似高深、专业，因而难以企及的脑科学研究与课堂变革结合起来，让今日和未来的课堂因为有脑科学的介入而变得不一样，成为以脑为基础、以脑为导向的课堂？

## 一、将脑科学与学生问题的解决结合起来

学生学习中出现的很多问题，例如，注意力不集中、记忆力下降等，都与大脑有关。中国台湾大学调查了1094位大学生课堂注意

力的变化，发现一个普遍现象：学生在上课刚开始时精神集中，中间渐渐注意力涣散，到下课前精神又回来了。在一节课里，如何在学生处于注意力集中高峰期时，使学生掌握课程的精华与要旨？如何在学生注意力下滑时，帮助学生维持学习兴趣，继续投入课程学习？这些老大难问题，都可以通过脑科学研究来解决。有研究尝试在课堂上让老师跟学生全部戴上简易的无线脑电极帽，观察两者大脑同步性的变化。结果发现，不管是教育者和被教育者之间的脑电波同步性，还是被教育者之间相互讨论时的同步性，都可以预测最终学习效果的好坏。借助对大脑的脑电信号的分析，有助于课堂上的教师随时知晓学生的精神状况。如果学生的注意力只达到40%，这说明要么教材不好，要么老师不好，要么学生疲劳，此时应该转换活动内容和方式，让课堂气氛重新活跃起来，如做练习，或讲一些不那么重要的知识点等。这样的脑科学研究成果，为教师如何根据学生大脑注意力的变化来调整课堂的教学内容和方式提供了科学依据。

## 二、将脑科学与教学目标的确定结合起来

例如，激发学习动机：激活大脑的"情感系统"，唤醒情感的认知功能。

学习动机，就是有学习的兴趣、渴望和冲动，显然，它们与情感有关。人脑系统中存在一个"情感控制中心"，它利用两个形似杏仁的神经细胞核团，即杏仁核来催生并统管情绪记忆及反应，即情感。情感生成之后，大脑随之加工处理，领悟、表达，进而使人做出决策，解决问题。情感具有认知功能，能够促进学习。深度学习尤其高度依赖于对情感认知功能的唤醒。正如洪兰所指出的："情绪，是

改变大脑最快的工具。"而深度学习是学习者积极主动地学习，与学习者的情感有很大的关联。厌学者往往是因为产生了厌烦、冷漠或超然等消极情感，而有活力、轻松但灵敏的求知欲才是理想的学习状态。学生之所以需要教师适当的鼓励或激励，是由大脑的情感激励机制决定的，它的激励系统会分泌相应的化学物质来缓和与激励自身，使大脑感到愉悦，同时在学习新鲜刺激、探索联结和反馈的过程中，大脑会得到满足，由此成为积极的信念、丰富的情感及学习的内在动力产生的源泉。

再如，促进深度学习：在脑功能组织与深度学习之间搭起桥梁，让学习在课堂上深度发生。

大脑在人的智力与学习之间架构了一座桥梁。多元智能理论创始人加德纳（Gardner）依据大脑的区域功能，发现各种智力同脑的区域的关联性极高，多元智力分别拥有各自的脑功能区。如语言智力属于左额叶与左颞叶的功能，逻辑数学智力则是左额叶与顶叶的地盘等。心理学将智力分为晶体智力和流体智力，前者重视知识的累积，后者重视信息的加工与表征。流体智力与脑科学研究高度重合，脑科学的研究也关注大脑的知识获取与表征、信息加工能力、目标指向的执行控制能力，这些能力对应着不同的脑神经网络基础，也存在不同的发展轨迹。在学习过程中，大量的信息储存和加工为大脑发展高级思维、习得高级知识腾出空间。由此，在课堂转型过程中，以记忆为主的晶体智力所扮演的角色被弱化，同时不断强化情绪动机、反思与批判力等流体智力的特点和作用，以此推进深度学习的发生。

又如，培养高阶思维：激活大脑的思维发展潜能，提升学生的思维能力。

深度学习之"深"与思维有关——深到思维那里去。大脑新皮层是思维产生的场所，汇集人脑四分之三的神经细胞，深度学习所指向的学习高级目标，其核心是促进学生的思维发展，激发学生的脑潜能。深度学习要求学生主动积极地投入到学习过程之中，发挥分析、反思、统筹、批判性、创造性等个人能力，深层次地思考和解决问题。21世纪的教育倡导"4C核心素养"，即创造和创新（creativity and innovation）、批判性思维（critical thinking）、人际沟通（communication skills）、与人合作（collaboration）等，而思维是核心素养最为重要的内核，培育学生的高阶思维、为迁移而学的理念，正是全球21世纪核心素养所倡导的目标。高阶思维则是深度学习的核心特征，是大脑发展的表征，深度学习的关键，在于是否促进了学生思维的发展。与此同时，学生还可以从深度学习的互动中进行反馈并获得经验，反过来丰富学生的大脑。

还有，推动终身学习：持续保持大脑的活力，养成终身用脑的习惯。

终身学习理念也有脑科学的依据，大脑"用进废退"是基本规律。当人的大脑长期处于怠惰的情况时其功能就会迅速下降，脑科学家们的研究发现，在脑发育的过程中，如果神经元没有在适当的时候得到利用，它们产生联结的能力就会消失。这个过程被称为"神经修剪"，它导致人的智慧不断丢失。在这个意义上，终身学习，就是终身用脑，所谓培养学生终身学习的能力，就是培养学生终身用脑的习惯，始终保持脑的思维活力，避免把本已激发的大脑潜能封印起来。

## 三、将脑科学与教学内容的设计结合起来

一旦以脑科学知识为依据，教学内容的选择与安排就有了新的

指向和要求。

其一，以促进左右脑的协同整体发展为导向，选择教学内容。

人的大脑分为左脑和右脑。左脑具有数字、语言、概念、逻辑推理、分析等方面的功能，主要是储存人出生后所获取的信息、知识，左脑同时还控制着人的右半边肢体的活动。通常左脑比较发达的人，在遇到困难时往往可以保持沉着冷静，善于判断事情之间的因果关系，并且能够有逻辑、有条理地处理问题。右脑则具有直观性的整体把握能力和形象思维能力等，研究还进一步发现，左耳（右脑）比右耳（左脑）更能感知节奏和音律；对情绪的处理也呈现出一定的倾向性，右脑通常处理比较消极的情绪，左脑则处理积极和乐观的情绪。尽管人的左脑和右脑都各自拥有自己的特性，但两个脑半球一直处于协同工作的状态。进入左脑（右脑）的信息可以很快被右脑（左脑）使用。人的左脑和右脑无时无刻地进行紧密的协调与配合，因此，人们只会产生对世界的一种看法而不是两种。

以往课堂教学内容设计中，存在"重左轻右"的倾向，较为注重学生抽象思维能力的培养，如着重培养学生的阅读能力、书写能力和数学运算能力，相对忽视学生形象思维能力的培养，这不利于学生左右脑的协同工作，影响学生创造能力、想象能力的提高和智力的全面发展。事实上，人的左右脑总是处于相互合作的状态，如果左脑功能得不到开发，右脑功能的开发也会受到牵连；反之，也是如此。右脑的发展是为了促进大脑两个半球的平衡和协调发展。在当前的课堂教学中，教师往往认为教学内容（左脑所擅长的领域）很重要，但是只关注教学内容而忽视教学情境（右脑的特性）也常常导致教学效果大打折扣。因此，在进行教学设计的时候，教师务必要设计教学情境，加强与学生生活实践的联系，训练学生的双侧脑半球，以达到事半功倍的效果。

其二，遵循大脑认知思维过程，强化教学内容的整体联系。

脑科学研究表明，在关注细节之前，大脑会优先处理一般概念。在课堂教学中，如果教师先教授一些概念性知识，将能促使学生在理解内容时成绩提高40%。以单元教学为例，在明确了一个单元的内容标准和学习目的后，教师可通过视觉呈现的方式给予学生所教内容的"宏观概念图"，如类似于思维导图的图表等，让学生建立起知识相互联系的整体性观念。教师在明确一个单元的内容标准、课程范围和序列性引导目标的同时，还可以建立一个能够支撑单元学习内容的框架，把单元作为一个整体来思考，并构建一个可视的概念网络。这样，既能够让教师自己弄清楚教什么以及如何教，也可以为学生提供单元学习的宏观概念图，让学生了解接下来的活动是如何与内容相关联的，同时通过运动、戏剧、歌曲等各种形式的活动，为学生创造丰富、深刻的学习体验，帮助学生对单元的核心内容理解得更加透彻，也可对内容之间的关系更加清楚，并理解这些活动和他们所学知识之间的关系。

## 四、将脑科学与教学环境的创设结合起来

课堂是一个师生共生共长的生命场，本质是一种生命成长的独特环境。在脑科学看来，学习是一种身体与环境之间的连接，这种连接使得有机体能够对变化着的环境做出适当的反应。学生与外部环境的不断互动及其获得的经验会影响脑和心理的发展。

理想的课堂环境，有一种带给学生安全感、归属感、参与感、兴奋感和真实感，能够促进学习的积极的情绪氛围。这些情绪的产

生，都有相应的脑依据。

　　安全感是所有积极情绪的前提。在安全的环境下进行学习，脑释放的化学物质，如氨基酸类（使大脑兴奋或抑郁）、单胺类中的多巴胺（促进大脑高级信息的加工）和羟色胺（使脑和身体信息传递顺畅，缺乏会使人抑郁）、乙酰胆碱（与记忆相关的神经递质）、肽类中的内啡肽（奖赏使人感到愉悦）等，有益于大脑纳入新的知识和经验。课堂的安全感，来自于教师对学生的鼓励、信任和尊重，研究表明，在大脑获得了额外奖励的时候，中脑的神经元会被激活而释放出更多的多巴胺，提升整个大脑前额叶等脑区神经元的活性，从而激发学习的活力。因而，教师在课堂中如果营造积极、愉悦的情感氛围，让学生感觉到安全和舒适，将促进学生大脑释放有利于学习的化学物质。

　　例如，在单元教学中，对于每一个新的学习单元，教师可以通过日常活动、仪式和积极交流等方式，为学生营造一种支持性的课堂氛围，确保学生处在恰当情绪水平上并投入到所学习的内容中。具体的策略有：在课前安排一个晨间短会，学生可以在晨间短会上向别人问好，并分享积极的想法，这种仪式只占用每天课前的几分钟时间，却可在同学之间、师生之间创造紧密的联系。在教学过程中，教师还可以为每个教学单元设计一些艺术活动，如设计一张海报、表演一出滑稽短剧，或者写一封有特色的信。如果学生拥有足够的自信并能够感受到足够的支持，他们往往会积极地投身于这种需要批判性思维的活动中。毫无疑问，与学习相关的情绪性氛围有助于提高学生对于教学的参与度。一次恰到好处的幽默或奖励能够帮助学生投入到课堂中，并把课堂看作是一个愉快的归属地。

　　又如，可以通过改善学生学习的物理环境条件创建积极的情绪氛围，促进创造力的发展及有技巧的学习。大脑的视觉注意机制往往受到环境新异性的强烈影响，一些物理特性，如亮度等，对学生的学习成绩有着重要影响。研究表明，在同一间教室里，与使用冷色调的白色日光灯照明相比，那些在自然光下上课的学生，在学业成绩上能提高18%。由于教室是学生日常学习的地方，在设计教学活动时，教师通过改变教室的布置，重新设计公报，变化座位的安排，或者展示新颖的材料，以吸引和激励学生，使教室真正成为学生学习的乐园和家园。

## 五、将脑科学与教学方法的选择结合起来

教学方法的选择，应重点关注大脑中情绪联结作用的发挥。

脑科学研究发现，人脑是一个情绪化的过程。面对各种信息，大脑会先意识到具有强烈情绪内容的信息。对于学生而言，如果情绪与当前的学习任务相关，这种情绪就能够有效地促进学习知识的获得，学习高效的学生，常常能够以有用且与学习相关的情绪引导自身的判断和思维。在学习的过程中，情绪能够让学生产生一种直觉，这种直觉可以帮助学生识别和回忆相关知识，并保持学习决策和行为方向上的稳定。

在创建以脑为导向的课堂的过程中，如果要发挥情绪对于记忆的促进作用，要注意以下三点。

其一，让学生积极参与教学的全过程，如参与教学目标的设计，以此调动其学习的积极性和投入的情绪，进而提升学习的效果。这种参与感将给予学生一种主人翁的意识，使随后的学习变得有意义，也能使他们建立一种与学习内容紧密相关的情绪。

其二，在学习内容与学生的生活和兴趣之间建立联系。鼓励学生尽可能关注自己的兴趣和激情，让学生知道要学习的内容与日常生活有紧密的联系，并且对他们的生活有很大的影响，也可以让学生自己去寻找和探索这些联系，让学生感觉学到的东西更有意义、更有趣。具体可组织学生模拟实验、实地考察、针对某一历史或时事事件开展辩论赛、设计实验让学生"发现"规律或知识、让学生运用思维导图建立模型或记笔记等可以充分释放学生情绪的活动。

其三，提出并教会学生解决开放性问题以促进学生情绪参与。如针对某一主题，教师可以让学生完成相关知识的作品集、项目和小组活动。尽管作品集、项目和小组活动都需要更加细致的指导，但依然能有效促进思维的情绪发展。当学生参与解决开放性问题时，学生会在走弯路、犯错误和重新找到学习路径的过程中，体验到丰富的情感，积累宝贵的情绪记忆，形成一个强大的、多功能的情绪链以及敏锐的学术直觉。换言之，教学活动的设计，应允许学生犯错误，并从中吸取经验教训，为学生的情绪反应提供弹性空间。在一个过度使用标准化测试、学校课程内容繁多的时代，对于一些教师来说，很可能会依赖一种指定的教学方法。这种教学方法的目的在于为学生提供一条掌握特定学习内容的最快速、最直接的道路，然而，脑科学的研究表明，由于这条学习道路通常缺乏甚至没有情绪参与，导致大量事实性知识无法被整合到学生的实际生活中去，最终成为无效学习。

## 六、将脑科学与教学评价的改革结合起来

一方面，在进行教学评价改革时，应充分发挥多巴胺奖励效应的作用。

大脑内产生的许多神经化学物质和荷尔蒙都会影响学生的学习，而且一些神经化学物质会受某种环境的影响，通过教师的教学策略而激活，被反复提及的多巴胺就是其中之一。它在脑功能中扮演了两个主要角色：一是控制有意识的运动和增强脑奖赏系统的快乐体验。之所以电脑游戏对于玩家有一种不可抗拒的吸引力，就与此有关：游戏中一些可实现的挑战不断地刺激玩家，当玩家在实现目标方面取得进展时，会感受到愉快的情感体验，这是多巴胺对其正确决策的奖励。二是有益于学生的学习。对正确答案的满意感会增加多巴胺的释放，大脑也偏好重复那些能够增加多巴胺释放的活动，从而使学生不断在学习过程中产生愉悦情绪，增强学生学习的动机，同时也可以增强学生的记忆力和注意力，为走入更深层次的学习创造条件。

如何在课堂教学评价改革中发挥多巴胺奖励系统的作用？

首先，注意创造机会，让学生感受到成功的愉悦感与满足感。课堂教学评价要做到精细化，对评价结果的应用要从"胁迫"走向"引导"，发挥评价的激励和改进作用。教师在进行教学评价时，可以使用各种文件夹展示学生的进步和努力，对学生实施增量评价。文件夹的内容可由师生共同选择，包括反思性写作以及与学生学习内容相关的自我评估。每个单元的学习，学生都可以检查自己的文件夹，从而为他们提供持续的反馈，帮助他们发现自己的成长与进步。当学生真切地感受到自己一点一滴的进步和成长时，大脑内就会释放大量的多巴胺，使学生产生愉快的情感体验，从而进一步激发学生学习的动机和欲望。

其次，注意采取多种评价方式，通过对不同层次的学生提出针对性要求，激发不同层次学生的学习动力。除了随堂测验或考试等传统的方法外，还可以采取多种评估手段，例如，使用能够测量学生个体成长的评估准则，并根据学生的差异制定不同的标准。在设计这些准则时，教师要确定组成任务的各个要素，设计对预期表现的描述，确定学生掌握的不同水平。这些标准在任务开始时就传达给学生，以便他们了解学习的目标和结果。教师的目标是让所有的学生都参与并投入到活动中去，让所有学生都能看到自己的成长和进步，使多巴胺奖励系统的作用在每个学生身上都能发挥作用。

再次，注意课堂教学评价的及时性。形成性评估和纠正反馈是促进长期记忆、发展推理和分析执行功能的有效手段。在课堂上，教师对学生进行及时测试有利于教师掌握学生的学习情况，及时调整和改变教学计划。这种方式可以使学生不至于因困惑而感受到挫败，陷入抵抗、逃离或是呆若木鸡的状态。同时，由于测试要求所有的学生都参加，就可以保持学生脑中的杏仁核通路向前额叶皮层敞开，减少他们参与活动的焦虑感。当学生在课堂上没有紧张感或恐惧感时，就可以安心参与教学活动。通过及时评价，教师在辅导那些需要进一步讲解或练习的学生的同时，鼓励那些已理解知识的学生进入更高难度的挑战性活动中。如此，对那些已经掌握了知识的学生来说，他们就不会再进行无谓的重复练习和训练，而是可以与合作伙伴一起迎接更大的挑战。

另一方面，在推动基于深度学习的评价创新时，还应充分利用大脑的情绪控制机制。

如前所述，大脑存在着有杏仁核与海马体组成的情感的控制中心，也叫"情绪脑"。传统的学习评价更注重学习在认知层面的结果，很少涉及情绪层面的评价。实际上，情绪、思维和学习之间总是相互关联。

情绪对于意义的构建与注意力的集中具有重要作用，而且它能够形成自己的记忆通路。

杏仁核可对情绪进行评估。由于青少年与成年人的脑反应模式有很大的不同,再加上实践经验匮乏,当面临外界刺激时,青少年往往以情绪化的方式进行处理,这种情绪化非常强烈时,会导致杏仁核识别到危险信息存在,进而刺激下丘脑向人身体发出激素,造成人体血压升高、心跳加快、手心出汗、肌肉僵硬。虽然情绪是个体的一种表现、态度、反应以及心理活动,很难进行物化测量和考核,但是它对学习者的健康和学习的作用至关重要。因此,教师对学生学习的评价不仅需要将情绪控制纳入评价范围之内,还应该不断地进行创新性评价,以期能更准确、更真实和系统地评价学生的情绪。在信息技术变革的推动与支撑下,今天的课堂,已经可以运用 AI 技术、可穿戴设备进行实时测评,包括学生在学习过程中的情绪高低状况、不同情绪下大脑活跃的状态、注意力是否集中、大脑运算的效率等,这些对情绪的评价有利于进一步对大脑化学物质释放进行评估,同时也有助于为教师诊断自己的教学成效提供及时反馈。

脑科学在课堂上的运用已是方兴未艾。它既彰显出课堂科学化的一条基本道路,也展现出教师专业发展的新路径:在课堂中,洞悉脑科学的奥秘,运用脑科学的成果,培养自身的教学新素养和新能力。

第六辑 — 未来的课堂

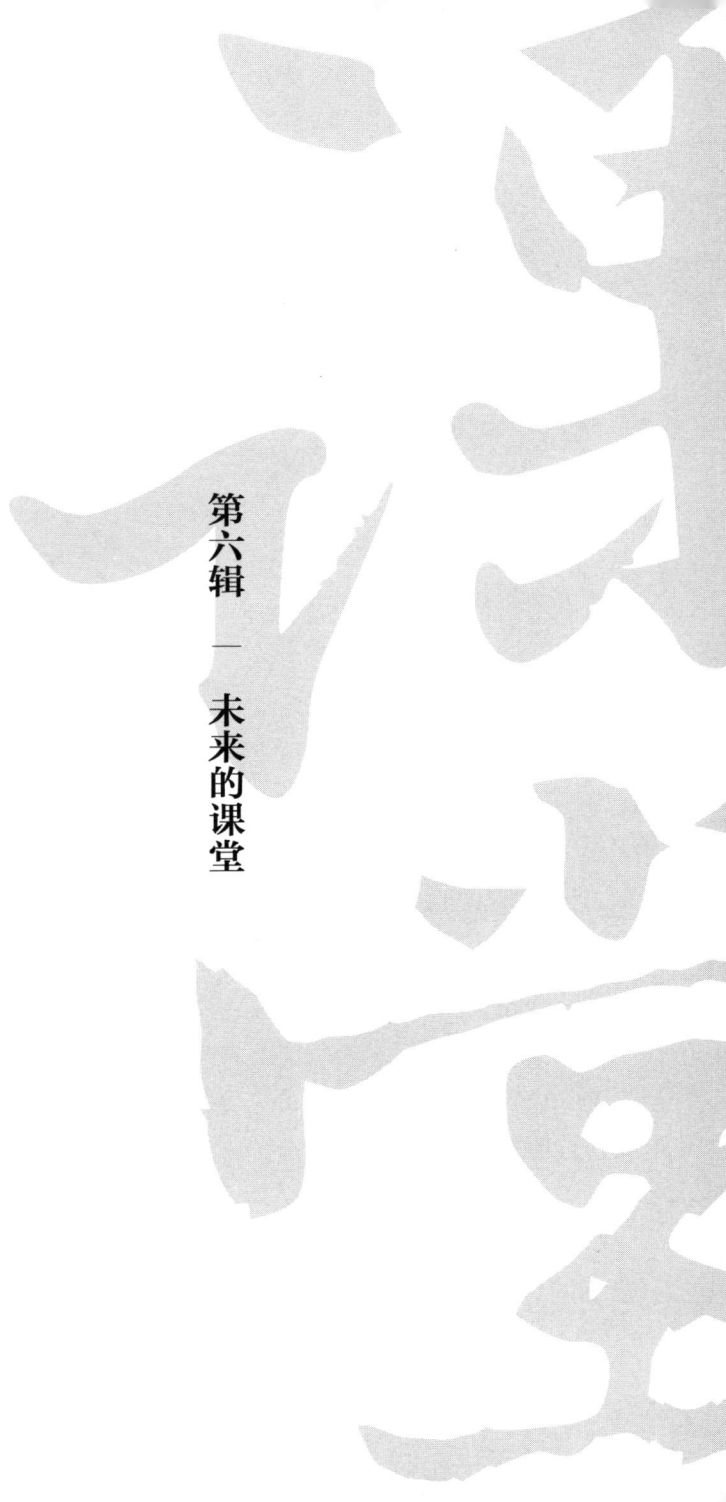

# 未来的课堂：
# 一线牵引，双线融合

未来的课堂，是用"线"来联结和牵引的课堂。这个"线"就是网络，它起先把人类的教育、世界的课堂分成了两类：线上教学与线下教学，进而双线趋向融合，成为双线融合教学。从此，一个由一线牵引、双线融合的教学新时代已经来临。

如何迎接这一前所未有的新时代的到来？

## 一、把双线融合教学当作教学的新常态

在疫情的"逼迫"和"推动"下，在线教学从书本、文件、黑板走入教室和家庭，成为当代教学的新常态。这对于习惯了线下教学的我们来说，的确是全新挑战。包括我在内，大多数教师都被动卷入了在线教学之中。对我而言，经历了从懵懂、怀疑、拒绝到无奈接受，再到主动参与，进而思考探究的变化过程。我逐渐发现，今日之我和未来之我，在线下教学和线上教学之间穿梭切换，是必然的教学新常态，合理的态度与方式是：适应它、运用它和探索

它，然后把它变成自我教学生活的一部分，变成教学新基本功的一部分。

## 二、打破对在线教学的成见

在铺天盖地的在线教学潮涌现之前，教育界曾普遍流行一个观念：在线教学的效果明显不如线下教学，因此能不用就尽量不用，能线下就尽量线下。

真的是如此吗？究竟该如何认识在线教学的学习效果？仅凭个人的经验，或口耳相传的体验，难以充分证明这一观念的合理性。我们需要科学的实验，为之提供实证的依据。通过华东师范大学等高校所做的 47 项准实验和实验分析发现，在学习效果方面，在线教学和线下教学并没有显著差异。由此形成了一个核心观点：媒介本身对学习并没有实质性的影响，就像不管用什么车子来运输蔬菜一样，都不能改变其营养结构和营养价值。同理，无论有没有运用网络来教学，我们所教给学生的知识、方法和能力，其教育价值或育人价值都不会轻易改变。真正提升在线学习效果的关键，在于教师及其运用的在线教学的方法，即采用什么方法来真正促进学生的学习质量。

有关在线教学的第二个成见，也是一个普遍误区，认为在线教学只是把线下教学直接搬到线上，从而变成"站着教的电视教学"。这一误解的根源在于，没有厘清在线教学与线下教学的差异，没有明晰三个前提性的基本问题：

哪些是两者共同面临的教学问题？如无论线上、线下，都需要让课堂充满自主性、互动性和体验性。

即使是共同面临的问题，在线教学的特殊性是什么？如同样强化学生的互动，在线互动与线下互动，需要解决的难题和相应的策略、方法是什么？同样要走向深度学习，在线的深度学习，教师的指导内容和指导方式如何体现"在线性"？

哪些问题是在线教学特别突出的，甚至是特有的？例如，与个人隐私相关的网络安全，以及在线教学的伦理问题。

## 三、处理好在线教学和线下教学的关系

在线教学，又称网络教学、在线教育或远程教育，其内涵是利用网络技术，突破时间与空间的限制，依托网络学习资源、工具、平台、空间，实现师生异地教学的教学方式。在线教学的关键是网络和异地。

作为一种相对于线下教学的"新型"教学方式，如何处理两者之间的关系，是首先要考虑的问题。需要明晰几个基本认识：

不能把线下教学简单搬到线上教学。它可以借鉴和运用线下教学的方式，但线上教学不能直接替代线下教学，线下教学有自己的教学逻辑和教学特性。

不能把线上教学视为线下教学的补充。如果只是将线上教学作为一种补充方式，那就低估了它的价值。二者是双线并行的关系，是教学世界中的平行宇宙。

不能将线下教育和线上教育进行简单叠加，这种加法思维忽略了双线教学所具有的融合可能。两者实质是可以在有机融合中取长补短，实现部分之和大于整体的效应。

## 四、提升在线教学的教师指导力和支持力

从信息时代进入智能时代之后，学生的信息素养内涵与标准发生了新的转变，尤其是在信息能力上，不再只是一般性的了解、搜集、评估和利用信息的能力，更加强调计算思维、编程能力、人机协作能力等新能力。这些能力的培养与提升，离不开教师的具体指导和关键支持，包括情感支持、社会支持和工具支持。有调研发现，从线下教学转换到在线教学之后，"教师能对在线学习平台的操作管理问题提供解决方案，能提供课程学习信息等的工具支持"维度得分最高；"与学生进行沟通交流，参与学生在线学习活动的社会支持"则得分最低。这说明，教师给予的指导力度和支持力度还满足不了学生在线学习的需求。

最关键的，是为学生在线自主学习能力的提升提供支持。自主学习能力是在线学习的核心，开展在线教学，也是培养学生自主学习能力的契机。

其一，为学生提供工具支持，如云笔记、社交软件、概念图等各种学习工具，为学生的在线学习提供工具和技术支撑；

其二，自我计划、自我监控、自我评价是学生自主学习能力之核心，教师要引导学生进行自我监控并安排好自己的学习策略，选择适合自己在线学习的媒体材料，还要加强对学生学习过程的监控，使其实现在线深度学习；

其三，教师要引导学生设定学习目标、合理安排在线学习时间，通过设计在线学习活动，提供在线学习策略，如激励、认知重组、联系、反馈、参与、问题、交互、拓展等，以促进在线学习中学习深度的发生。

## 五、理解混合教学与融合教学的区别与联系

混合教学是一种结合了网络教学和传统教学优势的在线＋离线教学。通过两种教学组织形式的有机结合，使学习者的学习由浅入深。混合教学包括教学空间的混合、教学时间的混合、教学方式的混合和教学评价的混合。降低学生学习的认知负荷、解放学生的学习自由、促成学生高阶学习的发生是混合教学的价值诉求。

就混合教学的特性与功能而言，它虽然采用线上和线下两种途径开展教学，但线上的教学不是整个教学活动的辅助或锦上添花，而是教学的必备活动，同时，线下的教学不是照搬传统课堂教学活动，而是基于线上的前期学习成果而开展的更加深入的教学活动，网络只是一个学习工具，线上不能解决所有的问题。大量的学习活动，还是需要回到线下，在线下完成，从这个角度看，线下学习是线上学习的基础。

此外，混合教学改革没有统一模式，但有统一追求：充分发挥线上和线下两种教学的优势，改造我们的传统教学。

就混合教学的具体策略而言，有研究者总结了十大策略：教学目标高阶化，教学活动模块化，技术工具便捷化，学习评价整合化，学习互动社交化，学习激励动机化，学习流程任务化，学习任务合作化，数据分析诊断化，混合教学翻转化。这些策略都是基于中外丰富的混合教学经验生成的。

经过一段时间的多方持续探索，在混合教学的基础上，又生成了融合教学的新理念。"融合"中的"融"即交融，指的是线上教学与线下教学你中有我、我中有你，它试图改变传统的加法思维：线上教学＋线下教学；非此即彼思维：要么线上教学，要么线下教学；二

元对立思维：将线上教学与线下教学对立起来，走向融通思维，让双线之间的传统屏障松懈瓦解。

在"融合什么"，即双线融合的内容上，一是知识内容的融合，在线下教学前有层次地对线上学习的内容进行复习，线下教学对线上学习的内容进行检测，摸清家底，查缺补漏。二是任务驱动的融合，坚持在线教学以学习者为中心，摒弃教师线上时间讲授、学生被动看听的现象，设计可操作、可检测、有挑战、有关联的学习任务。在任务驱动下，让信息素养培育、能力提升自然流畅。三是教学方式的融合，线下教学开始后，依然要沿用微课讲解重点、模块化学习、分析性反馈等方式，从线上到线下让学习真实发生。

在"如何融合"，即双线融合的方式上，首先是理念转型，充分认识到混融教学将是未来教学的新常态；其次是备课转型，把双线融合作为备课的新目标和新追求，让融合理念进教案；再次是策略转换，线上教学跨越时空限制，但师生互动、生生互动相对受限。因此，在融合中要转换教学策略，设计学习活动，让学生对学习无论在线上还是线下都兴趣盎然。

## 六、明晰双线融合教学带给教师的双重挑战

第一重挑战，教师角色的挑战。

从线下进入线上后，教师的角色也随之从"主讲"变为了"主播"。

直播已然成为当代人类生活的新热点。曾有《网络直播调研报告》显示，62%的网友平均每天花费16～45分钟看直播，95%的网友都看过直播；其中，90后中有97%的人看过，80后中有95%

的人看过，70后中有87%的人看过。直播不仅是用人的影响力带来流量，用超低的价格带来销量，用宠粉的策略博得品牌价值，更重要的，它让人们更加习惯于云端中的生活，直播由此成为一种新的生活方式。

然而，与那些网红带货主播相比，教师应该是什么样的主播？

教师是引发学生自主体验与思考的主播。带货主播为了卖出更多的货，往往需要事先替顾客体验与思考：当我们想买一支口红时，主播们已经帮我们试用过了；当我们想买零食时，主播们已经帮我们品尝过了；当我们想旅游时，也已经有人告诉我们哪里的酒店最舒服，连查询和思考的时间都帮我们省掉了。但作为主播的教师，并非为了减少甚至替代学生的思考，反而要创造各种条件去丰富学生的生活体验，培养学生自主思考的能力。

教师是促使学生进入"深度学习"的主播。作为主播，需要在线上进行各种展现和表演，带货主播展示的是货品，教师主播展示的是知识，前者的目的是利润，后者的目标是育人。因此，教师主播所有的在线"表演"，必须依托知识，引导学生进入学习和深度学习的状态，把主播表演的过程变成引发学生深度学习的过程。

教师是拥有丰富课堂视频资料库的主播。之前的很多教师，尤其是名师，都有多年积累的典型课例，这是他们安身立命、扬名立万的宝藏。但这些课例，主要以传统的纸质形式和文字方式来承载的，是文字媒介时代的产物。进入电子媒介时代之后，为课例的电子化、信息化和视频化，提供了新的条件和资源。进入主播时代之后，有人发现并建议"当教师的直播越来越多，很多老师把自己的直播录制共享出来，还放到了网络上，可以重复观看。或许，再过一段时间，对于很多老师来说，学生们可以搜索到的不仅仅是这位老师的文字简介、专业博客，还可能是大量的系列视频，还可以和教师直播连线"。这种依托视频的课例积累，将成为双线融合教学时代教师实践积累的必备构成。

第二重挑战，教师能力的挑战。

在线教学是数字时代的产物，它提出了"数字胜任力"的人才新要求。教师的"数字胜任力"，既表现为在线教学胜任力，更表现为双线融合教学胜任力。它的实质是一种"综合融通力"，即将线上教学与线下教学相关的知识、态度、动机、价值观和技能综合融通为基于"融合力"的教学胜任力，具体包括"观念融合力"和"方法融合力"。

观念融合力，是教师将与线下教学与线上教学相关的诸多教学观念综合融通的能力，这些观念里隐含了知识、态度与价值观。具体表现为教学价值观的融合力、教学过程观的融合力、教学评价观的融合力。

例如，教学价值观的融合力。价值问题是教学的首要问题，如同叶澜所言："教学活动不可能回避价值问题。从历史来看，每当社会发生重大转型时，人们对教育的批判，往往是从价值批判始，从重新认识教育的价值和目的始，并且以此为依据和出发点。"当教师从线下教学走入线上教学，进而走向融合教学之后，首先面临的是价值观融合的挑战性问题：能否充分认识混融教学最有价值和最为根本的目标，进而融通线上线下教学的价值观？关键在于能否用合理且根基性的价值观将双线教学融合起来。这一价值观的核心与"人""育人"和"生命"有关。课堂教学价值观需要重新认识教学在育人中的价值，以及为"培养怎样的人"服务的问题。衡量教师是否具有教学价值观融合力，就要看其能否避免将教学变成"知识的传递与搬运",转而遵循"挖掘和提升学生的生命价值",以此作为线下线上教学共同的教学价值观,实现双线教学在价值观层面上的融合。在这个意义上,教师的融合教学胜任力,就是将双线教学价值观融为一体的能力。

在价值观融合的过程中,尤其需要注意的是,由于在线教学对技术手段、方法的依赖,往往容易聚焦于在线教学的技术、方法,导致"眼中只有技术,没有人",遗忘了在线教学的价值本质依然是"育人",是"在线育人",从而割裂了在线和育人之间的关联。

再如,教学过程观的融合力。它需要融合线下教学的过程观、线上教学的过程观和融合教学的过程观等。融合教学的过程观,需要处理好线下教学过程观与线上教学过程观之间的混融关系,整合和转化好教学过程中"变"与"不变"的各种因素。

它带来的"变"显而易见:由于在线教学的横空出世,教学的时间、地点、发生方式(包括授课方式、交流方式等)等都发生了明显变化,进而生成了一些新问题:如何通过处理好双线融合教学过程中师生的参与度、活跃度、师生内在"融通"的主客体关系,以及灵活多样的教学技术使用情况等,来创设只有双线融合教学过程才能创设出的双线教学情境,形成只有双线融合教学才具有的教学过程推进展开的逻辑。

融合教学过程的"不变",同样值得关注:除了教学内容、教师、学生等教学过程中不可缺失的教学要素依然不变,还包括教学过程本质的不变,这一本质表现为如下核心问题:

如何认识教学过程不可取代的基本任务?在以往,对这个问题的回答涉及"日常情境中的学习成长"与"教学过程中的学习成长"的关系问题,进入融合教学时代之后,则进一步特殊化为"在线教学中的学习成长"与"线下教学中的学习成长"的关系。

无论是双线融合教学,还是线下教学或在线教学,都共同遵循对教学过程根本任务的普遍认识:"使学生努力学会不断地从不同方面丰富自己的经验世界,努力学会实现个人的经验世界与社会共有的精神文化世界的沟通和富有创造性的转换;逐渐完成个人精神世界对社会共有精神财富富有个性化和创生性的占有;充分发挥人类创造的文化、科学对学生'主动、健康发展'的教育价值。"都共同面对"如何把课堂还给学生""怎样在课堂教学过程中实现师生双向赋能的积极互动"等当代教学改革中的现实瓶颈难题。

又如,教学评价观的混融力。所有的教学评价观,都与"什么是好课?"有关。就基本原则来说,课堂是否充满生命活力、教学是否有真实多向的互动生成?学习是否真正发生?是否引发了深度学习?就基本内容来说,融合教学同样涉及对教学设计、教学过程和教学反思的评价。例如,就教学设计而言,教学目标设计、教学内容设计和教学过程设计等方面的评价内容都不可或缺。就基本方式来说,过程性评价和结果性评价、诊断性评价与常规性评价、原则性评价与比较性评价、全程整体性评价与阶段系统性评价等不同的评价方式,也需要贯穿于融合教学之中,成为融合教学的基本构成。

对于教师而言,既需要分别把握基于在线教学的好课标准,它与之前所述的数字教学胜任力和信息技术素养能力有关,也需要将普适性的好课标准与在线教学的标准融合起来,以避免因顾此失彼而失去了"好课"原本的魂魄。

# 走出数字化的"课堂之路"

"数字化"是未来课堂的主旋律。其实,这个未来已来。在当下,没有比数字化更吸引教育人目光的热点了。不知不觉间,我们共同迈入了数字化课堂的新时代。

当数字化进入课堂之时,首先要做的工作,还不是习惯性地直接跳入技术运用和操作,而是回到原点,对数字化本身的独特意蕴先行加以透彻的理解、把握和定位,明了数字化对于课堂而言究竟意味着什么,何以是"新课堂",以此表明"观念"对"行动"的引领。

数字化是新工具。它是教师研究学生,进行课堂诊断与教学改进的工具。与其他教学工具相比,数字化工具的最大作用,是为个性化教学实施、促进学生个性化发展创造了技术条件。人类自古至今倡导多年的因材施教的教学理想,由此有了从天花板落到地板的可能。对数字化的"工具定位",是为了避免数字化进程中的本末倒置:为了数字化而数字化,数字化一跃成为课堂的终极目标,化身为课堂的主人,师生则成为数字化施展的对象和工具。

数字化是新标准。这个标准既是技术标准:有基本的技术门槛和操作规范；也是教学标准：自此以后的"好课"必定要有数字化的专业要求；更是育人标准：数字化内含了对"培养什么人"的新设定——要有数字思维和数字素养，它们既属于学生，也属于教师。我们不可能指望没有数字思维和数字素养的教师能够培养出有此类品质的学生。在这个意义上，作为一种育人标准的数字化，指向和通向于"数字人"这一数字时代的理想新人，在学生那里，是"数字儿童"或"数字学生"，在教师这里，则是"数字教师"。以此标准作为视角来看待课堂，数字化教育时代的好课，不只是看师生有没有对数字化工具进行充分娴熟的运用，还要看以什么方式、在多大程度上，养成了师生的数字思维，拥有了数字素养，提升了数字化胜任力。

数字化是新过程。与任何"化"一样，数字化之"化"，也需要经历"化的过程"，在"数字化课堂"中发生的化的过程，是挖掘和转化数字的育人价值的过程，进而实现"把数字化为育人"的过程。这种"以育人为标识"的转化性过程和过程性转化的至关重要之处，在于数字化及其相应的各种技术、工具，虽然蕴含了教育或育人价值和功能的可能性，但这一育人可能性不会自动实现，更不会一蹴而就，必定要经历从数字到教育、从数字到育人、从数字化到教育化的转化过程。这一新过程的实质，就是创造性地开掘和实现数字化特有的育人价值，让数字化在课堂的场域里达成教育化转型，从而脱胎换骨，涅槃再生，长出教育的面孔，散发教育的味道，弥漫教育的气息。这样看来，数字化与课堂的融合，引发了双重转型或双向转型：对于课堂来说，走向数字化转型，对于数字化来说，则要经历教育化转型、课堂化转型，需要探寻数字化转型的教育逻辑与课堂逻辑，其实质与根本就是找到数字化课堂的育人逻辑。只有遵循育人逻辑的数字化，才能彻底完成与教育的联姻，让数字化的课堂成为教育化的课堂、育人化的课堂。

数字化是新道路。正当我们困惑和纠结于课堂转型与变革的各种瓶颈难题之时，数字化浪潮的涌现恰逢其时，在提供了解决路径与方案的同时，还铺设了两条道路：一是课堂的数字化之路，二是数字化的课堂之路。目前来看，前者被关注的较多，是喧闹之路，后者则相对寂寥，少有人涉足，它的挑战在于必须回答并解决一个关键问题：同样是数字化，教育场景、课堂情境中的数字化，有什么不同？最根本的不同，是不同价值观牵引下的标准的不同。如果说，数字化之路提供的是"数字标准"，课堂之路则是"教育标准"和"育人标准"，它们分别构成了两条道路上的新路标。

今日的数字化课堂，在完成了技术改造、工具更新之后，接下来的重大任务，是通过探寻数字化课堂的育人逻辑，把数字化变成教育化，走出并走好数字化的课堂之路。为此，四件事情至为关键：

一是研究"数字化学生"。数字化时代的学生，是"数字一代"。要让数字育人化，帮助学生通过数字化而成人，首先需要对这一代"数字儿童"的兴趣、需要和学习方式等有深入的研究，以此作为数字化课堂转型与改革的前提：作为教育对象的人变了，课程与课堂、教学和教研就得随之改变。

二是赋能"数字化教师"。数字化课堂中的教师，需要把数字化转化为新的教学素养、教学能力和教学新基本功。没有数字化，就没有教育的未来、课堂的未来；同理，没有数字化素养，也没有教师专业发展的未来。

三是开展"数字化实验"。如何证明课堂的数字化产生了教育效应和育人成效？不能只凭思辨和讲道理，更要通过扎实的课堂实验，获得坚实的实证基础。数字化的演变与发展，经历了千百次技术实验，没有这些科学性实验，就没有数字化技术的有效运用和迭代更新。数字化的课堂之路，也是实验之路，是通过实验、基于实验，在实验中走出来的课堂新道路，这一实验之路的独特在于：融合了科学实验、技术实验和教育实验，但最终要体现课堂实验的教育特性，找到或建构数字化课堂实验独有的育人逻辑。

四是明晰"数字化限度"。没有一种教育理论、思想、技术和方法，可以解决所有的教育问题，都各有其优势和局限，表现出各自的所见、所能和所不见、所不能，以及带来的各种误区。数字化也不是包治百病的灵丹妙药，它的功能区间和作用范围不是无限的，并非无所不包、无所不能。走在数字化的课堂之路上的我们，对于什么是数字化力所能及和力不能及的厘定与划分，这种有限意识和边界意识，可能是人人都需要备用的清醒剂。

# 呼啸而来的
# 教育元宇宙课堂

元宇宙最初是科幻作家创造出来的，但幻想不仅能够照亮现实，常常还会引领现实和改变现实。如今，它已经从说出来的概念、词语，变成了做出来的现实。元宇宙进入教育领域，成为教育元宇宙，已经从想象世界、虚拟世界变成了触手可及的现实世界。

这个新的世界，引出了新的教育问题：元宇宙可以给学生什么样的教育或教育影响？所有的"教育影响"都和育人有关，由此需要回答的问题则是"元宇宙可以育出什么样的人"，或者"什么是只有元宇宙才能够育出的人"，以及"同样是育人，元宇宙特有的育人方式是什么"。

在教育影响的意义上，元宇宙进入教育领域，意味着进入学生的学校生活，但这并不意味着它自动会变成学生日常生活的一部分，除非它能满足学生的精神需要，只有触碰到"学生的需要"这根弦，它才能真正进入学生的生命之中，进而影响和改变他们身心成长的轨迹。我认为，元宇宙的出现，在根本上，满足的是学生跨越时空的需要。这种需要从人类诞生初始，就根植于人类的内心，在根本上，人类的各种文化创造物，例如飞机、汽车这样的交通工具，网络、电脑和手机这样的通讯工具等，都是这种需要的满足方式。可以说，跨越、跨界或穿越的内心需要，成为推动人类文明发展的不竭动力，同时，它也是促进人的生命成长与发展的动力。儿童时代阅读《西游记》，印象最深的就是孙悟空的72变，以及一个筋斗十万八千里的本领，并为之心醉神迷、心向往之……元宇宙的出现，有可能把孙悟空的本领变成现实世界更多人的本领，它通过创造各种虚拟的平行宇宙，赋予学生在不同宇宙界面的多元身份、角色，实现自我在虚拟世界与现实世界的穿梭、转换与融合，这样高频率的虚实融合、角色切换，改变了儿童青少年的生存方式，可以为他们带来新的成长资源或发展资源，既满足了他们的跨越或跨界需要，也将改变并赋予其新的学习方式：走向虚实融合或虚实跨界式的学习。

在育人的意义上，元宇宙催生的虚拟世界，进入教育领域之后，将转化为一个育人世界，同时也是一个育人共同体。在这个共同体中，教师应该发挥关键作用。首要任务是确立育人目标，明确进入元宇宙时代之后，什么是这个时代的理想新人？作为教育者要给予学生什么相应的素养和能力？什么已有的核心素养或能力，在元宇宙时代特别需要强化和深化？例如，想象力以及在游戏中学习的能力等。其次是帮助学生重建师生关系和生生关系。在教育元宇宙的世界里，将会出现虚拟教师和虚拟同学，前者是新型教师，它的出现，构筑了一种新型的师生关系：真实教师—学生—虚拟教师，如何在与真实教师和虚拟教师的双向互动或三角互动中学习，这是一种全新的挑战；后者则是个性化虚拟成长伙伴，这是基于学习者的数字孪生，由此又带来了真实同学—学生—虚拟同学的新型生生关系，如何指导学生在这种全新的伙伴关系中学习和发展，同样值得教育者深思探究。此外，在教育元宇宙的世界里育人，还需要对元宇宙为代表的技术新世界的"教育限度"有所警惕和清醒。曾经有人指出"真实的人，几乎不可能完全通过物品、资料或虚拟角色的引导，产生基于人的自我认知和成长期望。这让我们再一次理解'学以成人'的意义，再一次确信教育者的价值"，这种限度表明，需要在反复的实验探索中，进一步明晰：什么教育问题和育人目标，是可以通过元宇宙、进入元宇宙和在元宇宙中解决的，什么则是其无能为力的，甚至可能带来弊端的，例如，让儿童沉迷在虚拟世界里无法自拔，滞留在虚拟时空里，无法在两个世界中顺利穿越，最终遗忘了真实的自我，离弃了现实世界……

当然，元宇宙也带给教育教学新的发展机遇，这些发展机遇是全方位的。一是创造了全新的教育时空、教育场域或教育环境，拓展了原有的教育的边界、学习的边界和学校的边界，这个边界是目前人类教育所知、所能和所达到的最广阔深远的边界。二是提供了重新理解并且建构教育与技术关系的机遇，作为最前沿信息技术的代表，元宇宙的出现，让我们想起当年以互联网和计算机为代表的信息技术带给教育的冲击甚至震撼，还有随之而来的铺天盖地的质疑……当时的先行者，也是最早吃螃蟹的人，遭遇了诸多质疑和批评，有些人放弃了，有些人坚持下来了，因此成为时代的弄潮儿，站在了时代前沿，并且引领了时代的发展。同样，在被称为教育元宇宙之元年的今天，元宇宙不出意外地经历着来自教育内外的质疑和批评，我们珍惜这些非议之声，他们让我们更加冷静、清醒，以更加审慎、科学和专业的眼光，推进和促进教育元宇宙在符合教育本性、遵循教育规律、体现育人方向的轨道上健康发展。借助以元宇宙为代表的信息技术的迭代更新，以及与教育教学的深度融合，教育与技术的关系，已经和

"教育与人""教育与社会""教育与文化""教育与自然"等问题一样，成为当今教育研究者和实践者共同关注的教育基本问题。今天的教师，如同当年面对互联网一样，可以不研究，但不能不关注、不直面，不能熟视无睹，更不能视而不见。完全可以预期，不久以后，元宇宙也会像多媒体教学技术一样，在学校教育生活中加速渗透、快速弥漫，成为学校生活的"日常"，变成空气和水一样的自然背景……

三是元宇宙将会全方位重塑学校文化环境，重建学校治理体系，包括理念体系、课程体系、教学体系、教研体系和评价体系等，这是一个体系化的重构。多年之后，我们就会发现一条通向建设高质量教育体系的"教育元宇宙体系之路"。四是元宇宙的到来，还有助于改变一些根深蒂固的教育难题，例如，学习兴趣的激发。元宇宙创造了奇妙莫测的世界，身处这个充满奇幻色彩的世界的儿童，自然会为之欢呼雀跃，哪怕是成年人也会陶醉于这样的幻境。再如，有关游戏与学生成长的问题。游戏文化的盛行，一方面，成为这一代儿童青少年的狂欢节；另一方面，却是教师和家长们头痛不已的心病，甚至噩梦……然而，无论教育者怎么阻挡，游戏这个洪水猛兽，依旧在少年儿童的世界里横冲直撞，势不可挡，因为游戏已经化为孩子们精神需要的一部分，如果要把这种"需要"从他们的生活中强行剥离，难度可想而知。唯一的出路是换一个思路，从围堵、疏通到转化，第一个转化方式，是把"游戏文化"转化为"游戏教育"，让游戏具有教育的内涵和价值，把游戏的过程变成教育的过程；第二个转化方式，是把"游戏文化"转化为"游戏劳动"，进而转化为"游戏劳动教育"。元宇宙的出现，会加速如下观念的成型和普及：游戏不只是一种娱乐方式，还是一种劳动方式。如果游戏真的实现了"劳动化"，被赋予了劳动的价值，相应的"游戏劳动教育"的呼之欲出，就自然而然。长期以来，贴在"游戏"头顶上的不良标签或烙印，就会随之撕掉和抹去。更重要的在于，由于游戏是一种充分激发学生兴趣、让学生快乐起来的活动，所以它成为劳动教育的切入点和突破口，也变得理所当然。最终，游戏拓展了劳动的边界，劳动解放了游戏。在这一点上，充满了丰富游戏内涵和意蕴的元宇宙大有可为。当然，游戏不等于学习，快乐不等于成长，无论是游戏文化转化为游戏教育，还是游戏文化转化为游戏劳动和游戏劳动教育，转化的过程是非常复杂的，需要长期艰苦的探索性实验和实验性探索。

既然教育元宇宙是一个全新的教育世界，这个世界必然有它的法则和标准，只有适应它们，才能得以生存和发展。作为当代全球教育改革与发展的前沿课题，"教育如何帮助个人及组织适应数字真相时代"，它同样适用于元宇宙时代的教师，教师也是"受教育者"，而且更需要接受再教育：只有教师先行适应教育元宇宙的要求，才能引领、指导和帮助学生学会适应。

教育元宇宙对于教师的新要求，在本质上是对"新能力"的要求。一是运用力，运用元宇宙技术的能力。如同当年教师要学会用电脑和多媒体技术一样，今后的教师需要学会运用元宇宙的相关技术。二是建构力，在元宇宙技术的背景下，建构新课程、新课堂和新教研的能力，还有建构基于教育元宇宙育人目标和育人方式的新评价的能力。三是协同力，首先是指与虚拟教师、真人学生的协同能力，未来的课堂，将是真人教师和虚拟教师同时走入的课堂，作为真人的教师，如何与虚拟教师协同教学、协同育人？其次是指与真人同学、虚拟同学的协同能力，教师如何组织真人同学、虚拟同学在协同交互中学习？这个挑战前所未有。此外还是指真人教师与虚拟教师、真人同学、虚拟同学的多重协同，教育不再只是"一朵云推动另一朵云"，而是推动"另三朵云",甚至"更多朵云",同时还要"让每朵云都变得更美"。显然,这是一个更为复杂的协同交互能力与融合共生能力,需要通过建构多角色数字化协同融合机制来实现。四是指导力,这是指导学生适应元宇宙时代的能力,具体表现为如何有效改变其元宇宙式的学习方式,例如在游戏中学习、在游戏中劳动,进而提升学习质量的能力。如上所有教师的新能力,都将构成未来教师培训的新要求、新内容和新标准。这意味着元宇宙时代的教师培训和专业发展,将会迎来全方位的大变局,形成新的大格局。

# 第七辑 教师发展的课堂

# 做好迎接课堂的
# 准备了吗？

倾听了你人生的第一堂课，我感受到了你的激动，隐约触摸到你灵魂深处的战栗，它或多或少沾染了焦虑的气息，这种气息我是何等的熟悉——当年的我，也带着同样的忐忑不安走入课堂。

从现在开始，你不再是一个教学"实习生"，不再是一位课堂的"预备役"人员，而是真正的教师，真正的"战士"了。

我们的实习生时代，充满了对课堂的好奇，簇新的教材，师父的呵护……孩子们稚嫩的面容和声音，笼罩着课堂，为课堂灌注了些许神奇、少许魔幻……这些被赋予的色彩，更多是"天真"的产物，课堂原生态的艰难的痛苦，磨难的严酷，都躲藏在天真的背后，默视着我们，暂时不肯出场。它们伴随着真实的课堂，隐身在教室门外，等待真正进入的那一刻的到来，再徐徐展现它们的真容。

那时的我、你和学生，只是可以勾肩搭背的"朋友关系"，还不是"师生关系"。真正的师生关系，教师要有尊严感，学生要有敬畏感，师生之间要有距离感。那时的我、你和学校、和课堂、和家长、和学生，都是纯粹的教学关系，没有多少管理条例的羁绊，更没有利益计算的纠葛。只是上几节课，完成实习菜单，为顺利毕业提供必要的一门课程而已。如今的我们和学生的关系，有了"分数"的衡量，有了"绩效"的考核，各种管理和利益把我们捆绑在一起，充满了"相爱相杀"的气息……

那时的我们和课堂，是"恋爱期"，最多是"蜜月期"，充满了欢乐和甜蜜，现在的我们与课堂的关系，进入了"婚姻"的殿堂，"恋爱"不会永恒，"蜜月"总会过去，与课堂在一起的柴米油盐酱醋茶的日子终将到来，这样的日子，不是平滑的绸布，而是粗粝的磨砂，来来回回之间，磨去了你们之间的"激情"……

一切都截然不同了……包括别人看待你的眼光，一定是对真正"教师"的眼光了，这种眼光里，有校长和家长对你要承担责任的"期待"，有公众对你能力的"审视"，还有对你的"疑虑重重"……

面对这些复杂的眼光，在你夹着教案走到教室门口之前，可以先尝试着问问自己：我做好准备了吗？

这是一个严肃、认真的问题，不可轻描淡写、随意随性地绕离。

有哪些准备特别重要？

## 一、学会与课堂亲密

一旦课堂变成日常的任务和工作，"疏离"和"厌烦"就会随之到来。遥记当年初任教师的我，多么渴盼"周末"的到来，同时，何等恐惧"周一"的降临！所以，尽力保持恋爱和蜜月期间的那种亲密感至关重要，它让你尽可能地少和课堂闹别扭。只有少和课堂闹别扭，才能少和学生闹别扭。带着这种亲密感，即使浑身是泥，依然能够和课堂一起打着滚"活下去""走出来"。

如何才能和课堂亲密？先尝试着把课堂变成自己的家。"家庭感"自带"亲密感"。你的居住之地，是"生活之家"，课堂是工作之地，是"劳动之家"，每天都在两个家之间游走穿梭，收获不同的亲密体验。然而，课堂不会自动具有"在家感"，你还得试着把课堂变成内在需要，变成生命的一部分。最初，这种需要的产生与"责任"有关，与"情感"无关。我无法要求你一开始就把"爱的情感"赋予课堂，这显然不切实际，虽然确实有一些步入职业生涯之初就对课堂爱的死去活来的人，但这样的人属于奇葩之列，不会太多。爱上课堂，往往要从学会对课堂承担责任开始，责任感越强烈，亲密感就越强。这里的责任感，首先是对自己的责任感，既然选择了课堂，就是选择了自己成长的地方，如何对得起自己的选择？那就先上好课吧，对课堂好，就是对自己好——课堂与你的关系，无非如此。这个时候，我们可以诗意地言说，当课堂来到你的面前，这是一种生命的转向：从此，课堂就是生命的一部分。无论如何，你的生活将与课堂捆绑在一起，这是你的宿命，它无可阻挡地实现了奇妙的命运联结：课堂与你的情感联结起来，与你的想象联系起来，与你全部的生命融通起来，联结、联系和融通的程度，不仅决定了你未来课堂的广度和深度，也决定了你人生的广度与深度。

## 二、带着敬畏感面对课堂

带着朝圣的心态看待课堂，是一种奢求或苛求。这种朝圣的路，既需要天赋的支撑，也需要机缘的生发，还需要时间的积淀，常常需要进入人生的后半程，时候到了，"神圣"才会悄然降临。但我希望你可以拥有对课堂的"敬畏"，敬畏你的课堂，就是敬畏你的职业，敬畏你的选择。你可以"举重若轻""云淡风轻",但不能以轻慢、轻视的态度对待课堂,因为课堂是生命成长之地,你的每一句话,每一个动作,每一种神态,都可能印在学生的心底,转化为他们思想和行为的一部分,影响着他们的人生。作为教师的你和我,如何能不小心,如何能不胆战心惊、谨小慎微?对课堂的敬畏,就是以谨慎、严肃、认真、一丝不苟的方式,处理你的课堂,雕刻你的课堂。想象自己是雕刻师,课堂是手底下有待成型的瓷器胚胎,它将来的身份是"艺术品",你将带着什么样的心情和态度,手捧着它,挥动着你的雕刻刀?

## 三、不要太在乎课堂的脸面

课堂就是教师的脸面。我的第一次公开课上得很糟糕,不到20分钟,就猝然结束。师父的脸很黑,同事的脸很冷,学生的脸很懵,我的脸很疼。自此以后,我对上公开课有了面积不小的"心理阴影",迟迟未能走出,长期以"逃避"的方式面对。这种失了脸面的课堂,一定也会在你的课堂里出现,各种懊恼、羞愧、郁闷会在很长时间占据于脑海之中……如果人生就是修炼,这就是教师修炼的必修课,承受课堂失败、挫折的煎熬。我们当然可以说,教师课堂修炼的最高境界,是在各种意外和挫败面前,保持从容不迫、镇定自若,但我无法这样来要求初为人师的你,对于大多数人来说,这都属于"勉为其难",但我可以建议"不要太在乎自己的脸面",不要对那些让你脸红的批评与失败过于在意,或许,你可以尝试像渡边淳一《钝感力》中的那位青年医生一样,面对师父的责骂甚至侮辱,持有一种"钝感",把重心放在一次次自我改进、自我提升的行动上,而非陷入自我懊悔的情感的泥潭里。如果今天太看重自己的脸面，很可能越往后就越没有脸面。为此，需要尽早"接种逆商的疫苗"，提升在逆境中的抵抗力，抵抗所有与"脸面"有关的课堂失意和无所不在的来自他人的非议、冷漠、轻视……如果能习惯性地把耳朵朝向批评，增大对批评的开阔度、容忍度和吸收度，那不是耳朵起了"老茧"，而是心灵有了更加厚实的承受力。

## 四、尽快找到自己的"标杆"

"标杆"是自设的课堂参照系、模仿对象或比较对象，它可以是"好课"，也可以是"好老师"。在进入课堂之前，总得明确"什么才是好课""什么才是好老师"。没有这样的标杆，我们的课堂就成为迷失的课堂，我们的教师人生，将成为迷糊的人生。

如果"好课"的标杆相对抽象，"好教师"的标杆则可以具体化，例如，我想成为苏霍姆林斯基那样的好老师，或者，把人民教育家于漪作为自己的标杆。如果觉得标杆高不可攀，则可以转向所在学科的那些触手可及的名师，身边或周围总有一个人适合成为自己成长的参照系。找到标杆，带着标杆，进入课堂，把每一次上课的过程，都变成奔着标杆直跑的过程。

## 五、明确自己的角色定位

初任教师的你，刚刚走出大学校园，即使不是满腹经纶、学富五车，至少也带着本学科知识的"满满干货"新鲜出炉，和稚嫩的学生相比，教师肯定是知识的化身和代言人，但如果一进课堂，就忙着秀出"知识肌肉"和"才华羽毛",那就大错特错了。教师在课堂上的真正角色,不是展现者,不是展现自己拥有的学科知识的人,而是帮助者,帮助学生拥有学科知识,是助学者,更是转化者,是把自己的知识、书本的知识转化为学生的知识的人。教师最根本的能力,不是展现拥有某种知识的能力,而是帮助学生学会学习的能力。所以,当你第一次面对学生的时候,最应该说的第一句话是:同学们,我是来帮助你们学习的人。

## 六、在积累和忍耐中自我孕育

帮助别人的人,都是点灯者。教师则是点燃学生灵魂的那盏灯的人。但在点燃别人之前,得先把自己这盏灯点燃。这盏生命之灯,也是心灵之灯,不是可以轻易点燃的,它需要深厚的积累:经验的积累,资源的积累,时间的积累,时候到了,只需一颗火星,生命之火就会轰然而起,各种积累而来的课堂知识、方法和体验,都会在点燃的这一刻,豁然贯通。

不要太早期待这一刻的到来,不要太快催熟你的"积累度",当下的积累,就是在为你的人生奠基,没有一种奠基是在急吼吼、忙匆匆的快速生长中完成的,真正的自我奠基,不能勉强,也不能催促,只能静静地、深深地从内心生长出来,一切都是时至才能产生。此时,在积累中忍耐,在忍耐中积累,才是唯一的选择。在忍耐中学会"像树木似的成熟,不勉强挤它的汁液,满怀信心地立在春日的暴风雨中,也不担心后边没有夏天来到"。

这里的忍耐,包括对寂寞和疲惫的忍耐,它们总是相伴相生。在通往成熟的道路上,寂寞和疲惫是最漫长、最艰辛的一段路。真实的课堂，表面热闹，本性寂寞，很多时候，你仿佛一个人孤孤单单地站在课堂上，孤立无援、无依无靠地面对无休止的吵闹，不停歇的疲累，还有时刻出现的失败。没有谁能真正帮助你面对，一开始的你，注定是寂寞无助的，无法把未来寄托在校长、师父，和任何一位名师、专家身上，你的课堂，只能在自己手上，你只能在自己的课堂上成长。最终只能靠你自己，在无言的忍耐中，直面那长久的寂寞与孤单。

　　面对无法躲避的宿命，让我们带着所有迎接课堂的准备，严肃地背负起课堂的重担，学会爱你的寂寞，然后，静静地读一读里尔克对青年诗人的劝诫吧："不能计算时间，年月都无效，就是十年有时也等于虚无。艺术家是：不算，不数；像树木似的成熟，不勉强挤它的汁液，满怀信心地立在春日的暴风雨中，也不担心后边没有夏天来到。夏天终归是会来的。但它只向着忍耐的人们走来；他们在这里，好像永恒总在他们面前，无忧无虑地寂静而广大。我天天学习，在我所感谢的痛苦中学习：'忍耐'是一切。"

# 理论对课堂
# 有用吗？

跟许多教师一样，我也有对教育理论的困惑，最大的困惑无非是：理论对课堂有用吗？

当年，我告别了中学教师和县城公务员的身份，来到上海这座陌生、寒凉的城市，以研究生的名义，重回"理论"的怀抱，从此，"理论"既是我的专业和责任，也是我的头衔与标签，我顶着"理论"的帽子，走入课堂，接受实践者的各种眼光：尊重、敬畏、仰视，或者漠然、轻蔑、鄙视，以及无视……让我一次次在傲慢与谦卑、自信与自卑之间游弋徘徊。

我曾经给教育博士上过一门"教育基本理论"的课程。这些博士大多来自基层实践一线的教师或校长，他们跟当年的我一样，选择重回校园，拿起"理论"这支沉重的笔。在我的第一堂课上，我请他们谈谈对"教育理论"的看法。一位中学老师以略显激动的语调，讲述了她在实践中的"理论遭遇"，基本上是对"理论失败"的"叙事"和对"理论价值"的"讨伐"，讲完之后，课堂里的众生以"热烈掌声"的方式，表达了"强烈共鸣"。我理解他们的共鸣，但我不能理解的是,既然不认可"教育理论",何必要来拿教育博士学位?也不能忍受的是"端着饭碗骂饭碗、砸饭碗"。这不是我的悲哀,而是"理论的悲哀",它只是成为获取学位的工具而已。不少人一边用着它,一边朝它吐唾沫、扔石头……

我时常感受到两种傲慢:理论的傲慢和实践的傲慢。前者属于理论研究者,后者属于实践工作者。它们都属于同一枚硬币的两面:当你展示理论傲慢的时候,是对实践的轻视;同理,当你展现实践的傲慢之时,是对理论的蔑视。

在我所处的"学术圈","理论自信"氛围的浓郁是自然而然的,这毕竟是我们的"饭碗",但中小学老师们所处的环境不同,那是一个重实操、轻理论的地方。最初赢得同行尊重、社会声誉的方式,靠的绝对不是"理论方式"和"理论成果",而是"实践方式"和"实践成效",不会有多少人看重你发了多少篇论文,出版了多少本著作,或者会讲说多少套理论,如果在"理论名声不佳"的实践圈里滔滔不绝地讲述"理论",很容易被视为"异类""怪胎"。

这样看来,"你"和"我"处在两个不同的世界。"我"站在"理论世界"这边,"你"站在"实践世界"那边,遥遥相望……能够做到"相看两不厌",已经很不错了。

若只满足于此,远远不够。"理论世界"和"实践世界"这两个世界的人,其实是同路人,都是通往"课堂"这一"罗马"的行路者,也都是朝向"课堂"的朝圣者。如果一种教育理论,不与课堂发生某种关联,不对课堂产生某种影响,很难说这一理论有多大价值,它难以"服众",只能让人"敬而远之",毕竟,它是教育理论,而不是别的什么理论,没有"课堂"的教育,与教育基本无关。离开了课堂,教育理论势必会黯淡无光……教育理论的荣耀,最终是要通过课堂来争取的,教育理论的成色,更是要通过课堂来验证的。

然而,课堂无论多么重要,都不构成拒绝理论、否认理论的理由。实践者对理论的普遍拒斥,往往来自对理论价值的普遍不理解,或者说,除了应付考试和获取更高学位之外,普遍没有感受到理论的价值。

理论的真实价值在哪里?每个人都必定会有自己体验理论价值的方式,即使这种体验曾经多么不美好。多年积累的体验告诉我,倘若要感受理论的价值,需要清晰地回答两个问题:一是理论可以给自己带来什么?二是理论在哪里发挥它的价值?

就第一个问题而言,首先要打破以往对教育理论的一些不切实际的期待和成见:期待理论能够带来操作性、程序性的"知识"。实践者希望理论给予的知识,主要是技能性、方法性知识,而且在有意无意间把操作方法当成知识的全部和理论的化身。

然而,直接给出操作方法的都不是真正的理论,它们只是理论的衍生品和附属物。爱因斯坦的伟大,不是因为他的理论给了人类生活多少切实可行的具体方法。实际上,能够理解其理论的人屈指可数,但我们都知道他的理论对人类世界带来了多么大的改变。假如爱因斯坦从一开始,就想着提供多少操作性的方法,那就不是爱因斯坦,也不会有爱因斯坦。课堂上的我们,如果想要一些马上能用得到、用得上的教学方法,不用去翻理论书籍,找"教学手册""操作手册"等之类的工具书就可以了。向理论直接要操作,是"认错了门",也是"进错了门"。

既然理论无法直接提供技能和方法,那它对课堂还有什么用?问题又回到了它的原点。

方法，不是衡量理论价值的主要标准，至少不是唯一标准，在我看来，"视野""眼光""能力"和"习惯"，才是理论最重要的价值标准。

曾经有两匹狼，同时来到草原上。第一匹狼来了以后，环顾四周，没有看到牛羊，它非常失望。第二匹狼截然相反，它兴奋异常，因为它看到了草原，它知道，有草原的地方，就一定会有牛羊。想找到牛羊的那匹狼，有"眼睛"，也有"视力"，发现草原的那匹狼，不仅有"眼睛"，还有"眼光"，不只有"视力"，更有"视野"，这就是两匹狼的差异。有理论修养和没有理论修养的人之间的差异，就在于此。这是理论可以带来的首要"礼物"：它让我们站在高处和远处，并因此带来宽阔的视野，超越常人的眼光，这是一种清晰、明澈，富有洞察力的眼光。理论是无数不同维度、不同主体的实践经验、生活经验，反复凝练、汇聚和抽象而成的，它是对原有实践之眼睛的超越。长期浸泡在理论海洋里的人，仿佛是站在山顶上俯视大地和田野。但整日沉醉在实践方法里的人，钻的是深，但却如同天天在打地洞，越来越深的同时，也越来越窄、越来越小……

理论还可以给我们能力，能力远比知识更有价值。理论能力，就是思维能力，是抽象思考、深度思考的能力，它能够让教师从密密麻麻的琐碎方法中超拔出来，形成看待课堂的强大穿透力、透析力、洞察力。这种能力表面上无法转化为具体可见的操作方法，但却在深处影响、改变和提升解读教材、设计课堂、实施教学和反思课堂的能力，这既是一种"润物细无声"式的影响，更是一种触及骨髓式的影响。大多数教师课堂上的缺失，表面上是"教学方法"的缺失，根子上是"教学能力"的缺失。能力不提升，给再多的方法也无济于事。这就是名师和普通老师最根本的区别：不是方法多与少的区别，而是能力强与弱的区别。而教学能力的实质就是思维能力。由此可知，倡导多读哲学的用意：哲学可以给人以思维能力的提升，尽管它无法给我们操作方法！

此外，理论还有助于养成思考习惯，习惯于思考"为什么"，而不是习惯于告诉别人"我就是这么做的"。前者属于价值和意义的问题，思考做一件事情的意义，是做事的前提，远比"怎么做"更为根本，因而更为重要。习惯于问"为什么"，目的在于为自己的方法寻找依据，让自己的课堂实践有理有据、有根有基。这样的教师，是真正有底气的教师。这样的课堂，是真正有底蕴的课堂，也是能行之久远的课堂。

由"视野""能力"和"习惯"出发，自然就可以回答第二个问题了：理论在哪里发挥价值？我们当然希望它能在课堂内发挥价值，有效解决课堂中的现实问题，我们也确实看到了一些在课堂中体现了实践价值的理论，但如果只是把理论的价值限定于课堂里面，依然低估了理论的价值。有人打过一个比喻，课堂类似于战争中的"阵地"，最重要的阵地一定是用"士兵"来捍卫的；但阵地战的指挥与策划，却必须在离阵地有一定距离的指挥部完成，而且要借助于指挥者们的军事思想、历史中的兵法理论和他们手中的地图，因此才会有"运筹于帷幄之中，决胜于千里之外"的说法。在这个意义上，教育理论就是"课堂阵地"的司令部和指挥部。"司令部"是出思想、出理论、出谋略的地方，不是出瞄准策略、射击方法的地方，前者才是影响战役成功的关键。

对于教师个体而言，"司令部"就是"头脑"，理论可以帮助提升课堂的"脑力"，让我们成为有头脑、有洞见的教师，这是理论最根本的价值。

更重要的是，倘若总是把理论当成知识来学习，要么学到的知识很快就更新换代，要么把自己的头脑当成了知识的容器或橱柜，把理论变成了只是用来背诵、记忆或炫耀的东西，这样的理论，在实践中有何用处？

# 不要放弃
# 对读书的信仰

今天,让我们谈谈读书吧。这是一个古老的话题。

我不打算抽象地讲一些"读书意义"之类的大道理,它早被古往今来的读书人讲滥了。

我准备回到课堂,回到始终在课堂里的"我",和你分享读书的体验。

和大多数教师一样,在我的课堂生涯里,遭遇过很多非议和批评。我最在乎的批评,也是竭尽所能去避免的批评,是怕被说成三种人:不会教书的人,不爱读书的人,不会读书的人。这三者之间存在明显的关联:不爱读书,就不爱教书;不会读书,就不会教书。

如果说,课堂是教师的脸面,那么,读书则是课堂的脸面,你读过多少书,读过哪些书,心中有多少书打底,自然会勾勒出你的课堂的样子,展现出由读书而来的课堂格局与课堂气度。这就是读书的价值:读书,通过为你的心灵美容,进而为你的课堂美容。无论上过多少堂课,听过多少堂课,都替代不了课外的读书。课堂之美,美在读书。

教师最大的"丢脸",首先是不爱读书,也不会读书。教师最大的"耻辱",是读书太少,甚至不如学生……

一边教导学生要读书,会读书,一边自己不爱读书,也不会读书,这是教师最普遍的人格分裂。

我已无需再谈读书之于课堂的价值了,接下来最关键的问题是,怎样读书?

不要把"读教材、教参和杂志"当"读书"。

我见过的不少同事,倘若要读书,就只读教材、教参和本学科的期刊,那里有他苦苦追索的各种"教法"。长年下来,我发现,他们普遍长着一副教材的面孔和一张教参的面容,共同的特点是干瘪和干涩。这种读书方式,是教师的精神生活陷入枯竭、枯干的主要根源。

不要用"微信阅读"替代"读书"。

我不知道电子书是否,以及何时可以完全替代纸质书,但我可以肯定,碎片化的"微信阅读"永远无法替代"整本书阅读"。微信在提供了极为便捷的潮水般的信息的同时,也肢解了你的思维和心态,破坏了只有读书才可能带给人的纯粹整全的安宁与思考,使人成为"碎片人"。虽然读书而来的古典之美正在快速流逝,但我坚持对这种美的追寻和呵护,理所当然,它也应该成为教师的课堂责任的一部分。

不要用"忙碌"和"劳累"作为不读书的借口。

忙碌总是成为掩饰自己缺失读书兴趣和习惯的盾牌,劳累时常成为自我懈怠、自我沉沦的挡箭牌,它们其实都是一种"皇帝的新装"。是否热爱读书,是否有读书的习惯,能否把读书当成自己的信仰,这才是关键。尝试一下吧,努力试着把读书变成你的信仰,再让信仰变成你的习惯。

不要匆忙"跳读",要耐心"专读"。

跟着时尚选书,跟着流行读书,是不少人的习惯。如此变脸式的读书,如同沙漏,难把有价值的东西留存于身,扎根于心。所以,我一直倡导"专人读书法",选定一位名师,或一位学者、作家,如苏霍姆林斯基,用几年工夫,专心、耐心地读完他的全部作品,从此,他不仅是你精神的根基,也是你课堂的地基了。采用这种读书方式,需要的依然是"忍耐",说到底,还是要耐得住寂寞。读书,从来都是一件寂寞的事情,需要广大的内心的寂寞。热爱读书,学会读书,其实质是走向内心的寂寞,居于寂寞,好好地忍耐,等待着收获之日,一点一点地向自己的课堂走来……

不要离书本太近离自己太远。

真正的阅读是一种联结,在阅读中,我们得以连接他人和自己,连接熟地与异域,连接空间与时间……最有效的阅读,是连接度最密切的阅读,因此,它必将经历两个阶段:进入书本,回到自我。多数情况下,阅读在作者那里流连忘返,在书本那里止步不前,同时却关闭了通往自我的大门。普鲁斯特曾言:"每位读者读书时,都是在读自我。作者的作品只不过是一件光学工具,目的是让读者看清某些东西,如果没有这本书,有些东西他自己可能根本领会不了。读者在书中得到的对自我的认识即是这个论断的证据。"这就是读书的自我价值:把读别人变成读自我,进而改变自我、提升自我。如此,读书的第一要务,是建立书本和自我的连接,找到回到自我世界的通道。说到底,读书,就要和自我产生关联。远离自我的读书,书本最终也将远离自我。

# 新时代中国教师的教学新基本功

教师队伍建设，既是一个跨时代的永恒问题，也是具有鲜明时代性的重大问题。进入中国式现代化建设的新时代后，如何把新政策、新理念、新目标"长"到教师身上？如何真正融入教师的日常教育教学生活中，最终成为教师专业成长的一部分？解决这些困扰我们多年的普遍难题的重要路径之一，在于实现一种转化，即把各种纷至沓来的新政策、新理念，逐步转化为教师的教育教学新基本功，从而让新时代的中国教师，成为在顶天中立地的教师，成为在接"天气"中接地气的教师。这里的"立地"，就是要立到教师的新基本功中去；这里的"地气"，也是教师的新基本功。

身逢伟大新时代的中国基础教育教师，至少需要具备六项新基本功。

第一个新基本功：立德树人。

如何落实立德树人这一根本任务？2018年9月10日，习近平总书记在全国教育大会上进一步强调："要把立德树人融入思想道德教育、文化知识教育、社会实践教育各环节，贯穿基础教育、职业教育、高等教育各领域，学科体系、教学体系、教材体系、管理体系要围绕这个目标来设计，教师要围绕这个目标来教，学生要围绕这个目标来学。"

要体现对立德树人的"融入"和"围绕"，就要依托并聚焦教师的教育教学基本功。为此，人民教育家于漪老师认为，"立德树人是中国教师的第一基本功"。之所以是第一基本功，既是因为师德是好教师的第一标准，是中国教师专业成长的"魂魄"，是方向之魂、理念之魂和目标之魂。没有这一"魂魄"作为教师专业发展的基石，所有的教育教学基本功，都可能走向"魂不守舍"，甚至"魂飞魄散"……与此同时，也是因为"树人"是教师的第一责任和第一目标，是所有时代教育教学的终极归宿。

第二个新基本功：研究。

多年来，我们一直倡导要培养研究型教师。新时代的中国基础教育研究型教师，在"双减"和"双新"的背景下，需要重点研究以下四个方面的新内容。

研究"新学生"。学生立场，是教师需要秉持的基本教学立场，它意味着要将学生的现实状态和发展需要作为教育教学的起点和出发点。在数字化转型的大背景下，和当年"文字时代"成长起来的"文字人"相比，"数字时代"孕育出的新型"数字人"的生存方式和发展状态早已今非昔比。因此，今天的教师对学生进行研究时，尤其要关注数字化时代的学生新需要、新问题和新素养。

研究"新学习"。学习方式的变革，常常是教学方式、教研方式和评价方式变革的起点。教师要对当代学习方式的变化高度敏感，密切关注"碎片化学习""人机交互式学习""跨界学习""深度学习"等具有"移动学习"典型时代特征的学习方式，进而围绕"项目化学习"学习方式的变革，推动自身教学方式的变革。

研究"新课标"。教育部印发《义务教育课程方案和课程标准》（下简称"新课标"），不仅是课标本身修订的重要成果，也是我国基础教育在育人方式改革和育人质量提升层面上的重大成果。新课标的发布，对于中小学教师既是专业发展的挑战，也是成长的机遇。对新课标的理解力、领悟力和转化力，必然转化为对创新型教师在基本功上的新要求。

研究"新教材"。与新课标类似，对新教材的研究、解读、转化和运用，也是对不同学科、不同类型、不同层次的教师共同的新挑战。多年来诸多有关课堂改革成效的研究表明，很多教师面临的普遍问题，往往与解读教材能力的缺失有关，读不懂新教材的新意，读不出新教材的育人价值，更难以在日常教学中挖掘和实现教材内容的独特育人价值，从而影响了教学质量、育人质量的提升。这与"学生研究"一样，都属于教师的基础性能力或根基性能力，亟须通过新教材的落地实施来改进和提升。

第三个新基本功：融合。

走向融合，是新时代教育教学改革的基本趋势之一，包括跨学科融合、跨时空融合和五育融合等。如五育融合来自中共中央、国务院印发的《中国教育现代化2035》，其中指出："更加注重全面发展，大力发展素质教育，促进德育智育美育体育劳动教育的有机融合。"在我看来，"五育融合"就是"五育并举，融合育人"的简称。对于教师而言，这意味着要思考如何让五育融合的政策和理念进课程、进教学、进教研、进评价，充分挖掘每一堂课的五育因子、五育元素、五育内涵和五育价值，如何上好体现"五育融合"的好课，这也将成为教师教学新基本功的新标准与新要求。

第四个新基本功：协同。

这里的协同，至少涉及"跨学科协同""家校社协同""双师协同"等。以"双师协同"为例，所谓"双师"，有两个含义：一是指人师＋机师，前者是"人"做教师，后者是"机器"当教师，特别是人工智能教师，或者是教育智能机器人等，也承担了教师的角色，发挥了教师的功能。如今，许多先行先试的实验学校已经开始尝试让"人师"与"机师"共同进课堂，同上一节课。二是指现实教师＋虚拟教师，虚拟教师与现实教师同场共在于课堂之中，这是教育元宇宙时代的发展趋势。这些"双师"交互、虚实结合的"双师协同育人"新格局，已经呼之欲出，即将到来。在这一背景之下，对于教师的教学基本功提出了全新要求——是否能够或善于与机师、虚拟教师协同育人？

第五个新基本功：评价。

自从《深化新时代教育评价改革总体方案》出台后，评价改革在教育教学改革中的独特地位与重大意义再次得以凸显。教育评价改革既是教育改革的最后一公里路，也是最初一公里路，这是以教育评价改革撬动教育教学改革的新时代。通过这个文件和方案，"过程性评价""增值性评价""综合素质评价"等新的评价理念日益深入人心，但是在这一重大政策文件落地的过程中，难免会出现一个现实问题，评价政策和理念是领导和专家们想出来、写出来的，落实却是要依靠一线的老师们做出来。能否在自己日常的课堂教学中，用好过程性评价和增值性评价，成为新时代教师在评价意义上的新素养、新能力和新基本功。

第六个新基本功：数字化。

"数字化"新基本功是教育数字化转型时代所带来的新要求。新时代中国教师要积极主动顺应数字化趋势，拥抱数字化转型，创新数字化教学，进而锤炼基于数字化、围绕数字化、体现数字化的教育教学新基本功。前述的"双师协同育人"，其实也是数字化新基本功的一部分。数字化教育教学基本功，不只属于经济和教育发达地区，也属于欠发达地区的中小学教师，因为所有教师都共同身处于数字化转型的大时代。可以说，这个时代的中国教师，谁拥有了教育数字化，谁就拥有了教育的未来。

以上六项新基本功相互关联、彼此玉成。只有掌握了这些教育教学新基本功，新时代的新政策、新理念、新目标，最终才能真正进入课堂，"长"到教师身上，成为教师专业成长和生命成长不可分割的一部分。或许，它们也将成为未来中国教师队伍建设和教师教育的新方向与新路径。

# 当教师
# 遇上人工智能

人类正在迈入人工智能时代。各种有关人工智能的预言、讨论铺天盖地，催生众多不同的视角和声音，但有一点却是共识：未来很多职业将被人工智能不同程度地替代，包括翻译、律师、护士、程序员、记者、作家，以及绝大部分体力劳动……在这份长长的"黑名单"里，教师的地位晦暗不明，若隐若现，是否会从人类社会的职业榜中消逝，尚未形成定论。悲观派并不看好，在"学校消亡论"（如学校将转型为大大小小的"学习中心"）的大背景下，至少传统意义上的教师已无存在必要，覆巢之下岂有完卵？乐观派则信誓旦旦声称教师始终"在场"，无论人工智能发展到何种地步，人类教育的鲜活现场里，岂能没有教师的嘹亮声音和独特影像？

不管怎样，人工智能与教师的相遇，已经不可避免，无所逃于天地间，在此前提下，一个重大问题跃然而出——当教师遇上人工智能，究竟会发生什么？

首要的问题依然是：人工智能时代，还需要教师吗？

如果答案是否定的，然后会如何？果真如此，然后就没有"然后"了，一切免谈，教师们可以收拾行装走人，另谋出路了……教师的康庄大道从此沉寂，进而沦为荒漠古道，最终的去处是人类的"职业博物馆"或"职业史教科书"……

大多数人必定不会束手就擒，会断然采取"否定之否定"的态度，竭力维护教师的地位，为此，需有充分的理由，理由是否"充分"，关键在于说明：教师为何不能被人工智能所替代？凭什么不能被替代？有什么底气，或者本事，可以在人工智能的高压和绞杀下存活，而且活得有滋有味，活得很有价值感、尊严感？

对所有教师而言，这是迫切需要思考并回答的问题，事关生死存亡：在汹涌而来，正在试图覆盖一切、替代一切的人工智能面前，教师有什么独特、不可替代的价值和作用？教师如何才能拥有这样的价值和作用？

这些问题倘若讲清楚说明白了，就像天光放亮，一切昭然。

人工智能时代的教师，是否依然具备独特、不可替代的价值，需要先洞悉：人工智能将为学校、为学生的学习、为课程与教学等，带来什么变化，以这些变化为前提和依据，再来聚焦教师是否能够在这些变化面前有所作为，以及如何作为。

对于学校而言，人工智能时代的学校，同样具有生存危机，它未必会"脱胎换骨"为大小不一的"学习中心"，但可以肯定的是，学校这座"孤岛"会在信息技术带来的开放中，与外界的联系愈加紧密，学校空间的利用率、学校时间的弹性化也会大幅度提升，更重要的在于：学校的功能和作用将发生重大变化，越来越走向"精准教育"，通过"精准定位"，为学生的成长提供"精准服务"。例如，一位家长带着一位 15 岁的孩子，告诉学校：我的孩子想成为一个哲学家或物理学家，你们可以做些什么？学校应该告诉家长，我这所学校是否可以提供这样的帮助，有什么独特的环境，有什么老师，有什么课程，有什么方法（如提供大量苏格拉底式或爱因斯坦式的教学方法）等，可以帮助这个学生成为他希望的那类人。如果学校无法提供这样的"精准服务"，至少可以告诉家长，我有别的"精准服务"，有别的什么充足条件，有助于孩子成长为什么样的人，成为什么类型的人才，如服务型、善用AI型、创意型、领袖型等——这是人工智能时代的学校最根本的变化，学校不再是为未来职业做准备的，而是真正为人的终身学习、终身发展而准备的。如果当下很多学校的专业设置仍然是为未来的职业做准备的，"消亡"是这类学校必将到来的命运。人工智能导致这些职业不存在了，学校怎么存在？如果"毕业即失业"，这样的学校还有何存在的必要？同样是"准备"，人工智能时代的学校准备，是"精准准备"，因此，未来的"学校特色"，都将与人才培养与能力提升的"精准特色"有关，也只有这样的"精准"，才可能带来真正的"个性化教育"。这是基于大数据的人工智能时代带来的特有优势，资源既丰富，又精准。

对于学生的学习而言，在学习目标上，首先是"人之为人"的普遍目标，它的重点不再是习得为将来从事某个职业而需要的特有知识、技能与方法，而是拥有合理的价值观、强大的创新思维与能力，以及自主学习的能力等，这些都是真正的"成人"，并是走向终身学习的基础性、根基性前提。如果说人工智能可以替代"立功""立言"，但却无法替代"立人"，那么，人工智能时代的学生学习，更加侧重于以"立人"为目标的"打根底式"的学习。其次是特殊目标，它与学生的个性化需要有关，是真正的"学以为己"，是满足自己的兴趣和需要的学习，形成个性化的知识体系，而不只是适用于所有人的标准化知识体系。学校教育可以提供的"精准服务"的成效质量如何，以及由此而来的社会声誉如何，都取决于学生的个性化学习需要，是否以及多大程度上得以满足。在学习资源上，学生获取知识与方法的来源与途径，不再局限于教师与课堂，学生会使用 Siri、Cortana、Alexa 等人工智能寻找学习资源，也不再拘泥于制度化、固定化的"课堂时间"，"既然人工智能创造了多元化的知识来源，学生为什么要在课堂里听教师讲一两个小时或者更长时间，来获得他可以通过其他各种可能更加灵活多样的方式也能够获得的知识？"这一质问将会使教师芒刺在背、冷汗直流⋯⋯与此相关，是学习方式的改变，移动电话、平板电脑、掌上电脑等便携设备使学习不再局限于固定的地点，它改变了现代社会知识的性质与来源的同时，也改变了知识习得的方式，最终"移动学习"与"固定学习"并驾齐驱，"线上学习"与"线下学习"比翼齐飞，形成人工智能与人的智能交融共生的新格局。在学习伙伴上，昔日近乎同龄的"学习共同体"成员，将会发生质的变化，学生的年龄差异会加大，来自学前教育的"混龄教育"将会逐步蔓延、延伸到不同学段的教育。例如，斯坦福大学提出开放式大学的概念，本质上是"混班制"。学生在一生当中任何六年时间里完成学业，即可拿到本科学位，有些人可能一生当中很多年进进出出。造成不同年龄段的人混合学习，未来的学习竞争，可能不再仅仅是同龄人之间的挤压、竞争，会有更多的老中青不同年龄人的较量。教师的纠结与焦虑由此而生：学生之间的个性差异愈发复杂，如何实现个性化定制与个性化教育？

　　对于课程与教学而言，各种课程资源、课程定制的丰富性、专业性，已无需学校和教师过多参与，课程外包或订购逐渐成为主流。课堂教学的"人工智能化"已是大势所趋。例如，除了白板之外，未来的显示屏可能大到覆盖整面墙壁，可以操纵显示几乎任何课堂需要的内容。这样的课堂，智能屏幕成为现代黑板，智能课桌成为现代课桌的升级版本，教师可以随时插入并控制屏幕与课桌。这些联网的平板提供了与智能手机相同的在线资源并实现"课堂在场"。教室布局的变化、全新教学方法的变化、在何时何地进行教学的概念变化，都将在未来的课堂里整体性、一体化发生；这样的课堂，必定是线下实体课堂与线上虚拟课堂的穿梭转换，学生在线上通过网络社群、创客空间与智能机器人进行个性化的自主学习，在线下集中时进行分享、交流、讨论、练习、创造等活动。人工智能时代的课堂，如同有人所言，会更加趋向"个人导向的系统学习"，它是介于"碎片化学习"与"学校内系统学习"之间的课堂学习方式。与纯粹的学科导向不同，学习者更多根据个人的兴趣爱好、问题解决需要，选择学习的内容与学习路径，而不只是按照学科知识体系的要求去进行系统学习，在此过程中，通过平时碎片式的"零存"，最终实现系统性的"整取"，将碎片化知识按照个人的需要，逐步建构属于自己的知识体系；这样的课堂，教师可以利用人工智能技术和大数据，更加精细、精准地了解学生特点、个性和需要，例如，打开一个软件，教师大致可以知道哪一个知识点、能力点、方法点学生会了，什么还不会，利用英语语音分析智能软件，学生跟它讲一句，它马上一点一滴地帮助教师指出学生的发音问题在哪里、怎么改。又如，人工智能技术能够让教师知晓哪些学生在听"我"讲话，哪些在走神甚至睡觉，甚至可以通过脑电图了解学生课堂上的思维走势和情感波动……

到此为止，已经无需对人工智能带来的改变做过多描述，现在最紧迫的问题依旧是：既然如此，教师怎么办？什么可以被人工智能替代，什么无法被替代？教师需要做出什么改变，才可能适应这个变化，并掌握主导权，重新置于时代的潮头之上？

可以被替代的，是那些需要重复做的事情（如布置作业、批改作业），需要大量信息资料搜集、数据积淀和分析的事情（如把很多教师的教学经验汇聚到机器这里，计算所有的可能性，找到最佳路径），需要精准定位的事情（如学生的个性特质、个性需求，学生的学习难点、障碍点等），这些事情的被替代，是对教师的解放，当人工智能可以随时随地地用更精准、更有效的方法来教学的时候，何乐而不为？

什么是人工智能无法替代的？决定教师能否被替代的，不是人工智能，而是教育的本质，是学生的需要，是贯穿其中的不变的教育之理、教育之道。在此之前，我们一直在思考并回答"人工智能时代，什么将发生改变"的问题，与此同时，还需提出另一问题："人工智能来了，什么不会改变？"这个很明确了，人工时代的教育，就围绕着这些不变的东西"教书育人"。

首先，不变的是教育本身，无论它通过学校，还是学习中心，或者社区等其他载体，人类始终需要教育，人工智能本身的发展、使用也始终离不开教育。既如此，"教育在"，则"学生在"，"学生在"，则"教师在"。我们无法想象只有学生，没有教师的教育。其次，不变的是教育的本质与真谛，教育是为成人、育人而生的，是为叶澜教授所言的"教天地人事，育生命自觉"而来的，是"为人的一生幸福奠基"而变革与发展的。不论何种时代的教育，概莫如此，任何人工智能都不能改变这一真谛。再次，是学生成长的需要。学生的素养与能力，不会自动发生，也不能只凭自学养成，学生的成长，始终需要教师这样的引路人、互动者、对话者、帮助者和陪伴者，这些角色，是人工智能时代教师最需要承担的角色，他们是陪伴学生在人工智能时代的重重险滩和荆棘中前行的人，是通过赋予学生自主学习能力和创新性思维，给予学生打破旧知识、创造新知识能力的人，从而是引导、帮助学生在人工智能的世界里，赢获不可被替代的自主、自立、自强和自由能力的人。

人工智能时代的教师，需要具备三大本领，才能成为依然被学生需要的人。当教师遇上人工智能，特别需要的是"爱商""数商"与"信商"。与人类的智商、情商相呼应，"爱商"是教师最核心的情商，"数商"和"信商"是教师最重要的智商。

"爱商"与价值观、情感实践相关。这是人工智能无法给予学生的。教师首先应是仁爱之人，具备"爱的能力"。这种能力兼容了"情感之爱"与"理性之爱"。它不是有条件、有选择的"小爱"，而是无条件、一视同仁的"大爱"，不是"抽象的爱"，而是"具体的爱"，不是"模糊的爱"，而是"清晰的爱"，因此，他能够精准把握、了解、洞察学生的成长需要与个性特质，及时给予细致入微的个性化关怀、呵护、尊重，因而可以让学生在充满了编程、编码、算法的冷冰冰的人工智能世界里，依然能够感受到人性的温度、生命的温暖和仁爱的力量，进而学会相互传递温暖和仁爱。

"数商"与大数据相关。人工智能时代脱胎于大数据时代，两者相伴相随。数据是人工智能赖以运行的基础。人工智能进课堂，首先意味着大数据进课堂，包括学生预习的数据、作业数据、复习数据（如错题集、收藏集等复习资料数据）、试卷数据等。大数据会帮助教师判断什么内容是学生感兴趣和需要的，什么内容可能面临困难和障碍，什么时间节点上出现何种转折和变化，以及接下来教师的教学应该走到哪里去。"数商"与当下倡导的"数字化胜任力"有关，它表现为对数据的敏感与热情，对数据的搜集、整合、分析、利用和生成的能力，更体现为创造新数据的能力，同时，也是将数据转换为教学目标、教学方法和教学环节的能力，这将是教师在人工智能时代的教学新基本功。大数据时代的教书匠及其内含的工匠精神，由此将被赋予新的核心内涵：数据精神。

"信商"与信息时代相关。除了数据之外，人工智能时代每日涌现的信息，尤其是各种教育教学信息，将更加势如潮水，滔滔不绝……面对这些信息，教师同样需要具备"信息化胜任力"，具体涉及如何检索、辨析、判断、提炼、整合、利用和生成各种信息的能力，只有具备这样的能力，才能避免教师在信息潮面前失去方向、丧失自我，才能实现庄子所言的"物而不物，故能物物"，让教师成为主导信息的人，而不是被信息主宰的人。

教师要拥有高超的"爱商""数商"和"信商"，根底在于持续学习的能力，特别是移动学习的能力，综合运用手机、平板电脑等各种信息技术媒介与工具的能力。从来没有一个时代，像人工智能时代一样，对教师的学习能力有如此高的期待和要求：不学习，就淘汰，不持续学习，就落伍，就消逝，就泯然于众生之中……

当教师遇上人工智能，这已经不是传说，不是遥远的想象，更不是玄想或臆想，而是正在到来、必将到来的现实。

# 直面 ChatGPT，
# 教师如何绝处逢生？

ChatGPT 来了！作为新一代的自然语言处理工具，ChatGPT 是一种能够与人类对话的"聊天机器人"。与已有的普通聊天机器人不一样，之前的人机对话，机器人在海量数据中寻找并选择最佳答案并展示出来，本质为"筛选者"和"搬运者"。ChatGPT 则是"分析者""生成者"和"创造者"，可以依据检索而来的海量信息，联系会话过程中的上下文，通过高速的算法分析，生成不与已有任何信息相同的答案。

ChatGPT 的横空出世，是人工智能带给人类的新一轮冲击波，成为人类智能与人工智能新的智能竞技场和智力搏击台。冷眼观之，人类开发出的岂止是一个便捷好用的新工具，更是为自己制造了一个可怕的竞争对手，它对人类的威胁等级再度急剧提升。

当人们兴致勃勃、如数家珍般地盘点 ChatGPT 能够帮助人类做的各种"家务活"或"私活"的同时，又开始忧心忡忡于一个老话题：哪些职业或工作步入危险区，最有可能被它替代？

这是一长串而且还在不断延伸的职业清单：从事技术类工作的

程序员、软件工程师、数据分析师；从事媒体类工作的广告、内容创作、技术写作、新闻工作者；从事法律类工作的律师或律师助理；从事金融类工作的金融分析师、个人财务顾问，以及市场研究分析师、平面设计师、会计师和各领域的客服人员等。他们虽然工作性质、内容和方式不一样，但都与大量数字、数据信息的分析处理有关，这恰恰是ChatGPT令人惊叹的优势：特别擅长准确地处理数字，更快地生成代码，能很好地阅读、写作和理解基于文本的数据。以市场研究分析师为例，之所以被人工智能替代的风险很高，在于其主要任务是负责收集数据，识别和确定数据中的趋势，设计有效的营销活动或决定在哪里投放广告。以ChatGPT为前沿代表的人工智能，早已具备了这种分析数据和预测结果的能力，远超拥有人类智能的大多数市场分析研究师。

接下来，轮到教师了。ChatGPT带来的新的冲击波，让原本经历过人工智能冲击的教师岗位，又一次变得摇摇欲坠，重新登上了被取代的疑似黑名单。有人放言，ChatGPT已经可以作为一名真正的"教师"轻松授课了，即使它在知识方面存在缺陷和不准确之处，但只需要给予ChatGPT相应的训练，很容易加以改进。这一看似乐观和轻松的观点隐藏着一个预设：教师是训练的产物，更深层次的假设，是把教育的本质视为纯粹的训练和操作，背后的主导是根深蒂固的技术思维和操作思维，以为完美的技术操作可以完美地解决一切教育问题。显然，这高估了ChatGPT，低估了教师，在根本上，是对教师成长和教育过程复杂性的双重低估。教师不是简单训练出来的，教育的问题也不是单靠机器程序设定能够解决的。无论是教师成长过程，还是教育过程，都离不开人与人的对话和交流。尽管ChatGPT通过人机聊天对话，拓展了教育对话的新路径和新方式，但人机对话依然不完全，因此永远不可能替代人人对话。人人对话中的伦理、审美和无处不在的社会情感能力，是任何机器无法替代的。一旦有一天，人人对话从教育生活中退场，不是教师的消失，而是教育的消亡。在 ChatGPT 处于高热以及狂热期的当下，我们保持清醒和警惕的主要方式，是坚守一个原则：必须把这些东西看作提供生产力的工具，而不是完全的替代品。

然而，不能被替代，不代表就可以高枕无忧。我们仍然要以谨慎乐观的态度，正视 ChatGPT 带给教育和教师各种可能的巨变，思考并回答一个核心问题：作为新一代人工智能，ChatGPT 的出现，将会给人类教育和教师带来什么新机遇和新变化？有了 ChatGPT，原有的教育、教学和教师，因此有什么不同？

新变化从新危机开始，新机遇从新危机开始。

这是一次重构人与机器关系的机遇。

当 ChatGPT 以聊天机器人的面目，出现在人类面前之后，高度强化了人机交互的广度与深度、频度与密度，"聊天"作为交互对话的中介，将人与机器更加紧密地连接在一起，对于人类来说，对机器更加"难舍难分"，大幅度增强了对机器的依赖度、信任度，以及人与机器的粘合度、融合度。人与机器之间的关系，有可能从创造者和被创造者、使用者和被使用者的关系，上升为人机平等对话的关系，从"我与它"走向"我与你"的对话。这种关系性质的迭代升级表明，ChatGPT 的角色不只是工具，也是人类对话和发展的伙伴，甚至成为教育者和教育对象的一部分。作为机师的智能教育机器人早已承担了教育者的角色，ChatGPT 可以视为教育机器人的升级版。在教育对象的意义上，一方面，人类成为 ChatGPT 的教育对象；另一方面，ChatGPT 也是人类教育的对象，由人类通过编程等方式，对机器进行有目的、有计划的引导和改变，让其正向助推人的成长与发展，这带来智能时代的教育的重大转向：让机器受教育。

伴随着新转向与新型人机关系的构建，将让我们重新理解"什么是人""什么是机器"。之前对于人的认识，是以兽性、神性等为参照系，在人与动物、人与神的比较中展开的。在智能时代，机器成为理解人性、洞察生命的新的参照系，人与机器的比较反复出现。当机器越来越像人的时候，两个古老但常新的问题再次浮现：人是谁？人为什么活着？

这是一次推动人类自我进化的机遇。

人工智能在某些能力上一骑绝尘，让人类智能相形见绌的同时，还可能造成人类智能的退化，这是最需要警惕的风险与危机：机器越来越聪明，人却越来越傻。在日新月异的人工智能面前，人类智能跟不上对方的发展速度，或者止步不前，直至出现"脑萎缩"。ChatGPT引发的最大危机，不是职业，而是人本身。化解危机的唯一出路，是创造性地实现一种转化：把人机对话的过程，变成人类自主学习的过程，变成人类生命自我超越、自我进化的过程。

如果只是通过对话，为解决人类的某些困惑难题提供一些结果性答案，或者替人类完成一些工作、生活或学习中的事务等，只能满足人类的身体需要，既助长身体的惰性，也滋长精神的惰弛，唯独对人脑的成长无益。不知不觉间，替代成了宠溺，人类成为被机器溺爱的孩童，习惯于被人工智能娇生惯养，沉溺于机器营造的"花柳繁华地，温柔富贵乡"中难以自拔，反而造成自身智能的废弛和荒漠化，在越来越强势的人工智能面前，人类智能成为长不大的儿童，甚至沦落为机器的工具。避免这一致命性危机的出路，是人类学会在人机对话中自主学习和自我生长。ChatGPT的诞生，既展现了它强大的自主学习新能力，也提供了一种人机对话的新样式，进而为人类创造了在人机对话中学习，推动自身智能升级，实现自我生命进化的机遇。

这是一次打破替代思维，走向共生思维的机遇。

智能时代每一轮新技术变革所引发的热议，都离不开"替代"这一关键词，人类社会弥漫着日渐浓重的"替代焦虑"。受困于"替代思维"，根源是二元对立式的思维习惯：将人工智能与人类智能、人与机器对立起来，触目所及的自然是"竞争""对抗"和"冲突"，结果把二者变成了"谁替代谁"的"你死我活"的敌对关系。

实际上，还存在另外一种思路：借助 ChatGPT，探索并创造人机之间相互激荡、相互超越的新格局。它带来的不只是新目标：通过人机之间的"双向奔赴"，实现"双向超越"；还有新思维：从替代思维走向共生思维。从此，我们不再执念于战战兢兢地询问：哪些职业会走向消亡？而是自信追问并果敢探索：如何让人机关系，从"此消彼长"到"共生共长"，从"单向进化"到"双向进化"，从"单向超越"到"双向超越"，形成人工智能与人类智能"你追我赶"的共生格局？无论这一理想能否实现、何时实现及如何实现，至少表明 ChatGPT 激发了人类超越自我的渴望与勇气。

这是一次理解人师存在价值的机遇。

各种"替代论"并非没有合理之处，它在放大人工智能的所能，让人类智能"自叹弗如""自惭形秽"的同时，确实也让诸多职业存在的价值和意义得以重审。尽管教师不可能被 ChatGPT 这样的机师所替代，但人师的部分角色、职能或作用，如设计课程、知识搜索、生成教学内容、展开课堂模拟、进行语言翻译，推进作业测评等，或多或少被机师所代替，从而让教师从一些事务性、技术性的工作中"解放"出来，去做只有"人师"才能做的事情，发挥人师才有的所能。人师的所能，就是机师的所不能。唯有将二者联结起来，才能真正理解两者各自存在的特殊价值。

ChatGPT 所不能的，就是教师不能被取代、不会被湮灭、无法被超越的存在价值。例如，在培养学生的理想与信念、价值与意义、思维与情感、意志与勇气、奋斗与进取、反思与自省、创造与创新等方面，人师的存在价值无可替代，弥足珍贵。

这是一次促进教师能力重塑的机遇。

教师职业本身不会被 ChatGPT 等 AI 替代，但并不表明所有教师都会在它的排浪般冲击下安然无恙，如同有人所言，那些"做体力劳动的脑力劳动者"，是随时可能被淘汰的"高危人群"，这些教师的命运，不是被替代，而是被淘汰。

在 ChatGPT 的步步紧逼下，教师如何绝地反击，才能绝处逢生？为此，教师需要重塑或强化什么能力或本领，哪些"教育本领"只有牢牢掌控在自己手中，才能逃脱被淘汰的命运？

第一大本领，善于挖掘和转化人机对话的育人价值。

当 ChatGPT 进入课堂，成为师生的对话伙伴，将会形成远比传统课堂更为复杂的对话关系：既有"生—机对话""师—机对话"，还有"师—机—生"或者"生—机—生"的对话等。不论哪种对话形式，都应当彰显出课堂中人机对话的教育特性，阐扬人机对话的育人价值，助推学生的学习和成长在人机对话中真实且深度的发生。但应然不等于实然，人机对话的育人理想不会自动变成育人现实。即使在课堂上，也并非所有的人机对话都具有育人功能。教师虽然不是技术人员，无法参与并影响 ChatGPT 的技术编程及运用，但可以通过具体挖掘人机对话的育人价值，丰富学生对技术工具的理性认识，掌握与机器对话的路径和策略，提供唯有在人机对话中才可能获得的学习经历和体验，提升只有在人机对话中才可能生成与发展的思维能力、情感能力与审美能力等，最终学会在人机聊天对话中学习和成长。以此价值体认为基础，教师将人机对话的育人设计引入教学设计，来干预、引导课堂上的人机对话过程，实现这一特殊育人价值的创造性转化。这是面对作为机师的ChatGPT，人师可以亮出的第一大本领：为课堂中的人机对话确立教育的目标，注入教育的气息，昭示育人的价值，突显教育的伟力，最终在成事中成人，即通过成就对话之事，成就理想之人。

第二大本领，善于选择并且教会只有人师才能赋予学生的教学内容。

育人价值的明晰，离不开"教什么"，即教学内容的选择和厘定，它受制于背后的前提性问题："什么知识最有价值""什么能力最为关键"。作为AI的最新代言人，ChatGPT的出现，为这些老问题的回答，树立了新尺度和新标准，随之推出了新答案。

任何选择，都意味着舍弃和减除。我们就此转而探问：有了ChatGPT作为标杆，什么知识和能力可以不用教了？

基本准则无非是：凡是人工智能擅长的知识和能力，可以少教甚至不教，凡是人工智能不擅长或者无能为力的知识和能力，需要多教或重点教。

比如，记忆型、计算解题型、考试训练型的知识与技能不用教了。ChatGPT是考试训练的天敌，最擅长记忆和计算，在它面前，那些牺牲了美好、幸福的童年生活换来的各种知识和技能不堪一击。这是一场教育悲剧：在学校里，在课堂上，经历十多年艰苦卓绝的学习和教学，师生共同花费无数心血，流尽了汗水，结果只是在做可以被人工智能迅速平替重复的工作。

为避免悲剧的发生，教师不能不把宝贵的时间和精力，投向那些人工智能无法或不能替代的知识和能力，如价值观、高阶思维、好奇心、想象力与审美力等。这预示着，当下对核心素养的理解，以及新课程与新课标的落地实施，同样需要以 ChatGPT 为新视角和新准绳，重新加以解读、设计、实施和评估。它着重提醒我们：教师在选择教学内容时，要更加注重价值观的培育，这是人之为人的底线与尊严；更加注重改变思维与提升思维，包括批判思维、创造思维，以及编程思维、模块思维等智能时代最需要的思维能力；更加注重情感的学习，机器可以模拟情感的各种表达方式，但无法像人类那样拥有真实的情感世界；更加注重意志品质的培养，机器永远不会疲惫，从来不会真实地感受到挫折、沮丧和绝望，然而，这反而是人生的常态，为此特别需要有坚忍不拔的毅力和勇气……这些素养都是人师的所能和所长，但却是作为机师的 ChatGPT 的所不能和所不长。

第三大本领，善于在复杂多变的教学过程中创造性生成。

所有 ChatGPT 带给教师职业的挑战，归根到底，与"能力"和"专业能力"有关，"生成能力"是其中的核心能力或关键能力。这是 ChatGPT 的真正可怕之处：不仅在聊天对话中即时生成口语，还能生成书面语言，而且是"科学论文"这种充满创造性、富有思维含量的高阶语言，写出了让国际名校教授都为之叹服的高水平论文。与之前的 AI 技术相比，ChatGPT 完成了从"数据分析"到"数据创作"，从"分析式"到"生成式"的智能升级，升级为一种具有高度生成能力和创造能力的人工智能，真正让人工智能活起来了，一个活的、不断进化的"数字生命体"站立在了人类面前……这一活的"生成式人工智能"，生成对象或生成物也不断在迭代升级：从生成阅读摘要、童话故事、新闻报道、综述文章到生成科研论文。正是 ChatGPT 愈发强大的生成性，构成了对教师真正的威胁。教育教学之所以复杂，就在于师生的教育对话中充满各种意外、偶然和不确定性，具有丰富且无限的生成性，教师之所以需要教学机智，是因为再周全、精细的教学预设，都无法完全应对课堂上具体、生动和无限跳跃着的生成现实，只能"在生成中处理生成，在处理生成中创造生成"。当同样具有生成能力的 ChatGPT 走入师生之间，变成师生对话共同体中新的对话者，教师怎么办？这将是"双师"，即人师与机师之间能力大比武的新科目：比试课堂上的"即时生成能力"。要赢得这场比武，关键是：教师的生成能力能否同步升级？如何同步升级？

三个升级方向不可或缺："转化力""综合力"和"指导力"。当 ChatGPT 以教育智能机器人，即机师的身份，进入课堂和日常教育生活之后，"人—机—人"或"师—机—生"的三方对话，成为常态化的对话关系。对于教师而言，如前所述，首先需要挖掘和转化聊天对话的育人价值，毕竟，不是所有的人机聊天都具有教育价值，如何让这场因 ChatGPT 而生的对话，通过自身"转化力"的施展和提升，产生教育效能，发挥育人功效，是教师的第一要务。接下来的任务，是最具挑战性的"综合力"的提升。同样具备生成能力，与 ChatGPT 相比，身为人师的教师，既需要在和学生对话中生发富有教育意味和成长气息的生成，还需要在和机师协同对话中有生成，更需要综合师生之间、生生之间、人师与机师之间、人师、机师与学生之间等多元对话中产生的各种生成，这是一种"从生成中生成"的"综合生成"，是生成能力的最高境界，也是进入 ChatGPT 时代才有的教育智慧和教学机智。此外，是提升"指导力"，指导学生学会和 ChatGPT 聊天对话，在对话中学会识别什么有助于或者妨碍他们的学习，学会建立并使用 AI 工具的准则：知道不等于理解，更要指导学生提升与 AI 聊天对话学习中的自主反思能力与重建能力，明确把超越 AI 能力作为自身发展的学习目标之一等。

第四大本领，善于与作为机师的 ChatGPT 协同育人。

人师与机师共同进课堂，同上一节课，在协同教学中协同育人，已不再是想象，而是真实存在的现实。更加智慧的 ChatGPT 将很快加入进来，人类课堂自此变成了"人师＋学生＋机师"的三位一体式课堂。置身于新课堂里，人师与机师的对话随时会发生，而且两者之间的隐性竞争与相互合作，也必然贯穿于教学的全过程，由此对教师的能力提出新要求：要有和 ChatGPT 协同育人的能力，可以称之为"人机协同育人力"。与以往教师和多媒体教学技术的协同不同，如今的协同性质，不再只是人与工具的协同，更是两类智能的协同，是两类主体或两类人的协同：人与机器人的协同。这种协同的交互性、生成性及其复杂性亘古未有，对于教师的挑战也前所未有。在实质上的协同育人共同体里，人师如何主动展现并发挥独特、不可替代的育人能力，同时牵引或带动机师协同育人的能力，都是未来教师必不可少的新本领。

不论什么本领，都意味着教师亟须在和 ChatGPT 的直面对话中，同步完成自我智能、自我生命的进化升级，唯有如此，地球上的"人类"教师才能在 ChatGPT 时代绝处逢生，进而稳如泰山，在屹立不倒中重新崛起。

# 从"课例研究"到"作例研究":
# 教学改革与教师发展的新路径

以课堂为核心,成为研究型教师,是当代教师发展的重要目标。在双减背景下,作业改革的意义得到了前所未有的凸显。作业虽"小",作用却"大",功能很"全",它如同一个全息单位,蕴含了教育教学的全部信息、基因和密码,以及教育理论和实践的各种道理,它同时也连接了教育理论和实践,成为二者之间的一个中介。其实,作业作为"中介"的重要作用,一直以隐匿的方式存在,如今在新的时代背景下得以彰显,它的功能与力量逐渐放大,足以撬动学与教的变革,成为推动当代教学变革和教师发展的杠杆或支点。

基于作业改革的重大意义,中国的作业改革实践进程不断加快,涌现了丰富和宝贵的实践经验与理论思考,如何用好这些成果,让它们得以留存且长存,发挥更大的推广迁移价值?在我看来,需要提出并强化"作例研究",这既是新时期作业改革研究推进教学变革的新路径与新抓手,也是教师专业成长的新方向。为此,需要回答三个基本问题。

## 一、为什么是"作例研究"?

任何问题的探讨,都是从价值或意义出发的。在理解和界定"作例研究"的内涵之前,有必要先行展开对"作例研究"价值的探讨,对于这一研究的价值的理解不同,将会带来不同的概念内涵和实施方式。

作例研究的提出与实施,具有多重意义。

对于作业改革而言,作例研究通过选择并聚焦具有典范意义的作业案例,为作业改革提供了新的载体,而且这个载体能够全程渗透于作业实施的全过程。学校作业是一个复杂的体系,属于典型的"麻雀虽小五脏俱全",仅仅从实施环节的角度看,就包括作业设计、作业布置、作业批改、作业讲评、统计分析、讲评辅导等多个环节,每个环节都可以有作例,也需要有作例。已有的作业改革实践,已然呈现和贡献了丰富的作例,为作例研究提供了丰厚的资源。通过对这些作例的深入研究,反过来将助推作业改革,促成作业改革转型目标的达成。

对于教学改革而言,作业既是一次教学全流程的终结性环节,也是不可缺少的关键环节,更是教学改革的"最后一公里路",没有作业改革的教学改革,不仅是不完善的,还有可能造成教学改革的功亏一篑,让先期的理论与实践探索倒在终点之处。同理,作为贯穿渗透于作业全流程的作例研究,作为一种载体、支点和杠杆,有助于充分发挥作业改革在教学改革中的作用,通过作例研究,把教学改革的理念和作业改革的理念"落下去"和"化进去",并反向推进教学改革。这是一种双向性链条式的改革思路:一方面,教学改了,作业就要改,作业改了,需要有相应的作例来支撑,因此形成"教学改革—

作业改革—作例研究"的推进链条；另一方面，作例研究中提出的新问题和新思考，反过来又向作业改革提出新要求和新思路，因为有了由作例研究而来的作业新改革，又助推教学改革的各个方面与环节发生相应的变化，因而变成了"作例研究—作业改革—教学改革"。

对于教师发展而言，作例研究让教师的作业设计与实施"有例可循"的同时，也在课例研究之外，为培养研究型教师提供了来自作例研究的新的发展路径。由于有了作业改革，作业设计与实施能力成为当代教师发展的教学新基本功，化为教师能力的重要构成，而作例研究能力是这一能力结构的核心之一，它与课例研究一样，都是助推教师专业发展的路径与载体，进而变成未来教师专业技能评价的新指标。例如，作为教师的六课技能之一，在"写课"能力的意义上，与课例写作类似，能否写出好的作例，具有多少个标识性、典范性的作例研究成果，也是衡量教师专业技能的新标准。这从另一个角度丰富和深化了"研究型教师"的内涵：教师应该成为"作例研究者"。

对于课例研究而言，由于作业是完整课堂的有机组成，基于这一前提认识，作例研究可以被视为课例研究的延伸、拓展和深化：将课例研究延伸到作例研究那里去，成为课例研究的组成部分或分支，作例研究因此可以被视为课例研究新的拓展点、深化点和生长点。已有的课例研究成果必然能为作例研究提供基础、借鉴和支持。但与此同时，作例研究也有自己的独立性，拥有属于自己的研究逻辑和实践逻辑，自成领域、自成体系，包括价值体系、过程体系和评价体系等，它无法也不能被课例研究所替代。它的提出、完善与发展，可以反哺于课例研究，拓展课例研究的视域，为课例研究找到新的发展动力和发展资源。

对于教学研究而言，如果只是在与课例研究关系的层面上，展现作例研究的意义，就窄化或弱化了后者的重要价值。尽管在一定程度上，作例研究被视为课例研究的一部分，但正如课例研究不能替代教学研究一样，课例研究也不能替代作例研究。作为独特研究领域体系的存在，作例研究的提出、实施与推进，能够在课例研究之外，为教学研究带来新的研究对象、研究问题和研究内容，也将带来新的研究视域和切入点，即以"作例"为视角和切入点来设计和推进教学研究。化为视角的作例研究，从此成为教学研究不可缺失的一环。如果说，新课标将会带来新教学，新教学将会带来新教研，那么，反向思考，新教研将会助推新教学，新教学既能落实新课标，也能不断完善和发展新课标。与之类似，新作业的诞生，作例成为教研对象和教研内容，由此生发的作例研究将转化为新教研的一部分，反向推动新教学的发展，以及新课标的落地与发展。

## 二、什么是"作例研究"？

作为一个具有全息性、体系化的研究领域，作例研究是一个结构化、层次化的复杂系统。

从内涵上看，总体上，如果说课例研究是关于一堂课的教与学的案例研究，那么，作例研究则是关于一份作业的教与学的案例研究。具体而言，作例研究是通过选择具有典型或典范意义的一份作业，运用一定的教育观念和理论方式，聚焦这份作业的设计、实施与成效，从观念、过程和评价等方面展开描述、分析与建构，揭示其所蕴含和呈现的价值与规律，使之成为教师个人反思的对象和载体、理论研究的素材和成果、他人学习的内容和范例。

从性质上看，作例研究的要义不在"作例"，而在"研究"，是将研究的态度、意识和方式全程贯穿渗透于作例的搜集、描述、分析和建构等全过程之中，成为"研究性作业变革实践"。首先，它是一种实践研究，而非理论研究，致力于解决与作业有关的实践问题，是为了作业实践，基于作业实践和在作业实践中的研究；其次，它是一种教学实践研究，是通过作例这一研究载体，进入教学和在教学中的实践研究；再次，它是一种教学实践的案例研究，如前所述，它以作业案例为核心研究对象，构成案例研究的形式与内容之一，在这个意义上，作例研究也是对案例研究的拓展与深化；最后，它是一种融合研究，涉及实证研究与思辨研究、定性研究与定量研究、文献研究与田野研究等多种研究方法的融合。之所以需要多种研究方法的融合，是因为作例研究要解决的问题，经历的过程十分复杂，没有一种研究方法能够独立解决。

从目标上看，作例研究的首要目标是提供值得学习、借鉴和推广的"作业范例"，适应并且推动作业改革，进而影响和撬动教学改革，这是成事意义上的新目标，即成就作业改革之事和教学改革之事。在现阶段，是完成"双减任务"，长远来看，是实现高质量教育。其次，是培养善于进行作例研究的好教师，将作例研究嵌入教师的职业生涯和研究生涯之中，成为新的专业技能，这是成人意义上的新目标，即成就作业改革之人和教学改革之人，养成适应作业改革和教学改革的新型教师，这样的教师可以称为"作业设计师"。再次，是凝练作业改革和教学改革的"中国经验"，通过汇聚和凝练来自中国文化、中国课堂、中国教师的作业案例，为教学改革背景下的作业研究创造"中国范例"，从而在"成事""成人"之后，还能"成文化"。这是作例研究与课例研究的又一差异。众所周知，课例研究被视为"舶来品"，后来传到中国，在蓬勃兴起后渐成热点，虽然在中国的教学研究早就有课例研究的特异传统，形成了"公开课""观摩课""研讨课"与"课堂实录"等多种出自本土文化土壤的"课例研究"样态，但在严格学术研究意义上的"课例研究"，无论是源头，还是推动力，都确实来自异域，因而才有了中国研究者的"致力译介，倡导借鉴，努力移植，却疏于对本土经验的发掘，有意无意地忽视、藐视甚至鄙视本土经验"。相对而言，作例研究则是直接根植于当下作业改革的中国问题、中国需要和中国经验，是从中国教学文化和教学改革实践的土壤中生长出来的，带有鲜明的"中国烙印"，它所展示的"中国范例"，有可能成为世界教学改革的"中国贡献"，构成"世界范例"的一部分。

从内容上看，尽管作例研究旨在"研究"，但这一研究，却都是围绕"作例"展开的。作例之"例"，不是一个简单的"例子"，背后蕴含且承载着整体化、结构化、层次化的内容体系，包括观念体系、方法体系、技术体系、评价体系等。例如，作例研究的观念体系，具体探究和挖掘制约、影响作业案例的价值观、过程观和评价观等；再如，方法体系，既有与作业实践相关的方法案例，如作业设计的方法、作业布置的方法、作业评改和讲评的方法等，也有围绕作业研究的方法案例，包括案例的搜集方法、描述方法、解释方法、分析方法等；又如，技术体系，它和作业设计与实施的工具有关，尤其是服务于作业布置、批改与评价的信息技术工具及其有效使用，也有提供典型范例的现实需求。

## 三、如何做好"作例研究"？

一旦经验性的"作例总结"变成研究性的"作例研究"，如何做好作例研究，做出高水平高质量的作例研究成果，就成为必须厘清的重要话题。

理想的作例研究，需要完成如下任务并具备相应特性。

一是把握价值原点。观念是作例研究的原点或起点。不同研究者的教育观和作业观不同，会导致完全不同的作例研究的方式与成果。赫尔巴特的作业主张和要求，如强调作业练习和作业的德育作用，之所以和福禄贝尔、第斯多惠等不同，其根底在于各自的教育观的不同。包括作业改革在内的任何教学改革，在源头和根子上，都是观念的变革，而非策略、方法与技术的变革，"观念改变类似基因突变"。一个习惯于酒后驾车的人，如何让他改弦更张？无需给他灌输各种有关酒驾危险的道理，只需颁布相关法律，一夕之间，就会让酒驾行为消失，因为他的头脑里植入了"违法"的观念。卡森通过《寂静的春天》，改变了无数人"不环保"的日常行为，因为他在书中通过无数事例，传达了"要保护生态环境，人类用杀虫剂对生态环境戕害太深"等环保观念，引发了现代环保运动的兴起。在所有的观念中，价值观是最核心最重要的观念，有什么样的价值观，就会有什么样的行为。相对于过程观、评价观而言，作例中的价值观是根基与魂魄，究其根本，是有关"好作业""好教学"和"好教师"的价值标准和价值尺度等。正因为如此，叶澜发起的"新基础教育"才会把教师教学价值观的变革作为教学变革的原点，预设是：教学价值观不改，教学过程、教学方法就不会改。

基于如上认识，如若通过作例研究推动作业改革，首先要厘清作例背后的作业观，与作业有关的观念："主要是指教师对作业地位与功能情况的认识，包括作业是否能提升学生学业成绩、巩固知识与技能、培养习惯、发展能力、激发学习兴趣、提升学科地位等。教师对作业的功能定位，会直接影响作业目标、内容、类型、难度、时间等,从而影响作业效果。"随后,再进一步挖掘每一份作例背后的价值观,其表现为并渗透在课程观、教学观、学生观、教师观等之中。理想的作例研究,既要展现合理的作业价值观,提供正面的"价值示范",也要揭示作例背后的负面价值观,为他人带来警醒和启迪。拥有什么样的"学生观",是作例价值观分析的核心内容。例如,秉持学生立场,信奉"学生主动、健康发展为本"观念的作例设计者,会把挖掘学生潜能、满足并且提升学生成长需要,使作业成为学生需要的作业等观念,作为作业设计的核心目的,并因此将作业的设计权、选择权、评价权等还给学生,随之而来的作业形式,不会局限于出自教师立场的"必做作业",而是把作业形式划分为"必做作业+鼓励做作业+选做作业"。倘若再往深里挖掘,"学生观"的背后是"育人观"和"育人价值观",即作为作业设计师的教师,希望通过作业来培养什么样的人,具备什么样的核心素养,什么样的作业最具有"育人价值",最有助于通向并形成核心素养。

二是明晰作业标准。从"作例"深处所依循的价值观这一价值原点出发,需要进一步"化观念为标准",首先提出并回答的核心问题是"什么是好作业"?

例如,为了体现"满足学生成长需要或发展"这一价值观,"好作业"的标准,应该满足学生发展的两个层次的需要:一是满足基础奠基的需要。作业设计的过程,必须针对学生掌握"双基"的需要,设计以基础知识与基础技能掌握为主的作业与练习。二是多维发展的需要。作业完成的过程,必须能够促进学生核心素养与多元智能发展。又如,为了具体转化"建设高质量教育体系"这一中国未来教育发展的价值导向,提出"高质量的学校作业体系",最初作为一种价值观念的"高质量"和"体系",就转化为"好作业"的标准。这样的标准,既为作例研究指明了方向,也为"什么是好的作例研究"奠定了前提性的基础:好的作例研究,一定是体系化的作例研究。除了体系化之外,高质量作业的标准,还涉及"思维""情感""审美""技术"等多元维度,它们最终都会成为作例研究的基本标准。如此看来,好作业的标准,引领了"好的作例研究的标准"。换言之,只有明确了好作业的标准,才会做出好的作例研究。同时,这也意味着每一位投身于作例研究的实践者和研究者,如同课例研究者必须明晰"什么是好课"一样,都要以厘清阐明自身好作业的标准作为思考、实践和表达的前提。当然,如上所有标准,都可以回到且归结为"作业的育人价值"这一核心原点,这意味着:能否充分挖掘和实现育人价值的作业,就是好作业,能够有助于作业育人价值充分实现的作例研究,就是好的作例研究。

三是坚持问题导向。作例研究的核心目的是解决作业改革要针对的问题,"如作业功能单一、作业目标意识缺乏、作业难度过高或者过低、作业呈现类型单一、作业内容要求针对性不强、作业结构不合理、作业差异性缺乏、作业时间过长、作业内容与教学相脱节等"。以及作业理念偏差:习惯于成人立场和教师立场,符合针对学生发展规律和育人规律的科学作业观尚未形成;作业原料匮乏:往往"一本课本+一本教辅"就是布置作业的原料;作业布置随机:凭经验操作,凭感觉布置作业;作业形式单一:基本上是通过写来完成的作业;作业功能窄化:单纯指向知识掌握和应试技巧;作业设计追求统一:统一题目,统一内容,统一评价标准,缺少针对性、层次性与个性化。只有针对如上问题,带着问题意识展开作例研究,才能体现这一研究的价值,才会真实推动作业改革,建构高质量的学校教育作业体系,从而提升教学质量。

四是建构作例体系。构成"体系"的关键，在于"一定范围内或同类事物按照一定的秩序和内部联系组合而成的整体。体系具有结构性、系统性、关联性、序列性等特征"。与作业体系和课例体系相应，建构作例体系也可以作为作例研究的目标和内容。在这一体系里，"结构化""序列化""类型化"和"关联化"是其基本特征，它们之间相互联结、相互构成。结构化的作例研究体系，是通过类型化、序列化和关联化实现的，其中类型化又是序列化、关联化的基础：先将作例类型化，再将其变成合理的序列，进而实现不同类型、不同序列的关联。划分作例类型具有多元依据，可以依据学科、学段、学时、学情等，分成不同学科或跨学科的作例，不同学段、学时的作例，以及针对不同程度、层次学生的作例；也可以依据作业本身的目标、性质、功能、环节、载体等。例如，分别指向于知识目标、能力目标、方法目标和习惯目标的作例。再如，分别展开作业设计、作业布置、作业批改、作业讲评、统计分析、讲评辅导等不同环节的作例研究。又如，分别就布置和评改作业的不同信息技术手段与工具，提供相应的作例研究，促进信息技术与作业改革深度融合等。作例类型划分的依据，还可以基于主体，形成针对不同身份、背景、层次和需要的研究者和教师的作例，例如，分别面向新手型教师、成熟型教师和专家型教师的作例研究等。体系化的作例研究，不仅能够让这一研究更加趋向科学、合理与完整，而且能够满足不同学校、不同教师和不同学生的需要。

五是探究作例理论。作例研究需要有理论支撑和理论创生。在理论的意义上，作例研究至少有三种方式与其建立内在连接：一是普及已有的教育理论，与作业一样，作例也是教育科学理论普及的基本路径，是连接理论和经验的具体中介，更是通过教育的实践经验去表现教育理论的重要形式；二是寻找自身的理论基础，如建构主义理论、情境主义理论、现象学理论、话语分析理论、视频图像分析理论等，这些适合课例研究的理论，同样也适合作例研究；三是创建理论体系，在这方面，课例研究可以作为参照借鉴的对象，尤其是其对"实践的理论化"追求。基于作例研究的理论体系，至少涉及基本概念与观点、分析框架和研究方法论。当下，亟须要做的是建构作例研究的方法论，它可以借鉴课例研究，但又不能一味照搬照抄，而是要找到基于作例且适合作例的理论与方法，探寻并最终形成作例研究特有的研究逻辑、理论逻辑和方法逻辑。

六是凝练中国经验。作为孕育并诞生于中国本土，从中国作业改革实践中长出来的作例研究，天然具有"中国基因""中国风格""中国个性"。它不存在从"本土化教育理论"到"中国教育理论"的演变过程，其发展和建构的逻辑起点就是"中国"。但这并不意味着作例研究的"中国经验"会自动成型，由此而来的"中国贡献"被世界认同。要实现这一目标，未来的作例研究，除了将散点式、碎片化的中国经验系统化、体系化之外，还要将作例研究放在中国特色教学实践和教学理论的大背景下去阐明成果价值、探明发展路径，实现"以小见大"和"以大统小"的结合。与此同时，借鉴中国课例研究的发展经验，强化国际比较，以"他人之眼"洞见我们的独特与不可替代。

总之，脱胎于"双减"背景下的作业改革，植根且受惠于"课例研究"的"作例研究"的提出，为当代中国教学改革提出了新方向和新路径。我相信，它的出现、完善和发展，将会进一步撬动学与教的变革，因此，将会有更多的教育实践者和研究者进入这个领域，驻足其上，走出一条因"作例研究"而来的教学改革新道路。

# 通过写作，
# 凝固并留存课堂的意义

好的课堂，首先是上出来的，最后是写出来的。

为什么要写作？写作为什么重要？这似乎是作家们的专属问题。但显然，写作不是作家的专利，人人皆可写作，人人都能成为写作者，甚至成为自己的作家。

同样是写作者，身为教师的写作者有何不同？

## 一、明了写作对于人生的意义

很多教师投入写作，是出于评职称或评奖的需要。这种外在的写作动力，不仅没有插上写作的翅膀，反而套上了写作的枷锁。写作因此在教师群体中被污名化了，成为逐利的工具。即使套上"专业成长"的面具，依然掩盖不了功利性的实质。写作对于教师成长的内在价值就此被遮蔽。

不为评职称和评奖而写作，恢复写作对于人生的内在价值，是教师与写作关系的真谛。

我赞同这样的观点：写作是为了和遗忘做斗争，是为了留存记忆。时光是没有记忆力的，它始终在流逝：不仅让一切已成之物流逝，其自身也不断处在流逝之中……马克思曾言"一切坚固的东西都烟消云散了"，这可能是当下信息时代最大的特性。然而，人类总是想留下一些东西，所以，先后有了文字、相机和摄影机，有了诗歌、随笔、小说、绘画和电影，它们都是为了和时光掰手腕，与时光搏斗，努力甚至拼命留下些什么，在晚年，让自己能够有可以真实感知、触摸和追忆的东西，在往后，让后来者找到并和此世的自己建立起连接并延续的东西。所以，马尔克斯感悟道："生活不是我们活过的日子，而是我们记住的日子，我们为了讲述而在记忆中重现的日子。"

我更认可塔可夫斯基所说的"雕刻时光"，只不过他是通过电影的方式，更多人则可以通过写作的方式，雕刻自己所经历的时光。作为教师的我们，通过写作，雕刻属于自身的"教育时光"。因为有了这种雕刻时光的方式，我们的教师生涯得以留存些什么，雕刻出教师人生的意义。

## 二、清晰写作对于课堂的价值

写作让人生更有意义，也让课堂更有价值。真正的好课，不仅是上得好，说得好，还要写得好。

课堂如同河流，始终处在变动不居的流变之中，流变出很多灵感的火花，它们斑斓多姿，如焰火般绚烂，同时也转瞬即逝。把它们写出来，就是把火花凝固，课堂因此得以留存，成为可供反复追忆与揣摩的作品。

被写作凝固和留存之后的课堂，得以通过反思和观摩，让由于频繁流变而模糊的面容清晰起来。课堂面容的清晰，实质是有关课堂思考的清晰。这是写作之于课堂的独特意义：以写清思，以写引思。

正是在这个意义上，写作成为课堂反思的基本方式，也是优秀教师具备的反思基本功。

## 三、打破对写作的恐惧，让写作成为习惯

许多教师不是不知道写作的重要性，只是望而生畏，潜意识里觉得写作是一件遥不可及、高不可攀的事情。写写课例，勉强可以接受，但一触碰"写论文"就退缩动摇，不知所措……其实，写作没有那么可怕，不能按照名师的标准，更不能依照作家、学者的要求来看待写作。如同过去不少人有写日记的习惯一样，它只是日常生活的一部分，也是教师日常生活的一部分。

不过，写作不会自动变成教师的日常生活，如何让写作日常化？把写作变成一种习惯：每天不写点什么，就觉得少了些什么。写作习惯不是几天、几次能够养成的，这是一个逐步的过程，不妨先从写写"课后感"开始，这是让写作与日常教学建立连接的第一步。

"课后感"的要义在于"感"，这也是课堂写作的密码，只要是自己的课堂，上过之后，就不可能没有任何感觉。接下来，通过写作来"感受"自我和学生在课堂中的喜怒哀乐，"感知"课堂中的得与失，"感悟"课堂中的生命成长。不必追求写得多么漂亮、生动和完美，只要投入真情实感，写出真实的喜悦和疼痛，这个"课例"就立起来了。自我投入这一课堂的光阴就因此凝固在课例里并留存下来，成为生命的记忆。

但这依然不够，还不足以变成习惯，后续的关键是"持续"，持续不断地写，日积月累后，自然会变成一种习惯。

## 四、不断操练课堂写作的技艺

写课是教师六课技艺之一，也是普遍容易被忽略、时常缺乏的技艺。不少教师能备课、上课、观课，也能说课、评课，但却不能写课，难以把备出来、上出来、看出来、说出来和评出来的写出来，往往说得头头是道，一落笔就不行了，常常陷入"呆滞"的状态。在根子上，还是缺少写课的技艺。

与其他技艺一样，写课技艺也不是看出来、听出来、悟出来的，而是练出来的。训练的秘籍无非是：第一步，找范例，把模仿和揣摩高手课例作为开启操练的第一步；第二步，自己写，写出自己的课堂作品；第三步，做对比，和范例进行细致入微的对比；第四步，有重建，基于比较后生发的感悟，再对自己的写作加以修改重建；第五步，持续写，不断开启下一个课堂写作的进程……

在如此循环反复、坚持不懈中，教师就可能从课堂高手变成写作高手，两者融会之后，成为教育的高手。

# 参考文献

[1] 包彩霞，杜大卫.学生的课堂参与——西方教学的重要环节 [J].北京第二外国语学院学报，2003.

[2] 卞晨光.芬兰新一轮教育改革：着眼未来国民素质和能力 [J].教育家，2016.

[3] 陈川，胡国勇.日本中小学课堂师生互动的社会情感支持研究——基于OECD全球教学洞察课堂视频测评的分析 [J].比较教育学报，2022.

[4] 程晋宽.美、澳、日、捷克、荷兰五国科学课程的教学特征比较 [J].外国中小学教育，2008.

[5] 陈静静.佐藤学"学习共同体"教育改革方案与启示 [J].全球教育展望，2018.

[6] 陈瑞生.现代西方教学理论的变更与教师角色的嬗变——兼论对我国课堂教学改革的启示 [J].现代教育管理，2010.

[7] 代钦.试论日本中小学数学教学研究形态——兼论日本中小学数学教学模式 [J].数学教育学报，2006.

[8] 丁瑞常.芬兰教育评价中心：社会第三方参与教育评价的新模式 [J].比较教育研究，2017.

［9］丁笑炯. 关于以学生为中心的教学理论与实践的反思——来自西方的经验[J]. 全球教育展望，2005.

［10］杜惠洁，舒尔茨. 德国跨学科教学理念与教学设计分析[J]. 全球教育展望，2005.

［11］杜惠洁. 德国教学设计的理论与实践研究[D]. 华东师范大学，2006.

［12］杜永红，齐娜. 芬兰小学包班制全科教学的经验及其启示[J]. 教学与管理，2022.

［13］方方. 自主·合作·创新——德国课堂教学的启示[J]. 教育文汇，2005.

［14］冯大鸣. 美、英、澳教育管理前沿图景[M]. 北京：教育科学出版社，2004.

［15］冯大鸣. 西方国家新型课堂布局及其对课程改革的启示[J]. 上海教育科研，2006.

［16］付宜红. 在以学生为主体的课堂中教师该做什么？能做什么？——来自日本小学语文课堂的启示[J]. 人民教育，2004.

［17］顾明远. 教育的文化研究[J]. 中国教育科学，2013.

［18］顾明远. 中国教育的文化基础[M]. 太原：山西教育出版社，2004.

［19］郭雯霞. 日本小学课堂促进学生言语表达活动的教育主张及实践——以小学生活科和社会科教学为例[J]. 中小学德育，2014.

［20］郭晓意. 西方小学课堂教学方法的启示[J]. 成功（教育），2012.

［21］古伟霞. 美国ESL教学特点及其启示[J]. 教育教学论坛，2016.

［22］贾一丹，江丰光. 教室内物理因素对大学生认知影响的实验研究[J]. 开放学习研究，2021.

［23］金可泽. 跨学科项目学习设计与实施机制——美国STEM课堂教学观察与启示[J]. 上海教育科研，2020.

［24］康建朝. 芬兰学校建筑和学习环境的特点及启示[J]. 世界教育信息，2018.

[25] 赖新元.法国中小学教育特色与借鉴[M].北京：中国戏剧出版社，2009.

[26] 李春霞."动"起来的课堂——基于美国加州长滩州立大学培训活动的思考[J].江苏教育，2018.

[27] 李丹阳.试论教育信息化2.0时代课堂形态转变的境遇、路径与策略[J].教学研究，2021.

[28] 林琳，沈书生.美国"设计思维融入课堂教学项目"研究[J].比较教育研究，2019.

[29] 李善良.课堂教学目标的确定——基于美国中小学教材的考察[J].教育理论与实践，2011.

[30] 李善良.如何使学生掌握科学研究方法——美国中小学教育考察报告[J].教育科学研究，2014.

[31] 刘原兵.日本滨之乡小学课堂改革实践考察[J].世界教育信息，2014.

[32] 李现平.席明纳小班研讨教学模式[J].继续教育，2012.

[33] 李勇军.让写作教学成为联结课堂与社会的纽带——德国"一次自行车障碍赛"写作训练的启示[J].中国科教创新导刊，2009.

[34] 楼卫琴.美国中小学教育中批判性思维（CT）课程的特征及其启示——基于美国明尼苏达州和伊利诺伊州中小学课堂的观察分析[J].新课程评论，2019.

[35] 罗朝猛.基于游戏学习的教学成为美国课堂新宠[J].教书育人，2019.

[36] L·W·安德森，D·R·克拉斯沃尔，P·W·艾雷辛.学习、教学和评估的分类学——布卢姆目标分类学修订版[M].皮连生，译.上海：华东师范大学出版社，2008.

[37] 马勇军.提问与学生学习之关系：西方课堂提问研究的新重心[J].全球教育展望，2014.

[38] 孟芳.试论德国"柏林教学论模式"对我国新课程改革课堂教学的启

示 [J]. 新课程研究（基础教育），2010.

[39] 孟令红. 日本、美国、澳大利亚、荷兰和捷克科学课堂教学的特点——来自 TIMSS 1999 科学录像课研究报告 [J]. 上海教育科研，2010.

[40] 强海燕，花永泰. 今日美国中小学 [M]. 西宁：青海人民出版社，1989.

[41] 齐军. 美国"翻转课堂"的兴起、发展、模块设计及对我国的启示 [J]. 比较教育研究，2015.

[42] 冉源懋，罗旎兮，翟坤. "现象教学"在芬兰：理念、实施与经验 [J]. 教育学术月刊，2022.

[43] 任明满，丁茜. 质量与公平的关键：芬兰教育"面向所有学生"的三级支持体系 [J]. 教育探索，2021.

[44] 任平，迈纳特·迈尔. 从 PISA 危机到能力导向的革命：世纪之交德国基础教育改革的困境、举措与效果 [J]. 比较教育学报，2020.

[45] 谭海生. 课堂提问与学生思维启迪——从美国老师《灰姑娘》教学实录谈起 [J]. 广东教育学院学报，2007.

[46] 田如琼. 日本中小学课堂教学的四个特征 [J]. 现代中小学教育，2005.

[47] 赵勇，王安琳，杨文中. 美国中小学教师 [M]. 北京：北京师范大学出版社，2010.

[48] 王苏雅. 德国：把时代见证人引进历史课堂效果如何？ [J]. 人民教育，2017.

[49] 王奕婷，吴刚平. 芬兰基于跨学科素养的基础教育课程改革与启示 [J]. 教育理论与实践，2019.

[50] 王悦芳. 芬兰基础教育改革的逻辑与理念 [J]. 外国中小学教育，2009.

[51] 文丹. 芬兰为何能实施"基于现象的教学"？ [J]. 上海教育，2018.

[52] 伍先禄. 文化价值观视阈下的中美教育理念比较 [J]. 湖南行政学院学报，2010.

[53] 夏惠贤，苏衍，孔令帅. 打造高质量的课堂：芬兰基础教育课堂形态变

革研究[J].比较教育学报，2022.

[54] 晓力.值得"拿来"的一种大学教学形式——习明纳[J].外国教育资料，1985.

[55] 夏正江.简析文化回应性教学——兼评文化与教学的关系[J].全球教育展望，2007.

[56] 希尔伯特·迈尔，叶旭萍.德国课堂教学发展的建议：一份讨论提纲[J].全球教育展望，2017.

[57] 徐扬.芬兰基础教育阶段科学课程改革中的"边界消弭"——伯恩斯坦视角下的芬兰科学课程与教育形态[J].全球教育展望，2019.

[58] 严从根，孙芳.教育空间生产的资本化及其正义思考[J].教育发展研究，2017.

[59] 杨丽乐，安琪.未来学习新视域：多元融合——芬兰基础教育核心课程改革及启示[J].教育科学论坛，2021.

[60] 叶澜.重建课堂教学过程观——"新基础教育"课堂教学改革的理论与实践探究之二[J].教育研究，2002.

[61] 叶澜.重建课堂教学价值观[J].教育研究，2002.

[62] 叶澜.回归突破："生命·实践"教育学论纲[M].上海：华东师范大学出版社，2015.

[63] 叶澜.让课堂焕发出生命活力——论中小学教学改革的深化[J].教育研究，1997.

[64] 叶澜，吴亚萍.改革课堂教学与课堂教学评价改革——"新基础教育"课堂教学改革的理论与实践探索之三[J].教育研究，2003.

[65] 叶澜."新基础教育"论——关于当代中国学校变革的探究与认识[M].教育科学出版社，2006.

[66] 俞婷婕.以生为本地回归教育原点：芬兰基础教育理念刍议[J].浙江师范大学学报（社会科学版），2015.

[67] 郁小萍. 中西方学生课堂提问对比分析 [J]. 江西社会科学, 2003.

[68] 张富强. 美国"以学生为中心"教育理念的启示——兼论从"以教师为中心"到"以学生为中心"的转变 [J]. 华南理工大学学报（社会科学版）, 2007.

[69] 张光陆. 小班化教育的课堂组织：形式、特征与构建 [J]. 教育发展研究, 2013.

[70] 张佳宁, 代钦. 日本数学课例研究之启示 [J]. 内蒙古师范大学学报（教育科学版）, 2017.

[71] 张佳宁, 代钦. 美国、日本、德国数学课堂教学比较之启示——对《The Teaching Gap》的再认识 [J]. 内蒙古师范大学学报（教育科学版）, 2016.

[72] 张敏. 注重批判性思维培养 创设以学生为主体的自主探索课堂——以柏林市阿尔伯特·爱因斯坦学校为例观察德国基础教育 [J]. 教育与装备研究, 2021.

[73] 张强. 中美课堂文化比较研究 [D]. 山东师范大学, 2011.

[74] 张引. 西方课堂气氛研究评述 [J]. 外国教育研究, 1989.

[75] 张引. 西方课堂行为研究述评 [J]. 外国中小学教育, 1988.

[76] 张志娟. 美国中小学课堂学习的特点及启示 [J]. 现代中小学教育, 2018.

[77] 赵蕊. 小学美术课堂教学氛围的研究 [D]. 鲁东大学, 2016.

[78] 赵晓伟, 沈书生. 为未来而学：芬兰现象式学习的内涵与实施 [J]. 电化教育研究, 2021.

[79] 折延东. 试析西方国家课堂教学的个别化实践 [J]. 温州师范学院学报（哲学社会科学版）, 2001.

[80] 钟柏昌, 张丽芳. 美国STEM教育变革中"变革方程"的作用及其启示 [J]. 中国电化教育, 2014.

[81] 钟启泉. 读懂课堂 [M]. 上海：华东师范大学出版社, 2015.

［82］钟启泉. 课堂研究 [M]. 上海：华东师范大学出版社，2016.

［83］钟启泉. 课堂转型 [M]. 上海：华东师范大学出版社，2016.

［84］周彬. 课堂方法 [M]. 上海：华东师范大学出版社，2011.

［85］周彬. 课堂密码 [M]. 上海：华东师范大学出版社，2009.

［86］周彬. 叩问课堂 [M]. 上海：华东师范大学出版社，2007.

［87］朱晨菲，鲍建生. 美国数学专家教师的课堂教学特点——从一位专家教师的 27 节常态课管窥 [J]. 全球教育展望，2022.

［88］朱逸. 论德国政治教育的实践特征——以汉堡市文理中学高年级政治科课程标准与课堂教学为例 [J]. 外国教育研究，2018.

［89］Altenmuller U. Concepts of Transferability of Contemporary Finnish School Design [A]// Eberhard Knapp and Kaj Noschis, Eds. *Architectural Quality in Planning and Design of Schools: Current issues with focus on developing countries* [C]. Lausanne, Switzerland: Comportements, 2010.

［90］Banks, J. A. *Multicultural Education, Transformative Knowledge and Action: Historical and Contemporary Perspectives* [M]. New York: Teachers College Press, 1996.

［91］Bena R. H. Learning to Develop Culturally Relevant Pedagogy: A Lesson about Cornrowed Lives [J]. *The Urban Review*, 2002.

［92］Day, C. et al. Planning schools for tomorrow's technology [J]. *American School& University*, 1998.

［93］Farrington, C., et al. *Teaching adolescents to become learners: The role of non-cognitive factors in shaping school performance A critical literature review* [M]. Chicago, IL University of Chicago Consortium on Chicago School Research, 2012.

［94］Federick, A. Finland Education System [J]. *International Journal of*

*Science and Society*, 2020.

[95] Fielding, R. & Nair, P. *Small is big: the way space is organized can give school a powerful sense of community* [M]. Edutopia, November, 2005.

[96] Gay, G. Preparing for Culturally Responsive Teaching [J]. *Journal of Teacher Education*, 2002.

[97] Hausamann, D. MINT Talent Supportin School Labs–New Perspectives for Gifted Youth and for Teacher soft he Gifted [J]. *Ziegler, A. u. a. (Hrsg.): Gifted Education as a Life long Challenge*. Berlinu. a., S., 2012.

[98] Hofstede, G. *Culture's Consequences* [M]. sage, 1980. 转引自：郁小萍. 中西方学生课堂提问对比分析 [J]. 江西社会科学，2003.

[99] Hoy, W. & Miskel, C. *Educational Administration Theory, Research, and Practice* [M]. New York, NY McGraw-Hill, 2013.

[100] Lehrplaene der Schulen allgemeinbilden Freistaat Sachsen Staatsministerium fuer Kultus [C]. Comenius-Institut: Meissen, 2004.

[101] Muessener, G., Schulz, D. *Curriculum fuer Schulpraktische Studien-Empfehlungenzur Handlungsbefaehigung* [M]. Bochum: VerlagFerdinandKampGmbH&Co, KGBochum, 1979.

[102] Niemi H. Education Reforms for Equity and Quality: An Analysis from an Educational Ecosystem Perspective with Reference to Finnish Educational Transformations [J]. *Center for Educational Policy Studies Journal*, 2021.

[103] Niemi, K., Minkkinen, J., Poikkeus, A. M. Opening up learning environments: liking school among students in reformed learning spaces [J]. *Educational Review*, 2022.

[104] Nunan, D. *Second Language Teaching and Learning* [M]. Boston: Heinle & Heinle publishers, 1999.

[ 105 ] Paula, G. Purnell, P. A., Nurun, B., Marilyn, C. Windows, Bridges and Mirrors: Building Culturally Responsive Early Childhood Classrooms through the Integration of Literacy and the Arts [J]. *Early Childhood Education Journal*, 2007.

[ 106 ] Petessen, W. H. *HandbuchUnterrichtsplanung* [M]. Muenchen, 2000.

[ 107 ] Meyer Hilbert. *Leitfaden Unterrichtsvorbereitung* [M]. Berlin: Cornelsen, 2007.

[ 108 ] Reform der saechsischen Lehrplaene. Fachuebergreifender und faecherverbindender Unterricht [J]. *Comenius-Institut: Juni. Dresden*, 2004.

[ 109 ] Rissanen I, Kuusisto E, Tuominen M, et al. In search of a growth mindset pedagogy: A case study of one teacher's classroom practices in a Finnish elementary school [J]. *Teaching and teacher education*, 2019.

[ 110 ] Ronkainen R, Kuusisto E, Tirri K. Growth mindset in teaching: A case study of a Finnish elementary school teacher [J]. *International Journal of Learning, Teaching and Educational Research*, 2019.

[ 111 ] Samovar, L. A. , Porter, R. E., Stefani, L. A. *Communication Between Cultures* [M]. Boston, MA: Cengage Learning, 2009.

[ 112 ] Tammi T, Rajala A. Deliberative Communication in Elementary Classroom Meetings: Ground Rules, Pupils' Concerns, and Democratic Participation [J]. *Scandinavian Journal of Educational Research*, 2018.

[ 113 ] Wagner, T. Rigor redefined [J]. *Educational Leadership*, 2008.

[ 114 ] Wlodkowski, R., Ginsberg, M. A Frame work for Culturally Responsive Teaching [J]. *Educational Leadership*, 1995.

# 后　记
## 活出课堂的样子

　　每一次写作，思考和表达的对象不一样，所带出和涌现的感受也因此不一样。写就《活在课堂里》，在胸中荡漾着澎湃不已的"课堂的浩瀚感"，这是沉浸课堂而来的"哀吾生之须臾，羡长江之无穷"。同时回旋着"课堂的巍峨感"，无数教师叠加而成的"课堂山脉"矗立在时空之中，供我仰望和观摩……因为有了这些浩大且深入骨髓的感受，让此时之我，与彼时之我，拉开了与原初起跑线的距离。

　　多年前，当我打开电脑，输入"活在课堂里"的书名，站在人生的又一起跑线上之时，尽管当时对于能够跑到哪里去，跑出什么不一样的轨迹，处在"拔剑四顾心茫然"的焦虑状态，跑着跑着，跑出了具体的方向和思路，跑出了目前的轨迹和道路，更重要的是，通过此番新的奔跑，朝着自我生命进化的目标又迈进了一步。

　　这是长久以来的一种自我期许：不断让生命的另一个维度在课堂上浮现，至少让原有的生命维度有持续升级扩展的可能。不仅有日常浸润其中的课堂，还有如此这般对课堂的沉思与书写，同样成为促发生命维度迭代升级的一种方式。

通过此书带给我的生命升级与进化，首先与"体验"有关。为了尽可能规避书生"掉书袋"的陋习，我几乎耗尽了洪荒之力，竭尽所能调动了已有的课堂体验，集聚了几乎所有的上课体验、观课体验与评课体验，其中凝聚了一代代教师有关课堂的感发和感悟，俱在书中历历可见。这些神骨俱清的课堂，常常让我如同辛弃疾般低吟："我见青山多妩媚，料青山见我应如是，情与貌，略相似……"它们不约而同让我的文字有了些许生命的体温和实践的气息，使其言皆若出于我之口，使其意皆若出于我之心，使其思皆若出于我之行，以此证明生命体验和教育体验在教育思索与教育写作中的重要与不可替代，验证了生命实践对于个体存在与发展的意义。

与此同时，我强烈感受到经验的边界和体验的局限，写着写着，枯竭感油然而生，天花板又一次在头顶浮现，毕竟，由经历和感悟而来的体验总是有限的，持续不断对体验的表达，如同对体验之湖接二连三的抽取运用，总有抽干见底的一天……体验的有限性，映衬了阅读的无限性，更显现出两者之间的关联：阅读既是对体验局限的弥补，更是对体验边界的拓展，它其实是对自我生命边界的拓展，更是一段破除自身生命局限的过程，还有什么比拓展边界、打破局限、击穿原有生命的天花板更有意义的生命进阶和进化？

自我生命的进阶，还在于对课堂及其与教师生命的关系，我有了比以往更多样、更丰富、更具体，因而更深入的理解。

人类的课堂始终在遵循古朴的法则，同时不断沾染现代的气息，这些法则和气息，都与教师的生命有关。德国作家赫尔曼·黑塞（Hermann Hesse）曾经写道："每一个人都不仅仅是他自己。他还是与世上诸多事件相交汇的一点，这个交汇只有一次，而这一点独一无二，意味深长，卓越超绝。"教师之生命的独特，就在于与课堂的交汇。自此，教师的生命在课堂里，课堂在教师的生命里。课堂不是教师的外在之在，而是内在之有。内在其中的"我"和"我们"，一次次感受到生命的脉搏在课堂中的脉动，感知到"我上故我在"。

我与大部分教师一样，长年走在孤寂的课堂之路上，度过一段又一段平静的课堂岁月，无数个课堂中的日子，在嘴边、在手边、在脚下，轻轻滑过，但我深知，貌似平凡以致陷入枯燥的课堂，背后隐藏着的惊心动魄、惊险奇诡、惊奇斗艳和精彩绝伦，犹如海底的波浪，其实一直在波波涌动、浪浪不绝……

然而，这肯定不是所有课堂的模样。教师生命的千差万别，造就了课堂的千差万别。课堂是教师生命的结晶，是生命的具体转化，化出了不同课堂的样子。

说到底，课堂的样子，取决于教师生命的样子。我的样子，就是课堂的样子，课堂的样子，也是我的样子，每一种课堂的样子，都是通过自己的生命实践，主动活出来的样子，活出课堂的样子，其实就是活出生命的样子。

由此可以自信地说：我即课堂，课堂即我。课堂的境界，就是教师生命的境界。

在这个意义上，对课堂的设计，首先是对教师生命的设计，对课堂的精雕细刻，是对教师生命的精雕细刻。

这就是写作本书的意义了：努力写出课堂已有的样子和应有的样子，写出课堂过去的样子、现在的样子与将来的样子，从而写出教师生命的样子，活在课堂里的生命的样子。

如何完成这一命定的任务，如何写出我在课堂中所经历的生命的疼痛和悲伤、喜悦和欣慰？这种疼痛感、喜悦感不属于我自己，也不属于某一群、某一类或某一个教师，是属于每个人的疼痛。

我对自己的首要告诫，是明确自己的身份、角色和态度：带着以平等和谦卑为前提的感同身受，与作为读者的老师们分享自己在课堂中的生命体验。如同我对那些压抑不住的"官气"很反感一样，别人也可能对我的"书生气""学究气"很抵触，它们的共同特征是具有"居高临下""唯我独尊"的优越感，把自己抬到高处的同时，也让他人沦为鄙视链的一部分："我"官位比你高，有权力、有资源，能够决定和支配"你"的命运；"我"读书多，有理论、有学问，可以指导"你"……因而投射给他人的眼光充满了冷彻刺骨的寒气，尽管抛掷而出的言语弥漫着表层的暖气……我时常这样提醒自己：人人都是宇宙中的一粒灰尘，众生平等，最终都将归于尘土，仅此而已。所以，面对无尽的教育，无涯的学术，切勿以为自己就是真理的化身，更勿自认为高人一等。无论书中的自己，提供了什么样的观点和建议，我都只是传递者、分享者和引发者，不是指导者、引领者和替代者。如果我有幸能够成为"发现者"，除了发现课堂的各种精彩之外，还在于发现了自身的限度和局限，洞察自我的无知和幼稚，并因此而忐忑不安、如履薄冰、战战兢兢……

这种自我告诫，化为了具体的表达方式。进入又一本新书的思考和写作，是从一个自我追问开启的：如何找到一种既稳定又有新意的表达课堂的语言方式？苏霍姆林斯基、本雅明式的文体，先后都成为我尝试或实验的对象，但现在我不得不诚实地承认：直到写到一半，我还处在持续探索而不得的迷茫和煎熬之中……

直到我重读了杨绛的《走到人生边上》，才有所顿悟……杨绛的文风来自于独特的文体：口述式的随笔，随笔式的口述，将私己性的思想与感悟灌注其中，并以淡然、从容、舒缓的方式，自问自答，有时近之于自言自语。这实际上，就是杨绛和杨绛的对话。

回到《活在课堂里》，我的对话者，原先是想象的读者和寄信者，现在变成了自我对话，是走进课堂之后的自问自答。孔子常言："不患人之不己知，患不知人也。"杨绛接着说："患不自知也。"这就是与自我对话的意义：让我更能够有"自知之明"。每一次的自我对话，都是在进一步探明"我是谁"，更加明了我的生命存在的价值。这里的"我"，有双重含义，既是现实之我，那个活在日常课堂中的我，也是虚拟之我，是未来要做教师、坐在教师岗位边上，或者走到门口即将迈入教师大门的我。这个我，类似元宇宙的"虚拟分身"。这是我梦想的一部分：下辈子还做教师，继续活在课堂里。至于是否做得到，能否变为现实，我不知道，但至少可以虚拟一下，提前让梦想实现。

似乎可以像杨绛一样，给此书加个副标题了——自问自答，或者自言自语。问出、答出、言出一些课堂上家常的道理。由于对象是自己，读者只是拟想的旁观者。所有的问题，都出自自身，全部的建议，都同时是对现在之我和将来之我、真实之我和虚拟之我的共同建议。摆脱我的困惑——我凭什么有资格对别的老师指手画脚地提出建议？不管这些建议有多好，背后都站着一个高高在上、居高临下的我，一个立于云端、俯视众师的我，误入"好为人师"的歧途是必然的。现在好了，我是自己的老师，这其实就是自我教育的真谛了，把自己当自己的学生，自己做自己的老师。因此，各种各样的建议，不是给别人的建议，是给自己的建议。此时此刻，书中的"你"不是"你"，而是"我"，你变成了我，我也变成了你。我与你终于实现了合一。贯穿其中的是"自我教育"：作为作者，撰写此书，只不过是通向自我教育的一种方式，是以自我为对象的终身教育，不是"一时之师"，而是"一世之师"。

带着对自身角色的重新定位，我既走进了课堂，又走出了课堂，走到课堂的边上，尝试如杨绛般悠然自得地叙述我对课堂，实际上也是对人生的所思所想。人生如课堂，课堂如人生。跳出中心，站在课堂与人生的边上，看课堂、看人生，或许能够带来只有在边上才能看出的东西。我对这样的经验之谈确信不疑：只有适度的边缘，才可能带来真正的自由与创造。

除了聚焦并坚持自我对话之外，作为作者，我还在意什么？法国漫画家埃德蒙·波顿（Edmond Baudoin）有一个对创作者的建议："在创作时，你们要想象自己正站在悬崖的边缘，脚下就是漆黑的深渊，不要停止凝视它，它会告诉你真正害怕什么，也会告诉你真正在乎什么。"无数次的自我追问，让我明白，每一本书的写作，都指向于"留存"。

课堂是鲜活的，不断处在绵绵不绝的动态生成之中，但它需要凝固。不然，就会烟消云散。凝固的方式，是用文字记录下来，留存下来。文字不一定比视频长久，但一定比视频更精准，也更耐磨，经得起时间的磨洗，即使历经风雨摧折，仍如川上逝水，无尽无涯。

教师在课堂中的每个瞬间，都是永恒的瞬间。然而，不是每个瞬间，都能化为永恒，瞬间也从不会自动进入永恒，永恒的瞬间总是稀如星凤，时光中的课堂终究会渐行渐远，但化为思想文字的课堂仍将绵延不绝。将那些转瞬即逝的课堂火花，通过记录留存下来，至少为瞬间的永恒化提供了前提与可能。至于留存多久，能否让留存经典化，不只是作者的责任，也有读者的参与。我赞同这样的观点：经典永远不是作家写出来的，经典是读者读出来的。作家只能写作品，只有读者可以让一个作品成为经典。

感谢朱永通先生，继《教育与永恒》出版之后，他再次给了我一次实现自我突破和生命进化的机遇。感谢杨坤女士细腻温暖的多方联络和悉心关照。

感谢妻子文娟女士，她在全身心的陪伴与爱护中，见证了本书的诞生。

感谢读者一直以来对我的厚爱，这是历史的眷顾，也是人间的温暖，本人感愧之铭将以长怀。即使不断目睹，甚至遭遇人性的险恶构陷，或多或少体验了人心之凉薄，但我依然对人性的温良善意保持期待。

借助垂听我有关课堂的自问自答，假使能够对作为旁观者的教师读者们，也就是课堂伙伴们有所触动，共同细辨并且聆听到课堂宇宙的天籁所发出的悸动之声，随之带来枯寒生涯中的些许暖意，或许说明我和你，都属于同一个灵魂家族的成员，这个家族的共有标志是课业精勤，垂志不衰。我已经过了希望所有人能与我产生共鸣的年纪。越来越深信：要有共鸣者，必然拥有共同精神的血脉，至少具有基因相似的精神种子和精神长相，它是我们心里本来就有的种子，有共同种子的人才会长出相似的精神模样，才能产生共鸣后的回响，这是真正的肺腑知音，天心有缘。

感谢《北京教育》李刚刚先生，《上海教育》罗阳佳女士，承蒙他们的信任和邀请，分别帮我开设了"思'课'听'涛'"和"基教涛声"的专栏，让我对于课堂的部分思考得以先期呈现在读者面前。与这两个一流教育媒体的结缘，印证了什么是"因缘巧合"：北京城和上海市，分别是我曾经生活和正在生活的地方，也是我的课堂发生的地方。在最根本的意义上，两个风格迥异的大都市，都是我的生命的大课堂。

感谢黄书光教授、鞠玉翠教授、蒋纯焦教授、李林教授等，在写作过程中，给予我多方面的宝贵建议。最让人感慨万千的是，我只是简短的微信请教，纯焦教授和李林教授随后就发来了长长的书面答疑，这样的学术交流和对话，在今日已然不多见了。

感谢我的学生王天健、邱燕楠、王晓晓、于金申、徐晓晓、吕雪晗、林佳怡、刘若萌等，他们参与了相关资料的搜集工作。但愿此书也能成为他们生命成长中的"课堂"。

感谢给我带来各种启发的教育同仁，由于文体的限制，这些丰富多样的启迪无法通过注释引用的方式一一对应，只能通过书后的参考文献加以弥补。在阅读和写作的交织过程中，我时常感觉自己是一只"蜜蜂"，是各种课堂思想和经验的采蜜者；也是"纺织工"，尽可能运用各种金丝、银丝，编织出心目中理想课堂的模样。

最后，特别想声明的是，在随笔写作的意义上，本书将成为我的告别之作。

多年来，我努力尝试用两条腿走路：理论之腿与实践之腿；两支笔表达：学术之笔与散文之笔，随笔化的散文方式于我的意义是可以随心所欲、率性而为。虽然自己长着一副儒家的面孔，却深埋着一颗道家的心灵，对逍遥之姿的向往和呼唤，常常在耳边低语呢喃。这是我的自知，更是历经百般风雨后的自明。

未来何时再度开启？还是交托给未来作答……

暂别离，和永远有关。不管怎样，课堂，永远都是一个问题，永远是我和教师同道者生活的一部分、生命的一部分。

随后我将回到学术研究，回归作为教育学理论研究者的本分和使命，继续攀登理论的高峰。

学术之地，是林中空地，更是寂寞之地。《百年孤独》的作者马尔克斯的生命体验让我怦然心动，默然无语：生命中有过的所有灿烂，终究都需要用寂寞来偿还。寂寞本身并不可怕，对于真正的学人和书生而言，寂寞地生存是好的，因为寂寞是艰难的；只要是艰难的事，就使我们更有理由为它工作。寂寞也是美的，寂寞之美，在于宁静。那些美而宁静的人生岁月，总是那么稀少和珍贵。

我深深地相信：寂寞之树上结出的果子，它的美与芳香，将更为持久……

一稿于壬寅年立冬日<br>
二稿于癸卯年立春日